# 人工智能时代的数据体系

## 构建以语义为核心思想的数智平台

◆ 宗东东 龚雪菲 孙践伟 著

清华大学出版社

北京

# 内容简介

人类已进入到智能时代，多模态数据成为大数据的主体，非结构化数据在大数据中的体量急速增长，数据的内涵也正在回归到大数据的原始定义。然而，当前企业级数据体系仍然以处理企业内占比很小的结构化数据为主，无法对企业的数据资产进行统一管理和深度价值挖掘。构建能够贯通全形态数据、覆盖全业务流程的数据体系，是当前时代大数据领域和企业数据体系面临的重要且紧迫的任务。

本书提出了以语义为思想、以文本为基础数据，应用大模型的数据解析和分析推理能力来重构企业级数据体系的方案；同时本书介绍了融合全形态数据后，在当前新的商业场景下，企业如何在营销和运营中使用数据并赋能业务，以及如何推动企业数智化转型。

**图书在版编目(CIP)数据**

人工智能时代的数据体系：构建以语义为核心思想的数智平台/宗东东，龚雪菲，孙践伟著.
北京：清华大学出版社，2025.5. -- ISBN 978-7-302-69424-3

Ⅰ. F272.7

中国国家版本馆 CIP 数据核字第 20257VW461 号

责任编辑：谢　琛
封面设计：常雪影
责任校对：李建庄
责任印制：曹婉颖

出版发行：清华大学出版社
　　　　　网　　　址：https://www.tup.com.cn, https://www.wqxuetang.com
　　　　　地　　　址：北京清华大学学研大厦 A 座　　　　　邮　　编：100084
　　　　　社 总 机：010-83470000　　　　　　　　　　　　邮　　购：010-62786544
　　　　　投稿与读者服务：010-62776969, c-service@tup.tsinghua.edu.cn
　　　　　质量反馈：010-62772015, zhiliang@tup.tsinghua.edu.cn
　　　　　课件下载：https://www.tup.com.cn, 010-83470236
印 装 者：三河市天利华印刷装订有限公司
经　　销：全国新华书店
开　　本：185mm×230mm　　　　　印　　张：15　　　　　字　　数：263 千字
版　　次：2025 年 7 月第 1 版　　　　　　　　　　　　　印　　次：2025 年 7 月第 1 次印刷
定　　价：68.00 元

产品编号：110082-01

# 前　言

早在《大数据时代》（维克托·迈尔·舍恩伯格，浙江人民出版社，ISBN 9787213052545）的论述中就提到，只有占大数据95％的非结构化数据被利用起来，我们才能打开一扇从未涉足的世界的窗户。

当前商业场景已经从传统的互联网模式发展到场景化、内容化的新阶段，直播带货、短视频营销、社群营销、私域运营等营销和运营方式快速发展。新的商业场景对视频、图片、音频等非结构化数据的依赖越来越大。进入 AIGC 时代，内容生产日益加速，非结构化数据呈指数级增长，非结构化数据在大数据中所占的比重越来越高。

2024 年是数据资产元年，数据已经从推动社会发展的基础性资源发展成为社会和企业重要的资产。非结构化数据资源的体系化管理，通过开发和治理形成资产并赋能业务，是企业面临的重要任务。

当前大数据发展到了这样的阶段：数据形态向着非结构化方向发展；数据生成方式向着 AIGC 发展；商业运营模式向着场景化、内容化发展；数据价值向着资产化、市场化和资本化方向发展。

非结构化数据[①]的价值释放，是当前数据领域乃至当前时代亟须解决的问题。

然而，当前的数据仓库、数据湖仓等技术体系不能系统性地对非结构化数据进行资产化管理，无法充分释放非结构化数据价值。目前的技术路线基本是采用从视频、图片等非结构化数据提取信息，将其转化为结构数据的方式进行分析。

直接转化成结构化数据的方式，破坏了非结构数据的语义逻辑，损害了数据内部的上下文关系，损失了数据的价值内含；容易产生歧义，造成数据的错误；无法对数据进行有效组

---

① 非结构化数据（Unstructured Data），是指没有预定义的格式，不能用传统的关系型数据库来存储的数据。非结构化数据包括任何形式的文本、图像、音频、视频、电子邮件、社交媒体帖子等。

织、实现数据互通并实现知识生成和价值创造;没有完整落地非结构化数据语义内容形成数据资产,无法发挥数据体系的体系化数据资产管理,一次开发、重复使用等系统优势。

人们构建各种数据体系,研究出各种数据技术,最终目的是为了挖掘获取数据的价值,我们需要的是数据中蕴含的价值,而不是数据本身。这些价值就存在于语义之中。结构化数据借助关系型的结构模型来表达语义;非结构化数据通过其丰富的描述能力来表达语义。

哲学思想告诉我们语言即世界,语言在描述世界;在计算机和人工智能科学中,数据的定义是对世界事物和事实的记录。语言和数据都通过语义来描述世界,在计算机和人工智能科学中,语言文字是一种数据形态。

人类智能和机器智能在语义空间相汇,用技术的语言表达:人工智能技术在神经网络的向量空间中,解读了语言符号之间的关系。这也是大模型智能的来源。

结合我们在数据领域的经验,以语义化为思想、文本化为手段,构建全域全形态的企业级数据体系,是底层的需求,是营销和运营发展到新商业阶段对非结构化大数据的需要。而以大模型为标志的人工智能技术,到了能够解读这些非结构大数据的阶段。为了获取数据价值,我们可以跳出数据形态的制约,在数据形态的上层——语义层,构建数据体系,我们称这个数据体系为数智平台。

## 内容导读

在本书提出的构建数智平台的方法论中,把论述重点放在了对非结构化数据的价值挖掘上,从而构建全域全形态数智平台。

**全域**:是指结合了结构化数据和非结构化数据,使数据体系能够覆盖业务运营的全流程,也就是说数据的主题域更完整。例如,能够将视频营销、直播运营等新商业场景的业务活动,也包含在数据主题域之中。

**全形态**:是指在数智平台中,视频、音频、图片、文本等非结构化数据能被完全解读,非结构化数据的语义被数据化和资产化,非结构化数据和结构化数据共同构成数智平台的数据体系。

书中采用了很多与传统数据技术不同的技术思想,如语义化的思想、解读式的数据处理、大模型数据分析、生成式 ETL、全域逻辑视图、双轮驱动的数据体系等,请读者重点理解采用这些技术方式的理念和方法。

本书主要介绍构建智能时代数据体系的思想和方法论,因此在理念和理论上给予了相对较多的篇幅,思维打开,方案自来。当前,基础的大数据技术已经相对成熟,同时大模型的能力正在日益强大。按照本书介绍的思想和方法论,架构师能够根据企业的实际情况规划设计出更加适合企业自身的技术方案。

我们希望处于不同阶段的企业、更加广泛的人群都能够从书中有所收获。技术人员和非技术人员都可以从第一篇和第二篇中了解智能时代数据体系的构建思想、数智融合的原理。在第三篇中,我们结合过往经验给出了数智平台的构建方法,供 CDO、CTO、CIO 和数据架构师等在做相关规划时参考。第四篇介绍了在当前商业场景下,全域全形态的数智平台在企业的业务活动中能够提供的赋能支持,以及数智平台对企业数智化转型的价值,希望对企业负责人、企业高管和业务人员在营销和运营等业务活动中有所帮助。

## 致谢

首先感谢和我一起编写这本书的龚雪菲和孙践伟两位伙伴。我们紧密合作,一起度过了这段充实的时光。在编写的过程中,我们还一起交流生活、探讨科技的未来,这是一段令人难忘的美好经历。

感谢我的好友杨嵩、张磊、董淑洁和郭炜,他们具有二十余年数据领域的丰富经验,参与了本书的策划、讨论等很多具体的工作。

杨嵩,前埃森哲董事总经理,大数据与云计算负责人。

张磊,前 Teradata、SAS 首席数据科学家。

董淑洁,前 Teradata、埃森哲技术顾问;德勤(加拿大)财务计划与分析总监。

郭炜,ClickHouse 华人社区创始人、白鲸开源 CEO。

感谢王可、刘佳、宗彦旭,他们为本书提出了宝贵的意见。

王可,泰康人寿资深数据架构专家。

刘佳,贝壳找房大数据中心负责人。

宗彦旭,澳门科技大学人工智能专业学生。

宗东东

2025 年 3 月

# 目　录

# 第四篇　数智平台与企业数智化

# 第一篇

# 智能时代的数据内涵与体系困局

随着智能时代的来临，人类社会的生产方式、商业模式正在经历深刻的变革。在这一背景下，大数据的概念和内涵得到了进一步的扩展和深化，社会对数据价值的挖掘提出了更高的要求。本篇探讨了智能时代下数据技术领域和数据应用领域的显著变化，特别是社会对非结构化数据的价值诉求。我们将引导读者对大数据的认知与时代要求相适应，并深入分析当前数据体系存在的问题。

本篇所涉及的概念和内容，为理解数智平台的构建提供必要背景和基础知识。

# 第1章 未来已来，数据之变

十余年前，《大数据时代》的作者维克托·迈尔·舍恩伯格说："大数据开启了一次重大的时代转型，"我们进入了大数据时代。

时至今日，大模型标志着数据智能时代的到来，"BigData＋AI"已经在很多领域给出了全新的应用解决方案，大数据时代正因为 AI 的发展而发生全面变革，当然挑战也随之而来。

## 1.1 非结构化的数据洪潮

在数据时代，非结构化数据已经被纳入大数据的范畴。《大数据时代》对非结构化数据的利用有这样一段描述："执迷于精确性是信息缺乏时代和模拟时代的产物。只有 5％的数据是结构化且能适用于传统数据库的。如果不接受混乱，剩下 95％的非结构化数据都无法被利用，只有接受不精确性，我们才能打开一扇从未涉足的世界的窗户。"

移动互联网和物联网等技术的迅速发展推动了全球各行各业数据的快速生成。非结构化数据的来源非常广泛，包括位置信息数据、感知感官数据、内容描述和论述数据、场景描绘和记录数据、其他物联网和机器日志等等。各种可采集和识别的数据正在与技术同步高速发展。

据 IDC 预测，到 2027 年，全球非结构化数据将占到数据总量的 86.8％，达到 246.9ZB（1ZB＝1024PB，1PB＝1024TB，1TB＝1024GB，1GB＝1024MB），呈现出稳定增长的态势，复合年增长率为 22.4％。这一增长趋势与数字化、数智化转型的深入发展密切相关，非结构化数据，如文档、图片、视频等，正成为数据增长的主力军。

**我们必须意识到，非结构化数据已经成为大数据的主体。**

新的数据源和数据类型仍然在不断涌现，非结构化数据的比重还会继续增加。随着人工智能、机器人、元宇宙等领域的技术发展,如复杂场景的视频数据、增强现实(AR)和虚拟现实(VR)内容数据等非结构化数据的洪流已然形成,并且越来越猛烈。数据量的持续增长,非结构化数据的管理和应用、全域全形态数据体系的管理将继续是数据科学领域的一个关键挑战和机遇。

## 1.2　AIGC? 不,是 AIGD!

2024 年被定义为 AI 场景元年,大模型技术的成熟推动了 AIGC 的快速发展,人工智能应用正在朝着生成式的方向爆炸式增长:生成文案、生成视频、生成图片、生成音乐等等。这些高度"可学习"的内容,融合到人工智能时代的数据体系中,将极大提高整个社会的智能化水平和数据驱动能力。

AIGC? 不,是 AIGD,D 是指 Data。AIGC 表面上是生产内容,实际上是在产生数据,而且主要是非结构化数据。AIGC 使人类进入了轰轰烈烈的内容大生产时代,也就是非结构化数据的大生产时代。**内容就是数据,数据成为了最后形态的生产物,不再是生产过程的副产品。**

AIGC 意味着不再是完全由人来产生信息和内容了,人类有了更高阶的方法,即人工智能来生产内容。智能技术的生产效率不知道是人类的多少倍! 如果说以前是信息爆炸,那以后就是信息核爆! AIGC 所有产出内容都是数据,是富媒体数据,大多是非结构化数据。

在 AIGC 时代,大数据变得越来越非结构化,大数据可以用体量大、价值稀疏但又价值高来概括。但在当前新的商业运营环境下,这些貌似价值稀疏的数据中蕴含着客观世界和商业活动更底层的规律。这些非结构化的原始数据是我们应该认真面对的数据形态,也是我们不得不面对的数据形态。

## 1.3　新商业场景下,非结构数据价值突显

经过了互联网时代的快速发展,当前商业形态正逐步向个性化、场景化、内容化方向演进。商业活动的目标已经从直接销售产品发展到建立稳定关系、提升客户体验、确立共同价值理念、影响客户心智的强链接发展。新型营销理论更加注重顾客的体验和互动,营销的重

点从单向传播转变为双向沟通,更加强调内容化和场景化的服务。

如图 1-1 所示,从营销理论和大运营概念的发展过程来看,营销理念从 4P 以产品主导,经过 4C 以客户为中心,进入到了内容和场景为主要思想的营销和运营理念。大运营理念的发展和运营模式的进化,对内容数据以及场景数据等非结构化数据的依赖越来越强烈。当营销理论发展到 4R 之后,几乎所有的营销理论都在 R(关系)基础上展开,通过内容、价值观、场景抑或意见领袖等方式来建立和强化企业与客户的关系,因此大数据朝着内容、场景等描述性的、非结构化的数据形态,爆炸式的产生。

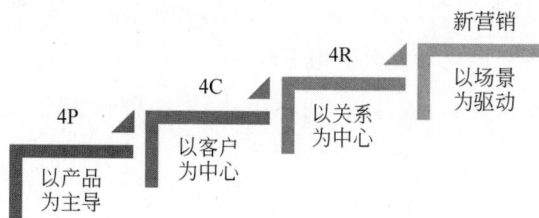

**图 1-1 营销理论发展阶段**

商业形态中物理空间和数字空间深度融合,新的商业场景:直播带货、私域运营、场景营销等不断出现,而复杂商业场景中产生的数据量也越来越大,BGC(品牌生产内容)、PGC(专业生产内容)、UGC(用户生产内容)产生了大量内容数据。

业务运营过程中产生的非结构化数据,通常是过程和内容的描述性数据。这部分数据是新商业活动产生的新数据,其过程性的描述使其对于触达客户与客户互动的过程信息全面而且丰富。也正因为非结构数据能够详细记录市场、运营等业务活动中的各种细节,使其成为分析价值极高的数据宝藏。

非结构化数据成为描述商业活动的主体数据,非结构化数据中蕴藏着全面、丰富、细节记录充分的信息;蕴含着大量内容、观点和态度等信息,可以帮助企业更深入地了解消费者需求、市场趋势和竞争态势。

在复杂的商业场景中,既需要考虑业务交易的情况、财务成本、供应链负荷、用户情绪、用户行为,又要关心线上和线下卖场的运营指标数据,物流数据等等。不同业务类别的数据可能有不同的形态,可能是结构化报表,也可能是非结构化的图片、文字、音频、视频等。因此,复杂商业场景中必然存在大量描述性的非结构化数据。

分析提取这些非结构化数据的价值,能够提供深度的消费者洞察,帮助企业更好地理解

第 1 章 未来已来,数据之变

市场和客户。通过有效利用这些数据，企业可以优化营销策略，提高客户满意度，增强市场竞争力。非结构化数据的挖掘和应用能力正在成为商业成功的关键因素。

## 1.4 数据资产入表，数据直接产生价值

现在数据资产已经成为生产要素，推动新质生产力的发展，进而推动社会发展和智能化工业革命。

全世界各国政府逐渐认识到数据要素的重要性，并出台相关政策，推动数据要素市场化配置，促进数据资源的开发和利用。数据由驱动运营间接创造价值，变为直接带来价值。

维克托·迈尔·舍恩伯格早在《大数据时代》一书中曾预言："虽然数据还没有被列入企业的资产负债表，但这只是一个时间问题。"

今天在全球推动数字经济发展的同时，我国"数据资产入表"已于 2024 年 1 月 1 日正式实施。根据融量科技统计，2024 年第一季度共计 24 家上市公司在最新一季度财务报表中对"数据资源"进行填报，总金额共计 14.95 亿元。

数据资产入表，是数据资产在企业的财务报表中的确认和体现，数据从间接创造价值变为直接带来价值。数据资产入表能够提升企业的市场估值，特别是对于那些数据资源型企业和数据驱动型企业；能够为数据资产的金融化提供可能性，企业可以通过数据资产质押融资、作价入股等方式探索金融化路径。数据资产入表将逐步成为企业财务管理的常态。

然而并非所有数据都能作为资产入表。根据财政部发布的《企业数据资源相关会计处理暂行规定》以及企业会计准则，数据要被确认为"资产"，需要满足特定条件。

（1）属于数据资源。

具有使用价值的数据才能被称为数据资源，因此企业需要对数据进行分析与开发，挖掘数据价值，使其具有价值。

显然，无法分析利用的数据不能成为数据资源，因此除了企业自身数据运营的需要，数据市场对非结构化数据解读分析提出进一步的要求。

（2）企业合法拥有或控制。

企业必须合法拥有或控制这些数据。企业在自身生产活动过程中产生的数据具有天然的合法性。

（3）有经济利益。

企业通过持有和使用数据，能够获得直接或间接的经济利益。企业由于业务驱动或者受业务指导所生产开发的数据，具有较高的数据价值或商业价值。

（4）成本可以可靠的计量。

企业的数据资产，是企业生产活动产生的数据。数据资产的成本统计，对于企业来说相对容易计量。

通过以上对《企业数据资源相关会计处理暂行规定》的四点分析可知数据资源成为数据资产的可实现性高，数据资产化对企业有很高的价值度和可实践性。

数据要素作为数字经济的核心，数字经济的发展依赖于数据要素的有效利用和价值实现。随着技术的发展和政策的推动，数据要素市场将更加成熟，数据要素的价值越来越得到充分的体现。

数据资产入表，不是数据资源入表。这就要求企业的数据体系更加成熟完善，能够有效资产化企业的数据资源，尤其是占比很高、富有价值的非结构化数据。

# 第 2 章　进一步认识非结构化数据

第 1 章讲解了智能时代大数据的构成发生的变化，和非结构化数据的迅猛增长，这一章进一步分析非结构化数据的特性和特征，以帮助我们进一步理解数智平台的构建思想，和未来数据体系和数据应用方向的发展趋势。

深度了解和剖析非结构化数据，才能给出有效的解读非结构化数据的方案，构建全域、全形态的数据体系。

## 2.1　大数据的多视角定义

### 1. 暗数据

暗数据（Dark Data）是指企业或组织在正常业务活动中收集、处理和存储的数据，但这些数据未被分析或利用，它们或者超出了组织当前的处理能力而被闲置，或者未经盘点，组织甚至不知道这些数据的存在。暗数据大部分是非结构化数据，如文本文件、电子邮件、视频内容、日志文件、社交媒体帖子等。

暗数据的一些关键特点包括：

- **未被充分利用**：暗数据通常未被用于决策支持或商业智能，因为组织不知道如何分析或利用这些数据。

- **数据量庞大**：随着数据存储成本的降低，许多组织积累了大量的数据，其中很大一部分可能是暗数据。暗数据虽未被企业使用，但是存储和管理这些数据仍然需要成本。

- **潜在价值**：尽管暗数据未被充分利用，但它们可能包含有价值的信息，如客户行为、市场趋势或潜在风险。

- **数据治理挑战**：识别、分类和管理暗数据是数据治理的重要部分，由于数据内容没有释放,这部分数据的价值判定是具有挑战性的任务。

这些暗数据不是没有价值,而是由于技术等原因,企业还没有进行价值挖掘。恰恰相反,在当前的业务运营方式下,暗数据中包含着重要的业务价值。

当前的新运营模式时代,很多没有被充分利用的暗数据,却已成为企业运营活动的"明"需求。企业开始重视暗数据的开发和利用,积极运用人工智能技术和算法来挖掘其中的潜在价值,这将极大地提升企业商业竞争能力。

### 2. 软数据

软数据(Soft Data)是相对于硬数据(Hard Data)而言的,它指的是那些不那么精确、量化,更多依赖于主观判断、观点或感受的数据。通常人们对大数据的理解,偏向于硬数据。软数据通常来源于定性研究,它帮助我们理解人们的行为、态度、感受和动机等。

软数据的一些关键特点包括:

- **定性特征**:软数据通常是非数值化的,它们可能是文本、图片、视频或音频形式的描述和记录。
- **主观性**:软数据很大程度上依赖于个人的观点和解释,因此可能包含主观性。
- **难以量化**:与硬数据不同,软数据不容易直接量化,通常需要通过定性分析方法来处理。
- **收集方法**:软数据的收集方法包括访谈、问卷调查、观察、焦点小组讨论等。
- **富含情境信息**:软数据提供了丰富的情境信息和内容信息,有助于更全面地理解问题。

软数据包含的内容,恰恰是企业深度经营业务所需要的重要信息,很多主观的、意向的、场景描述的信息,对企业决策起着重要作用。

尽管软数据存在局限性,但是它在理解复杂的人类行为和社会现象方面具有不可替代的价值。正确地收集、分析和应用软数据,可以为企业和组织提供宝贵的洞察力,帮助他们更好地理解客户需求、优化产品和服务、提升用户体验。

### 3. 多模态数据

多模态数据(Multimodal Data)是指包含多种不同类型的数据集合,这些数据可以是结构化的、半结构化的或非结构化的,包括文本、图像、音频、视频等多种形式的数据。多模态数据不仅仅强调数据的多媒体特性,更多强调数据的多模态融合分析的重要性。

多模态数据的说法,主要是受到人工技术发展的推动,尤其是多模态大模型发展的推动,这些数据来自不同的获取通道,共同描述同一对象或事件,为人工智能系统提供了更加全面和丰富的信息输入。

### 4. 富媒体数据

富媒体数据(Rich Media Data)通常指的是包含丰富多媒体元素的数据,这些多媒体元素可以是图像、音频、视频、动画、交互式内容等。富媒体数据主要强调的是数据的丰富性和多媒体特性,为用户提供了更为生动和沉浸式的体验,因此富媒体强调以下特性:

**多媒体性**:包含文字、图片、视频、音乐等媒体元素。

**交互性**:用户可以与富媒体内容进行互动,比如点击互动。

**实时性**:部分富媒体内容可以实时更新和播放,例如动画。

**沉浸性**:通过丰富的视听效果,为用户创造更为沉浸的体验,例如 GIF 图片。

富媒体数据的概念相对其他数据的概念比较久,但是在目前的内容营销时代,仍然是非常重要的数据形态,AIGC 将进一步推动富媒体数据的产生和规模。中研普华产业研究院的数据显示,2022 年,国内富媒体信息通信服务行业市场规模约为 269.5 亿元。

### 5. 原始数据

原始数据(Raw Data)是数据领域和人工智能领域常见也是很重要的定义。原始数据是指未经处理或转换的最基本形式的数据。这些数据直接来自数据源,没有经过任何加工或分析,它们通常以最接近其生成时状态的形式存在。在原始数据中,很多数据没有经过加工解析,很大程度上是因为之前的技术能力无法实现,人工智能技术的成熟正在解决这个问题,逐步打开数据黑盒,释放这部分原始数据的价值。这也是本书的一个重要内容。

**原始数据的一些关键特点包括:**

- **未经处理**:原始数据是直接从数据源(如传感器、日志文件、调查问卷等)获取的,没有经过任何数据清洗、过滤或转换。

- **最基本信息**:它们提供了最基础的信息,通常需要进一步的处理才能用于分析或决策。

- **多种格式**:原始数据可以是数字、文本、图像、声音或视频等任何形式。

- **可能不完整**:原始数据可能包含缺失值、错误或不一致性,需要通过数据清洗来纠正。

- **量大且复杂**:在大数据环境下,原始数据量可能非常庞大,且结构复杂。

直接对客观存在事物进行描述的原始数据通常是非结构化的数据,有相当部分是企业一直没有处理和价值挖掘的暗数据。

## 2.2 剖析非结构化数据的特性

2.1节介绍了人们对大数据从不同视角的提法,他们不是严格的定义或者区分,但是这些称呼或者命名与非结构化数据具有较大的相关性。在大数据领域中,结构化数据和非结构化数据具有明确的划分,也是被数据领域普遍认同的划分方式。通常人们所说的结构化数据,是指能够用关系型数据库组织和管理的数据,而非结构化数据则相反,本节我们介绍非结构化数据(Unstructured Data)的特点。

### 1. 非结构化数据的形态特性

非结构化数据中占比很高的视频、图片、音频等描述性数据,其数据形态具有以下特性:

**多样性**:非结构化数据可以包括文本、图片、视频、音频、电子邮件、社交媒体帖子等多种形式。

**大量性**:在很多情况下,非结构化数据的体量远远超过结构化数据,它们通常占据了企业数据的大部分。

**不规则性**:这些数据不遵循预定义的数据模型,因此很难用传统的数据库管理系统来存储和分析。

**复杂性**:由于其不规则和多样化的特性,非结构化数据的处理和分析通常比结构化数据更复杂。

### 2. 非结构化数据的内容特性

非结构化数据多是描述性和论述性的数据,如过程描述、场景描述、内容描述、观点论述等,这样的数据具有很高的分析价值和应用价值,是我们研究的主要对象。处理非结构化数据需要更使用先进的技术手段,以从中提取有价值的信息,尤其是满足当前新商业场景业务支撑的需要。

(1)过程描述:过程描述涉及对事件或操作步骤的详细记录。例如,医疗记录中的手术过程描述、企业内部的操作流程文档,或者事故报告中对事件经过的详细叙述。视频和音频也属于过程描述性数据。

（2）场景描述：场景描述通常包括对特定环境或情境的详细描绘。这类数据可能用于描述消费者行为的场景，或者在安全监控报告中描述事故发生的现场环境。比如直播现场记录属于场景描述性数据。

（3）内容或观点描述：内容描述是对某个主题或对象的详细信息的描述。这可能包括产品描述、服务介绍、项目报告等，它们通常包含关键特征、属性和细节。相比结构化数据，非结构化数据具有很强的细节描述能力，例如视频、图片或文字能够更详细的展示信息。

观点论述涉及个人或组织的意见、分析和论证。这类数据在研究报告、评论文章、社交媒体帖子中非常常见，它们反映了作者的观点、态度和信念。

（4）稀疏但价值高：在内容营销和场景营销的新商业环境下，非结构化数据虽然价值稀疏，但其潜在的巨大价值不容忽视。

价值稀疏主要体现在：

① 数据量庞大：非结构化数据的生成量非常大，但其中真正有价值的信息可能只占很小的一部分。

② 噪声干扰：非结构化数据中往往包含大量的噪声信息，这些信息可能不具备商业价值，反而会影响数据分析的准确性。

尽管非结构化数据的价值分布较为稀疏，但一旦被有效提取和利用，其价值却是巨大的。在商业环境中，主要体现在以下几方面：

① 运营服务洞察：通过分析社交媒体评论、客户反馈、在线论坛等非结构化数据，企业可以获得真实的消费者意见和感受，进而优化产品和服务。

② 市场趋势分析：非结构化数据可以帮助企业及时捕捉市场动态，了解竞争对手的动向，预测未来的市场趋势。

③ 个性化能力增强：通过对用户行为数据的分析，企业可以实现精准营销，提供个性化的产品推荐和服务，是以客户为中心运营思想的基础。

④ 内容质量提升：非结构化数据中的内容分析可以为内容创作者提供灵感，帮助企业更好地理解受众的兴趣和偏好，从而创作出更具吸引力的内容。

⑤ 品牌经营赋能：通过监测和分析网络上的品牌提及，企业可以及时了解品牌的公众形象，采取措施改善品牌形象。

### 3. 非结构化数据的结构特性

（1）上下文语境是非结构化数据的重要组成。

业务运营场景中产生的数据，主要是有关内容和场景的描述，数据形态主要是非结构化数据，比如文案、话术、视频等。内容数据有两个非常不同的特征，即上下文和语境以及数据元素的位置关系。

关于上下文和语境的理解，我们可以考虑这样一个例子："我很漂亮。"这句话放在不同的上下文中可能表达出不同的含义，甚至具有相反的意义。此外，重点放在"我"、"很"和"漂亮"这三个数据元素上，每个元素所表示的意义也不尽相同。这就显示出了内容数据的上下文和语境对含义解读的影响。举例来看："**我**很漂亮！"与"我很**漂亮**？（升调）"两句化表达出了不同的含义。

（2）数据元素的顺序关系很重要。

关于数据元素的位置关系，举个例子，一句话的文字的数据"我给你100元"和"你给我100元"都是由相同的数据元素组成，但数据元素的位置发生了变化，含义完全相反。但在结构化数据中，数据库表结构中每个数据元素（字段），其字段的位置是对内容没有任何影响，每一行是一条记录，数据集都在遵守相同的结构定义。所有的数据都是描述客观世界的反映，但能用"关系"的方式来结构化的只是少部分，并且结构化过程会丢失细节信息，非结构化数据才是描述世界的主要数据。

也正因为非结构化数据的以上特性，形成了非结构化数据的黑盒，传统文本 ETL（Extract，Transform，Load）的方式，难以有效完成非结构化数据的语义解读这一任务。

## 2.3　当前商业环境中两种重要的非结构化数据

当前新商业场景下，商业活动中，企业营销和运营模式发生了很大的变化，传统的营销和运营方式逐渐向内容营销、场景营销等更能够影响客户心智的方向发展。这些新方向产生的新业务形态提出了新的数据要求，其中内容数据、场景流数据是两种较为重要的、具有丰富业务含义与分析价值的非结构化数据。

### 1. 内容数据

内容数据（Content Data）通常指的是用于传达信息、知识或文化娱乐等内容的数据。在AIGC 的推动下，从内容的认知、解读、归纳，生成，到基于内容的判读、预测，内容数据大爆发，形成了非结构化数据的洪潮。

内容数据通常包含以下类别：

**文本内容**：各种格式的文本文档、电子邮件、网页、博客、社交媒体帖子等以文字形式呈现的信息。

**图像内容**：照片、图表、图解和其他视觉图像等图形信息。

**音频内容**：音乐、播客、语音消息、电话录音等以声音形式存在的数据。

**视频内容**：短视频、电影、电视节目、监控录像、在线视频等流媒体。

**多媒体内容**：结合了文本、图像、音频和视频的复合数据类型，例如交互式演示文稿或富媒体网页。

内容数据的管理和使用在企业中尤为重要，因为它们通常与企业的运营、品牌传播、客户互动和知识管理紧密相关。内容数据可以帮助企业更好地理解目标客户，包括它们的需求、兴趣和痛点；能够帮助企业提供个性化的用户体验，通过定制化的内容来吸引和保留客户；内容数据可以用于改善客户服务，通过提供有用的信息和解决方案来提升客户满意度。

### 2. 场景流数据

商业活动中的场景流数据，是指描述营销场景系列活动或过程的数据，一般用来描述或记录一段时间和一定空间内的企业的商业活动。场景流的概念是来自场景营销，主要数据包括：场景主题数据、场景描述数据、场景内互动数据、客户描述数据等。

营销场景流数据是实现数据驱动的场景营销的数据基础，它通过提供深入的用户洞察、精准的场景触发、多渠道数据整合、优化营销策略、增强用户体验和支持决策制定等方式，为场景营销注入了新的动力和可能性。

随着商业竞争的加剧，传统的价格战、产品功能等打动客户的能力已经升级为离客户更亲近、更精准、更生动的场景式连接，连接关系从触达升级成为互动和社交、推荐连接和影响。那么，传统的描述交易的结构化数据，和仅描述客户行为动作的轨迹流数据，已经不足以满足场景营销对客户洞察和实时反馈的需求。场景流数据以其丰富的感知能力、描述能力，能够更好地支撑营销的决策。

在场景流中，需要描述活动的数据是多种形态的。比如在语音通话分析场景中，除了语义内容进行分析，音频信号中的音调变化、语速节奏、沟通时长，都反映了沟通的过程和效果。在电话客服和电话营销场景中，这些数据元素在智能质检的产品中也是重点检查的内容，用来管理服务人员的业务水平和业务态度。直播带货场景中可分析的数据有视频、语音、文本，数据内容包括场景布置、主播形象、评论互动等场景元素，描述了场景营销现场的情景和过程。

## 2.4 语言文字： 普遍而特殊的非结构化数据

### 1. 文字的描述能力

我们以汉字为例。汉字作为一种文字数据，常用的汉字只有 1500 多个，但是可以用来写诗词歌赋，也可以写出长篇小说；可以描述战争和风景，也可以论述科学与哲学。语言文字具有强大的描述表达能力，并且能够以多种形式呈现含义。理论上文字（包括符号）可以描述一切信息。

大语言模型的能力就来自于语言文本数据，GPT（Generative Pre-trained Transformer）的成功让我们认识到，人类的知识都存在于语言文字里，文本数据是描述世界的通用数据，是带有语义和能够语义表述的符号体系。人类几千年的智慧传承和知识传播都是通过语言文字实现的。文本数据可以把非结构化数据承载的业务和语义描述出来。文本数据可以构成一篇文章，可以描述一段视频的故事内容，甚至可以通过用词和语境表现语音和语调变化。

### 2. 文字是连接人和智能机器的桥梁

"当文字变成数据，它就大显神通了——人可以用之阅读，机器也可以用之分析"。[①]

如图 2-1 所示，进入智能时代后，人类智能与机器智能的共存与协作成为必然，语言文字能够连接人类与机器智能体。以大模型为代表的人工智能，正在快速走进人类生活。Open AI 团队预测，2027 年人工智能的智商将达到人类 145 的智力水平，通用人工智能可能会成为现实。生物智能和非生物智能，或者说人类和人工智能、大脑和智能模型共同协作，正在成为我们的生活和工作方式。

智能体将存在于人类世界，完成人类交给的任务。它与人类在同一空间共存，必然会与人类产生信息和数据的传递。能够与人类在同一数据语义层面交互是必然的要求，人类语言就是必然的选择。智能体完成人类交付的非结构化数据的解析后，必须以人类能够理解

---

[①] 注：来自《大数据时代》

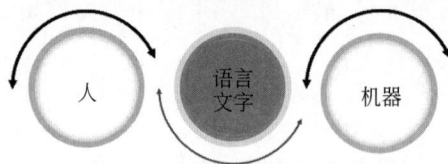

**图 2-1 语言文字连接人类智能与机器智能**

的信息反馈给人类,而人类通用的交流方式就是语言文字。

现在人工智能已经不再只是指令的执行机,它开始具有了推理能力,它反馈给人类的不再只是执行结果,还可以是推理建议。它传递给人的信息必须让人类能够理解,是有语义逻辑和有价值的反馈。人类与人工智能的交互,也不再只是单向下达指令和程序控制。

程序是一种简易语言,也有语法和语义,但程序仅是一种极其精简、强语法规则的指令集合,它无法描述客观世界。程序可以通过编译环境让机器执行指令,这是一种人向机器的单向传递。程序语言无法用于客观世界,无法描述生活和商业场景中的各种事件,以及运营活动的进行。程序语言是非智能时代人向计算机系统的妥协。

智能时代对智能体的要求,是智能技术要向人类靠近,智能体必须要与人类存在于同一个语义空间,语言是人类智能与机器智能之间的桥梁。

# 第 3 章　数据体系的演进与存在的问题

本章介绍了数据体系的发展过程,对几种相关的企业级数据架构也进行了简单的介绍。本章有两个目的,第一是介绍对大数据体系作出巨大贡献的各个阶段,这些思想和贡献奠定了数据发展的基础,也仍然是数智平台中的重要组成。第二是在发展过程中让大家了解到当前数据体系存在的问题,这些问题就是数智平台需要重点解决的问题。

## 3.1　数据的价值演进

结绳记事就是人类最早的数据留存方式,人类社会的发展和商业形态的发展,要求人们创造并使用更复杂的数据形态。结合社会和商业的发展,我们把大数据的发展粗略分为三个阶段,每个阶段的数据形态、数据处理方式、数据应用场景都不相同,后一阶段的数据能力包含前面阶段的应用场景和技术能力;前一阶段的运营也是后一阶段运营的基础,如图 3-1 所示。

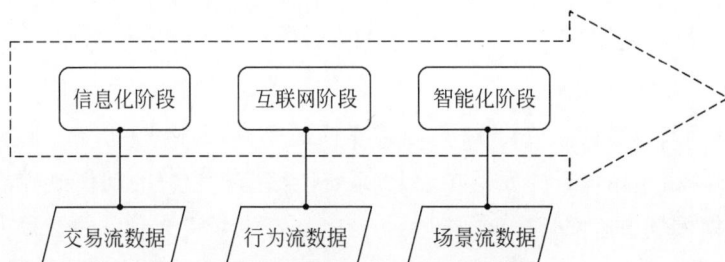

图 3-1　数据业务价值的发展和演进

### 第一阶段：信息化阶段

第一个阶段是传统商业模式阶段，商业行为主要是在线下进行，数据主要以用户的交易行为数据为主线，围绕进销存的基础数据，通过对业务过程的数据建模全面构建起来的。

用户的交易行为，记录了用户购买产品的信息，如购物详单和流水。它们详细记载了用户何时通过何种方式购买了哪些商品。数据的主体是产品和交易环节的信息，围绕这两部分数据，结合企业的业务展开，能够构建企业完整的业务视图和数据模型。

通过交易和产品数据，可以关联起用户、供应链等数据实体，能够很好地通过结构化的方式描述完整的数据体系。数据可以用于分析用户的购买行为，包括最终购买结果和产品间的关联性。比如"啤酒与尿布"的经典案例，这在商业分析中非常关键。

这些数据属于事后数据，数据记录的时候，用户的行为已经发生。简单不全面地，我们可以称这部分数据为**交易流数据（包括采购交易、客户交易）**，以交易流水为数据主线串联起数据体系。

**数据形态**：主要是结构化数据，库表结构的行存储方式是数据的主要形态。通过数值、字符串等数据类型定义字段米描述数据元素。

**数据平台**：数据库、数据仓库。

**解析引擎**：数据的处理运算主要在数据库内进行，SQL 语句是数据处理和运算的主要方式。数据基本上都是结构化的，面向字符串的 like 语句并不作为主要的数据运算手段。

**数据产品**：商业智能（BI）、决策支持系统（DSS）、突出数据可视化技术的决策驾驶舱，以及报表系统和即席查询等是这个阶段数据产品的主要形态。

### 第二阶段：互联网阶段

这个阶段由于互联网各种商业模式的兴起，各种商业模式的名称不断涌现：平台电商、垂直电商、跨境电商、在线视频、O2O 模式、共享模式等等，共同点是由于业务线上化，数据的采集能力更强。由于用户行为发生在线上，系统能够捕捉客户的动作痕迹，详细记录用户的行为轨迹，数据体量快速增长。

随着互联网的发展，大数据开始记录用户在网络和物理空间的行为轨迹。如页面点击和浏览路径，这类数据描述了用户购物过程中的行为，为理解用户的行为意图倾向性和行为特点提供了依据。这些数据对于构建用户画像、特征分析以及个性化推荐等互联网营销和运营活动至关重要，它们比交易数据距离交易发生更前进一步，还可以描述用户的行为过程。

简单地，我们可以称这部分数据为**行为流或轨迹流数据**，通过记录客户的一系列动作行为，描述客户的行为特点。行为流数据打通交易流数据后，能够提供更全面的业务运营细节。

**数据形态**：非结构化数据大量出现，而文本形式的非结构化数据开始被大量解析和挖掘。例如客户的访问日志、URL 记录等。

**数据平台**：数据湖、数据湖仓。

**数据解析**：各种技术平台提供的数据处理技术，比如 MapReduce（一个强大的分布式计算框架），各种语言和工具包，比如 R、Python 等。同时 SQL 语言仍然是非常重要的数据处理工具，关系型结构化数据仍然是重要的数据部分。

**数据产品**：由于数据范围和数据处理能力的增强，这个时候的数据产品或者数据能力输出，开始脱离结果记录的阶段，向业务的进行过程迈进。比如客户的行为轨迹、个性化推荐、热力图等等，描述客户行为动作的数据产品被开发出来。

### 第三阶段：智能化阶段

在这个阶段，传统互联网的运营模式进一步演进。以场景营销和内容营销为代表的运营模式蓬勃发展。大量的非结构化数据如音频、视频成为重要运营数据。例如，直播带货现象中产生的数据不仅记录了用户的购物行为，通过视频呈现了产品外观；通过话术描述了产品特性；通过脚本设计了销售场景；视频记录了主播的表述能力和销售能力等等，还包括了用户在购买前的咨询沟通、直播中的互动和购买后的服务评价等。这些数据更加贴近用户，覆盖了更全面的业务场景和环节，从而使商家全面地理解用户的购物意图和行为。

这个阶段的数据，主要是非结构化的数据，文本、视频、图片等等，更详细地记录了交易发生时的场景，也就是我们上一章提到的**场景流数据**。场景流数据的信息富含度更高，在打通行为流数据和交易流数据后，提供更全面的数据支撑能力。

技术上，图像识别、语音识别、自然语言处理等技术有了大幅提升。识别类人工智能技术开始广泛地进入到应用阶段，但是推理类人工智能还相对落后，有人戏称这是人工弱智阶段。

这个阶段的技术特点：

**数据形态**：视频、图像、音频、信号数据、文档等非结构化数据，以及结构化数据，都是主要的数据形态。

**数据平台**：数据湖、数据湖仓、智能湖仓。

**数据解析**：智能算法以及前两个阶段的数据处理技术。

**数据产品**：智能客服、OCR（光学字符识别）、自动应答、智能质检等。这个阶段技术能力分散，并开始尝试将各种模型算法引入到数据湖，企图对非结构化数据进行内容理解，但是没有形成完整的数据体系。

在大数据发展的三个阶段中，结合商业模式和组织运营的特点，我们能够发现这三个阶段描述的业务特点：**数据离用户越来越近，数据对商业过程的覆盖越来越全面，对业务场景的描述越来越丰富和细致**。结构化数据以交易数据为主线，是交易行为的事后数据。大数据阶段是以用户交易和服务过程数据为主，包含了用户交易过程中的数据。智能数据阶段开始大量产生非结构化的富媒体数据，描述包括购买前的咨询、购买后的售后服务、交易过程中的场景和内容。数据描述能力更强，业务环节覆盖更全面。

从运营和营销的业务角度看来，从交易结果到购物过程，再到用户的具体意图和行为以及环境的场景数据，数据的业务范围和价值都在不断提高。这不仅意味着数据更加丰富和实时，也意味着可以更精准地进行用户分析和个性化服务，从而进一步提升数据在业务运营过程中的价值。

**2023 年大模型的出现，代表着进入到强人工智能阶段，人类社会开始从感知智能向认知智能演进，智能化进入到新的阶段。**

结合后面数智营销章节的内容，读者就会发现这个过程原来和营销理论以及商业活动的发展也是一致的。

## 3.2　数据的发展及贡献

数据技术体系的发展阶段如图 3-2 所示。

20 世纪 70 年代，IBM 的研究员 E. F. Codd 提出了关系数据库的概念，这为后来的数据分析和数据仓库奠定了基础。

关系数据库（Relational Database）的出现是信息技术和计算机科学领域的一个重要里程碑，它极大地影响了数据存储、管理和分析的方式。关系数据库理论基于关系模型，这一

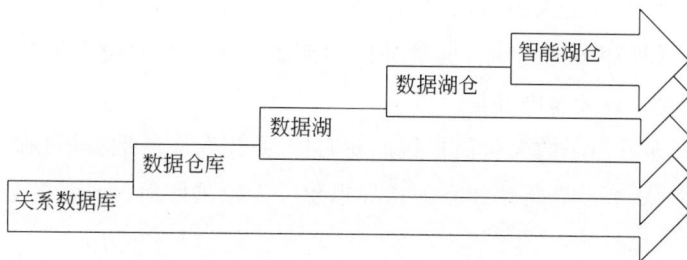

图 3-2　数据技术体系的发展阶段

理论提供了一种逻辑上组织和操作数据的框架。关系数据库推动了人类对数据的认知和技术发展,奠定了数据作为特殊技术体系的发展基础。

接下来的数据仓库、数据湖、数据湖仓都为数据的发展做出了重要贡献。

## 1. 数据仓库开启了数据价值的新时代

1991 年,Bill Inmon 首次提出了数据仓库的概念,并定义了数据仓库为"主题化、集成、非易失性、时变的数据集合"。把数据从关系数据库的业务系统中独立出来,形成以数据价值挖掘为主要目标的数据体系。

数据仓库所做的最重要努力就是让数据被有序地组织和管理起来,并最终让这些数据的价值赋能企业的运营和经营。可以总结为:推动数据价值理念、贵在资产管理思想、累在数据清洗治理、重在数据业务模型,如图 3-3 所示。

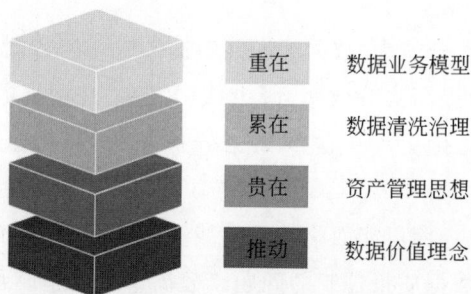

| 重在 | 数据业务模型 |
| 累在 | 数据清洗治理 |
| 贵在 | 资产管理思想 |
| 推动 | 数据价值理念 |

图 3-3　数据仓库开启的价值

### 1）数据价值理念:数据资产

数据仓库对于数据发展历程最大的贡献是数据的价值理念和数据的资产管理思想,现

第 3 章　数据体系的演进与存在的问题

在这已经成为共识。在数据入表后,数据资产的思想会得到进一步的普及与提升。数据不仅仅是企业操作过程产生的副产品,也是可以驱动商业洞察和战略决策的关键资源。这是一次巨大的理念进步,意义非同寻常。

可以说数据仓库开启了数据价值挖掘的新时代,数据仓库的数据治理的理念、数据资产化的思想,成为后续所有数据价值体系的指导思想。无论是后面再发展的数据湖、还是数据湖仓,都秉承了这一思想。

全球知名的研究和咨询公司 Gartner 提出的数据赋能企业分为三个阶段,当前我们已经处于第三阶段,如图 3-4 所示。

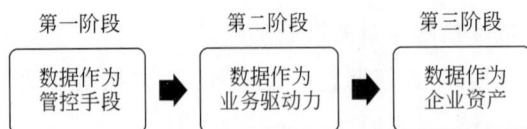

图 3-4　Gartner：数据赋能企业的三个阶段

这三个阶段反映了企业对数据认识的深化和数据在企业中角色的演变,从最初的监管工具到业务驱动力,最终成为企业资产的一部分,体现了数据在现代企业运营中的重要性和价值。

**2）数据发展史上的第一次争论**

数据仓库提出之初,引起了强烈反响,有很多激烈的反对,包括成本问题、技术挑战、业务流程改变、实施难度和数据安全等。

支持构建数据仓库的人士认为,数据仓库能够提供统一的数据视图,帮助企业整合分散在不同系统中的数据,从而提高决策效率、减少数据冗余,并增强数据安全性。通过集中和整合数据,数据仓库可以支持更深层次的数据分析和挖掘,为企业带来战略性的见解和价值。

反对者指出,构建数据仓库可能面临技术挑战和高昂的成本,而且在数据整合的过程中可能会遇到数据不一致和数据质量控制的问题。数据仓库的建设和维护需要专业的技能和知识,对于快速变化的业务需求,数据仓库可能缺乏必要的灵活性。此外,数据仓库可能需要进行许多表连接进行分析,从而影响查询性能,对于业务用户来说,理解和操作起来很复杂。

随着时间的推移,数据仓库的概念和实践不断演进,对现代数据体系发展产生了深远的影响。推动人们开始关注到了数据蕴含的巨大价值,推动了数据从简单记录功能向价值挖掘的跨越。

## 2. 数据湖推动了大数据技术的发展

### 1）数据湖的技术优势

数据湖(Data Lake)的发展是一个逐步演进的过程,概念最早在 2011 年被提出,它旨在解决大规模数据分析的问题,特别是非结构化和半结构化数据的存储和处理。

早期数据湖是一种存储大量数据的集中式存储系统,以原始格式存储各种类型和来源的数据。与数据仓库不同,数据湖不太关心数据的结构和格式,它可以按原样存储数据,无须先对数据进行结构化处理。这种能力使得数据湖成为企业处理和分析大规模数据集的理想选择。数据湖通常建立在分布式文件系统之上,如 Hadoop 的 HDFS,这使得它能够轻松处理 PB 级别的数据,并根据需要扩展。

数据湖支持多样化的数据处理方式,包括批处理、流式计算、交互式分析以及机器学习等,这些技术突破了之前关系型数据库的能力限制。这种多样化的处理能力使得企业能够根据实际需求选择最合适的数据处理方式,奠定了大数据发展的技术基础。随着数据湖的架构和技术不断发展,数据湖从最初的单一数据存储池概念,开始向支持高效、安全、稳定的数据应用平台发展。

### 2）数据发展史上第二次争论

在数据发展历史上,关系派(Relational School)和非关系派(NoSQL School)之间的争论主要集中在数据存储和管理方式上。这两大派别的出现反映了随着数据规模、类型和复杂性不断增长,传统关系型数据库(RDBMS)面临的挑战以及新型非关系型数据库(NoSQL)的崛起。

(1) 关系派(Relational School)。

关系派主张使用关系型数据库管理系统(RDBMS)来存储和管理数据。关系型数据库以表(Table)为单位组织数据,表与表之间通过关系(Relationship)进行关联。关系型数据库具有数据一致性高、易于理解和使用、支持复杂查询和事务处理等优点。然而,随着数据量的快速增长和新型应用需求的出现,关系型数据库在处理大规模数据、非结构化数据以及高并发读写等场景时显得力不从心。

（2）非关系派（NoSQL School）。

非关系派则主张使用非关系型数据库（NoSQL）来存储和管理数据。非关系型数据库采用键值对（Key-Value）、列式（Column-based）、文档（Document）或图形（Graph）等非关系型数据结构来存储数据。与关系型数据库相比，非关系型数据库具有可扩展性好、处理速度快、支持非结构化数据等优点。

（3）两者争论的焦点。

关系派和非关系派之间的争论主要集中在以下几方面：

**数据结构**：关系型数据库采用关系型数据结构，具有严格的数据约束和完整性保证；而非关系型数据库则采用非关系型数据结构，更加灵活和可扩展。

**性能**：关系型数据库在处理复杂查询和事务处理方面表现出色，但在处理大规模数据和高并发读写时性能受限；而非关系型数据库则具有更好的处理速度。

**数据一致性**：关系型数据库通过事务处理和 ACID（数据一致性属性原则：原子性 Atomicity、一致性 Consistency、隔离性 Isolation、持久性 Durability 的缩写）属性保证数据一致性；而非关系型数据库则更注重最终一致性（Eventual Consistency），通过牺牲部分一致性来换取更好的性能和可扩展性。

（4）争论的历史意义。

非关系派逐渐认可了结构化派的数据资产和数据治理理念与方法，结构化派也认识到集群派（非关系派）的技术优势。尤其 Hive 普及后，更加快了两个技术流派的融合。同时由于两个技术方向不断融合，互相借鉴，加速推动了大数据处理技术的发展。随着数据湖逐渐引入数据治理的理念，数据技术领域的结构化派和集群派的争论之声也渐渐平息。

经过这一次学术与实践的大讨论，人们统一了数据体系化的思想。人们意识到了数据的发展、数据形态的扩展对技术的依赖，也更加意识到了为什么要对数据进行体系化的治理和管理，并统一了构建成熟数据体系的思想和方法论。

进入智能时代，新生代的数据人，了解这一历史过程是非常有意义的。当前的情况与当时有一定的相似性，但是现在人们已经不再进行"两小儿辩日"式的争论。数据科学和人工智能两个领域，朝着同一个目标进行各种方案的探索和尝试。

### 3. 数据湖仓奠定现代大数据体系的基础

#### 1）企业级大数据体系轮廓

数据湖仓（Data Lakehouse）是一种主要的数据存储和管理架构，它结合了数据湖（Data Lake）的灵活性和数据仓库（Data Warehouse）的规范性。数据湖仓采用数据湖的大数据技术，融合数据仓库的数据治理理念和方法，为企业提供了一个更加强大和灵活的数据管理和分析平台。

图3-5给出了湖上建仓的数据湖仓框架示意图。数据湖在融入了数据治理能力之后，发展成为企业数据管理的主要数据平台，为企业所提供的价值已远不止于单纯的多种格式数据存储和查询功能，而是能够成体系地进行数据治理、数据资产管理和数据价值挖掘。

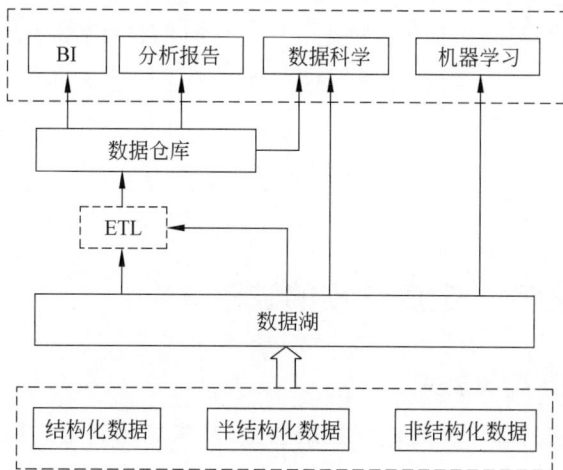

图 3-5　数据湖仓框架图

本书中的智能数据平台同样采用了数据仓库的数据理念和数据湖的大数据基础技术，就像数据仓库最初的时候是基于数据库实现的一样，数据湖仓基于数据湖实现，但对数据的组织管理发生了很大变化。

#### 2）智能湖仓：智能时代数据体系的积极探索

随着智能技术的发展，人们开始尝试把智能技术应用于数据湖仓，通过智能技术来优化数据的存储、查询和分析。它注重提高数据处理的效率和准确性，以满足对实时、复杂数据

第 3 章　数据体系的演进与存在的问题

分析的需求。智能湖仓通过利用智能工具和算法，如智能索引、查询建议、数据压缩等，来提高查询性能和数据利用率。这些技术可以自动识别数据中的模式，优化数据布局和查询路径，从而加快查询速度，并减少资源消耗。

亚马逊云科技（Amazon Web Services，AWS）是智能湖仓架构的积极推动者，其推出的相关服务如 Amazon S3、Amazon Redshift、Amazon Lake Formation、Amazon Glue 等，都是构建智能湖仓架构的关键组件。通过这些服务，企业可以构建一个高度可扩展、安全、并且能够提供深度数据分析能力的数据平台。

智能湖仓体系的提出，反映了大数据领域对于更高效、更灵活数据处理能力的需求，同时也预示着数据管理和分析的未来趋势。智能湖仓给出了数据体系技术智能化的发展方向。

从技术发展的角度来看，智能湖仓的理念是正确的；从数据体系的视角来看，智能湖仓并没有形成完整、系统的数据体系。智能湖仓没有能够彻底释放非结构化数据的价值，还是无法形成业务全域数据体系。主要原因在于早期的人工智能还处于感知智能的阶段，对非结构化数据解读理解能力不足。数据体系发展到当前阶段，智能湖仓已经不能满足智能时代对数据体系的要求，存在后面章节提出的问题。

## 3.3 当前体系之困：数据体系的缺陷

### 1. 非结构数据的基础层缺失

数据体系中最关键的工作就是建立数据模型，并构建基础数据层。这一层是整个数据体系的核心，企业所有的数据需求，基础数据层都能够直接支持或者通过数据开发处理来支持。

数据在独立的数据体系中，尤其是在体系中的基础层才真正变成有效资产。以基础数据层为核心建立的数据体系，能够解除数据系统和业务系统的耦合关系，保证数据体系的稳定运行。基于基础层建立的数据体系是实现数据的融合贯通、价值倍增；一次加工、重复使用；模型规范、资产管理；集中管理、消除"孤岛"等重要能力的基本要求。

如图 3-6 所示，在现在的湖仓体系中，主要采用的思想是对非结构化的数据直接进行规范化处理，直接结构化成关系型数据。占据大数据更高比例的非结构化数据无法有效形成企业的数据资产。

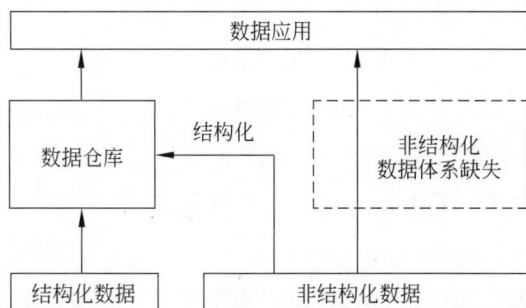

图 3-6　非结构化数据体系缺失示意图

因此目前系统的缺陷在于：**直接从语音、视频、图像等非结构化数据中提取信息到结构化数据中，然后在结构化数据中进行统计分析，对应非结构化数据没有得到完整的体系化的管理和治理。导致企业无法进行数据资产的统一管理。**

人工智能和大数据两个方向，目前都在自己的发展路径上发展进步，而企业需要的是能够融合这两种技术，形成完整一体的数据体系，支持企业数据价值挖掘和数据资产管理。

### 2. 智能技术的堆砌

非结构化数据的预处理和特征提取通常是一个复杂且耗时的过程。对于文本数据，需要进行分词、去停用词、词性标注等预处理步骤；对于视频和图片数据，可能需要进行图像增强、去噪、关键帧提取等操作。这些预处理步骤需要大量的时间和计算资源。同时，模型的训练也需要大量的标注数据和高性能的计算设备。这些因素共同导致了数据准备和模型训练工作量的增加。

采用多种算法技术带来的人员和时间成本，也是企业难以承受的。非结构化数据分析涉及的技术和方法较为复杂，需要数据科学家具备较强的技术功底和专业知识。他们需要了解不同算法的原理和应用场景，熟悉各种工具的使用和调试，具备数据处理和模型训练的能力。繁杂多样的技术使企业组织难以统一驾驭，在技术和工程上产生了诸多问题。具体体现在：

**技术差异**：不同类型的非结构化数据需要不同的技术和算法进行处理，如自然语言处理（NLP）用于文本，计算机视觉（CV）用于图像和视频，语音识别（ASR）用于语音。

**效果不理想**：智能技术的智能效果还达不到人们的要求，早期感知智能技术阶段，主要在识别类的应用方向取得了较好的成果,对于理解、推理等方向能力不足。

**技术复杂性**:每种技术都有其自身的复杂性和挑战,如 NLP 中的语义理解、CV 中的目标检测和识别、ASR 中的语音转文本,需要各自的数据整理工作等。

**技术门槛高**:面对不同类型的非结构化数据,建立不同的算法模型,对技术人员提出更高的算法要求,限制了能够进入该领域的人员数量。

**系统集成难度大成本高**:将不同的技术和系统集成到一个统一的体系中需要复杂的中间件和接口,这增加了实施难度。

**实现周期长**:数据处理、算法实现、模型训练和调优等一系列的工作与迭代都需要较长的时间,实现周期也是影响非结构数据价值体现的重要因素。

**团队协作挑战大**:不同领域的专家需要紧密协作,智能算法类项目和产品的实现,难以应用软件工程大规模系统开发的管理方式。团队组织和协同的难度是影响非结构化数据大规模价值输出的因素之一。

技术堆砌造成的以上问题,导致系统复杂度非常高,难以构建统一的技术体系来解读非结构化数据,企业很难落地实现。各种算法解读出来的数据零散割裂的存在于分散的系统中,不能形成完整的数据资产。


# 3.4 当前数据之痛: 数据域不完整

**1. 不满足数据价值的第一性原理**

第一性原理是指任何理性系统,最后都可以简化为一条基本原理。如果不能找到"简一律"①中的那个"一",再多的分析也仅是在现象层面的分类归堆而已。

**数据价值的第一性原理**:要谈论数据的价值,首先必须先要获取有价值的数据,没有数据,就无从谈起数据分析和价值挖掘。数据价值具体包括:具备良好数据质量、具有可访问性;数据要具备可解释性,不能解读理解的数据仍然只能望数兴叹。

在新商业场景下,非结构化数据主要描述内容、场景、互动等运营过程和细节,承载着业务活动开展的关键信息,是企业数据资产的重要组成,也应该和已有的结构化数据融为一

---

① "简一律"(Principle of Simplicity)或"奥卡姆剃刀"(Occam's Razor)是科学研究和哲学分析中的一个重要原则。

体,构成企业完整的数据资产。

体量占据大数据95％的比例,富含高度价值的非结构化数据,如果不能被纳入企业的数据体系中,就不能满足数据价值的第一性原理。

### 2. 数据域不完整,数据整体价值下降

数据体系的关键价值还在于有效整合了各个业务环节的数据,使其有机成为一体,完整反映业务流程。在当前新商业环境下,新增加的反映业务场景、流程和业务执行过程描述的非结构化数据,能够反映现在商业活动的运营细节。缺失这部分数据则数据域不完整。

数据的不完整带来数据实体的缺失和数据对业务连接关系的断裂,会使得全域数据的整体价值下降。例如:因为没有与客户的交互对话数据,就无法分析话术对销售转化的影响。因此,我们需要打开非结构化数据的"黑盒",补全非结构数据代表的数据实体,形成能够描述全业务流程、覆盖全业务域的数据体系。

# 第二篇

# 数智平台的理论与规划

在智能时代背景下，构建数智平台已成为时代使命。本篇深入探讨了数智平台的基础理论，涵盖了人工智能技术、语言与客观世界的哲学关系，以及大数据科学等相关领域。我们将从非结构化数据的价值释放出发，探讨如何通过大模型解读数据，以及如何将非结构化数据转译为文本数据，全面实现对多形态大数据的价值挖掘。本篇也论述了构建以语义为核心思想的数智平台的系统设计原则和规划要点。

本篇内容虽然偏重理论且具有一定的抽象性，但它是构建数智平台基本原理。本书中提出的技术架构和体系方案均以本篇的理论思想为基础。

# 第 4 章　打开非结构化黑盒，
# 释放数据价值

## 4.1　构建数智平台是时代的使命

2024 年作为大模型应用元年，大模型开始在各行各业、各种场景下落地和尝试。大数据领域作为和人工智能相生相伴的紧密领域，自然是近水楼台，首先受到最深刻的改造与变革。这一改造不仅仅是技术层面的更新，更是对数据类型拓展、数据体系构建、数据治理与资产管理、价值输出与决策赋能的全面改造，智能化数据时代已经到来。

由于没有系统性地解决非结构化数据价值释放的问题，当前的数据体系中，在数据架构上缺少非结构化数据的体系支撑，在数据主题域缺少了关键业务活动所需要的数据内容。

在未来的商业活动中，企业的业务行为越来越朝向情景化、场景化和内容化发展，业务数据也越来越朝向内容数据和场景数据等非结构化数据发展。非结构化数据越来越重要，占比越来越高，当前我们的数据技术体系已经滞后于时代的要求。

构建新的数据体系，能够面对包含非结构化数据的所有数据进行价值运算，也能像数据仓库那样有效的组织、管理、治理数据，赋能企业业务活动，促进企业数智化转型，是我们当前重要的任务。

人类正在迈过奇点，进入强人工智能时代。以大模型为代表的人工智能技术进入了新的阶段，大模型的理解和推理能力已经能够实现非结构化数据的内容理解和数据价值挖掘。这是一次工业革命级的技术变革，它必将改造和重构各个行业，它也必然推动着大数据的概念内含、技术体系、应用范围全面拓展。

Bill Inmon 开启了数据价值时代；舍恩伯格开启了大数据时代；现在我们进入到了数智时代。打开黑盒、挖掘非结构化数据价值、形成完整数据体系，这也是时代赋予我们的使命。

## 4.2 释放非结构化数据价值是首要任务

要实现数据价值的第一性原理，释放非结构化数据的价值，首先要打开非结构化数据的黑盒，完整解读非结构化数据的语义。数据分析和数据科学的目的是挖掘数据价值，发现规律，赋能人类的生产生活和商业行为。

商业环境中人们采取的决策是理性的，尤其涉及客户满意、商业竞争、成本等企业发展的关键内容。只有能够解读数据，并提供决策过程的透明度，才能获得人们对数据和决策结果的信任。在企业组织中，跨业务部门和跨专业的讨论交流也要求数据的可解释性，不然很难达成一致的结论，共同完成正确的决策。

决策者作出的决策还要保证社会性的要求，遵守伦理标准和法律法规的约束。数据资产入表也要求数据能够经过人的评估，判定其数据的价值，才能够以资产的形式进入企业的资产负债表中。

以上的说明都反映数据的可解释性是对企业级数据系统的基本要求。可解释是指数据的内容表达与人类的思维在同一个语义空间，才能够被人们所理解，信息内容才能够正确传递。

在数据体系中，非结构化数据作为重要的业务数据部分，其数据内部是包含语义信息和业务信息，需要以显式数据的方式呈现，才能够被数据系统解读处理，完成数据的进一步技术处理和价值挖掘。

**我们一旦能够解读非结构化数据并释放其价值，我们将：**

（1）完成对非结构化数据本身覆盖的业务场景的支持。

（2）补全完整的数据体系，实现企业全域数据商业价值。

（3）形成全域数据资产，提升数据资产的市场价值。

（4）落地人工智能技术，推动企业数智化转型。

## 4.3  使用大模型打开结构黑盒

### 1. 使用大模型解读非结构化数据

我们在 3.3 节体系之困中了解到,在大模型出现之前,人们已经开始使用各种方式和智能技术来分析非结构化数据。包括使用文本挖掘、自然语言处理、图像识别、语音识别等高级技术来提取和分析其中的信息。对于数据体系来说,非结构化的算法与方法多样、技术不统一、数据准备和模型训练工作量大、对人员技术要求高等弊端限制了数据价值的开发和广泛应用。

另外,这些技术的效果也不是很理想,限制了人们深度挖掘数据价值的能力。不同的算法和方法可能产生不同的结果,且结果的准确性和可靠性难以保证,企业和组织难以对分析结果进行有效的验证和应用。

在数智平台中,我们通常使用大模型来进行非结构化数据的解读和分析。通过利用大模型的数据处理能力,我们可以更好地解读理解并获取非结构化数据中的信息内容,从而打开非结构化数据的黑盒,释放非结构化数据的价值。**这个过程我们称之为非结构化数据的语义化过程**,如图 4-1 所示。

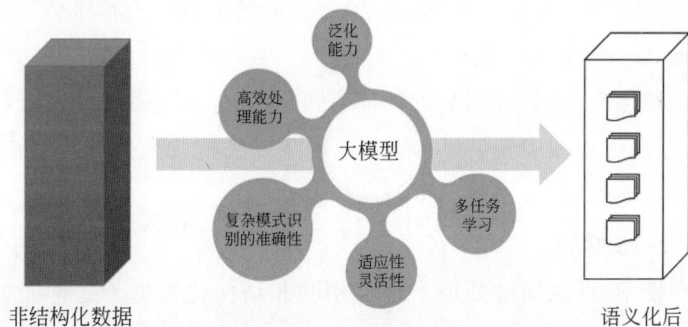

**图 4-1  大模型对非结构化数据进行语义化解读**

我们把非结构化数据输入大模型后,按照需要提取的信息要求组织好提示语,让大模型回答我们要提取的内容信息。大模型能够替代我们完成对非结构化数据的解读,理解数据表达的语义,并按照我们指定的数据方式生成需要的内容。

以往对音频、视频、图片、文章等需要人来完成解读和理解的工作,现在我们通过大模型就能解决,不再需要人们投入很高成本训练各种模型来分别进行数据理解。大模型不但具有强大的理解能力,而且解读处理效率也非常高,比如阿里开源的通用多模态大模型mPLUG-Owl3,4秒能看完2小时的电影。

苹果手机iPhone16的发布会后,根据发布会内容,周鸿祎对这款新手机进行了评价。然而正如周鸿祎所说,因为不想熬夜,他自己并没有看发布会的视频,而是使用大模型进行了发布会视频的解读,并根据发布会内容对这款新手机进行了评价,还让大模型生成了思维导图。

在数智平台,我们使用大模型作为非结构化数据的解读引擎,具有以下优势:

**1）处理能力的优势**

非结构化数据通常包含海量的信息,大模型凭借其强大的数据处理能力,可以高效地处理这些庞大的数据集。无论是文本、图像、音频还是视频,大模型都能在短时间内完成数据的加载、处理和分析。

**2）复杂模式识别的准确性**

大型模型的深度学习架构使其能够更有效地处理讽刺、双关语、俚语等复杂语言现象。大模型对数据中的隐含信息,比如情感、心理活动描述等解读判断的能力,也已经达到非常好的程度。利用广泛的上下文信息能够更好地处理语言中的歧义和模糊性。

**3）泛化能力强**

大模型在训练过程中,会学习到数据的内在规律和表示。这使得它们具备较好的泛化能力,即能够处理在训练过程中未见过的数据。对于非结构化数据分析来说,泛化能力至关重要。因为在业务活动中,总是不断产生新的信息和模式。

**4）多任务学习的便捷性**

使用多模态大模型,可以同时处理多种类型的非结构化数据。这种能力使得我们可以在一个统一的框架下,对不同类型的非结构化数据进行综合分析和比较。这不仅提高了分析的效率,还增强了业务分析的全面性。

**5）适应性和灵活性**

大模型通常具有较高的适应性和灵活性,可以根据不同的任务和数据集进行调整和优化。结合RAG(检索增强生成,第9章技术栈章节介绍)等技术手段,我们能够轻松地适应新的非结构化数据分析任务,而无须从头开始构建新的模型。这种灵活性大大提高了非结构化数据分析的效率和效果。

### 2. 非结构化数据解读生成文本数据

万千形态,落地成文。通过大模型解读非结构化数据,然后用语言文字(文本数据)把我们需要的非结构化数据内容信息表示出来,这个过程有些类似我们在数据仓库中进行数据建模的过程:从数据中抽象和组织我们要提取的信息。

使用文本数据表示非结构化数据,是数智平台的重要思想。用文字来描述非结构化数据的语义,显式地表示非结构化数据的内涵和信息,并在数智平台中落地留存。这些文本数据成为企业的可以体系化处理、系统化管理和进行数据分析、价值获取的数据资产。

后续章节,我们会对使用文本数据替代其他形态的非结构化数据的技术方案做进一步说明,这里我们先举一个例子:

一场直播结束后,文案、策划、摄影、场控、助理、场景师等同事在一起复盘。大家各自负责的工作不同,工作交付物也不同,各个工作流程中产生了各种非结构化的数据,包括文本、视频、图片等。但是大家都是在用语言来交流。文本数据可以记录整个的交互过程和各自的主要观点。也就是说语言文字可以作为复盘分析过程中的交互数据,并最终可以形成复盘的分析报告。我们可以把这一过程理解为在数智平台中使用文本数据对各种非结构化数据进行整合、分析的过程。

我们用大模型完成对视频、图片等各种非结构化数据的阅读,然后通过提示语同大模型交互,让大模型用文字描述出我们要求的内容。**在数智平台,数据进入基础数据层之后,将不再存在语音、图片、视频等其他形态的非结构化数据,只有结构化数据和文本非结构化数据两种形态**,如图 4-2 所示。

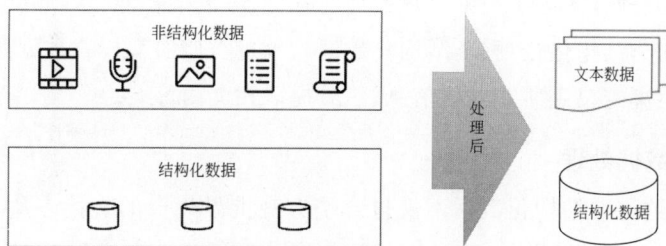

**图 4-2　非结构化数据语义化后形成文本数据**

第 4 章　打开非结构化黑盒,释放数据价值

## 4.4 基于大模型的解读式数据处理

解读式数据处理，是指通过阅读数据、理解和明确数据表达的语义，然后按照业务逻辑和数据处理要求，对数据进行重组织和再表述的方式。

解读式的数据处理思想区别于传统的结构化数据按照结构解析、抽取进行数据处理的方式。本书中，在不同的地方用到了解读和解析的两种说法，请读者注意其含义的差别，本节我们对两种数据处理方式进行进一步说明。

### 1. 解析式的数据处理

在关系数据库中，数据表通过字段来组织数据内容，在进行数据运算处理的时候可以通过指定字段来获取需要的信息内容，例如一个 SQL 语句：

> Select *字段 1*,*字段 2* from *表 1* where *提取条件*。
> 我们从*表 1* 中提取满足条件的*字段 1* 和*字段 2* 的内容。

我们称之为结构化数据，是因为数据严格按照我们设定的结构定义来存放，固定的内容一定在固定的位置上。因此数据处理的过程中，只要找到这一条记录，就可以从记录行提取（截取）所需要的信息。除非另增加处理工作，否则所获得的信息内容和数据在数据库表中的内容是一模一样的。数据处理过程不需要对数据内容进行理解，只要满足提取的逻辑要求就可以。

**结构化数据**的处理基本流程可以总结为：检索→定位→字段提取→数据运算。

我们把这种不需要理解内容，只要能够通过逻辑运算就能定位，并直接提取的数据处理方式称为解析式的数据处理。关系数据库的数据运算逻辑，在底层是通过数学集合运算理论来实现的，这种处理方式源于关系代数的理论基础，不需要智能化的解读理解。

对于有结构的非结构化数据（半结构化数据），也是类似的解析式数据处理方法，通过数据比较或者逻辑运算定位到所需要的信息，然后提取相关内容。

### 2. 解读式的数据处理

图片、视频等这些非结构化数据不仅包含了客观世界规律的直接表达，用于 AI 的模型训练，更包含着较高分析价值的语义信息。比如图片和视频内容的含义，在之前的大数据体系中不能被有效处理，主要是因为计算机程序和人工智能技术解读非结构化数据的能力不够。

　　大模型推动人类开始进入智能时代,大模型具备了理解和推理的能力,我们能够使用大语言模型来解读大量文本数据;使用多模态大模型分析图片、视频等。通过智能解读的方式完成对非结构化数据的解读和语义释放,使非结构化数据能够成为有分析价值的数据。

　　**解读式的基本处理流程是:阅读→理解→推理→生成。**

　　解读式的数据处理方式,在数据开发和处理过程中,采用提示语和大模型进行交互,来获取需要的内容信息,如图 4-3 所示。

**图 4-3　提取信息示例**

　　提取信息的提示语:

- 请问这张照片是在夏天还是冬天拍摄的?
- 请问照片中的人是成人还是儿童?

　　由此可见,解读式的数据处理,需要对数据进行全面解读和分析,理解内容后再给出我们需要的信息,而不是直接提取其中的某一部分。

　　在后面介绍数智平台的数据流章节中,我们介绍的生成式 ETL1(GTL1)阶段中的语义化过程,采用我们这里介绍的解读式的数据处理方式,通过提示语指示大模型完成非结构化数据的语义解读,并生成我们需要的数据。在这个过程中,我们通过智能技术重新生成了业务数据。

## 4.5　大模型解读数据原理

　　本节我们从原理层面介绍如何利用大模型技术在向量空间内发现向量(数据元素)之间

的规律,从而实现语义理解。虽然本节内容侧重智能技术基础原理的内容,如果您是业务人员,也希望您能够坚持读完本节内容。在企业数智化转型时代,企业管理人员和业务人员了解人工智能的基础原理和智能模型如何帮助我们解读数据,是很有价值的。本节尽量采用通俗的表达方式,不仅帮助您从原理上理解大模型如何来解读非结构化数据,对您进行企业数智化和智能化的其他工作也有一定的帮助。

为了容易理解,我们的一些说法并不严谨,比如我们使用"词汇"的说法,而没有使用Token 的专业术语;用"放入"而不是嵌入 Embeding 等术语。

## 1. 人工智能和向量空间

为了容易理解,我们从软件的基本实现逻辑开始谈起。软件系统是使用一些处理规则和逻辑,对数据进行处理运算,从而实现应用功能。

例如,计算器是使用数学运算规则,对人们输入的数字进行运算,实现了加减等计算功能。

又如,学生选课系统是应用学校的选课和管理规则,对数据库中的老师、学生、课程进行数据处理,从而实现了选课的管理功能。

类似的,人工智能使用了算法模型对数据进行分析运算,实现我们所希望的功能。比如我们使用语音识别(ASR)模型,对输入的语音进行分析,然后识别成文本。

不同的是,这些算法模型不像软件那样,把程序逻辑固定在代码里,这个模型需要我们提前进行训练。上面提到的语音识别模型,就需要我们通过大量的语音数据进行训练,让模型具备了这个能力。

我们现在使用的大语言模型也是,预先用大量的语言文字数据把大模型训练出来,让大语言模型能够分析我们输入给它的文字,然后实现与我们的对话沟通。

训练大模型的数据放入一个叫作向量空间的地方,模型从向量空间里学习知识,进行数据处理的时候,我们把需要处理的数据也放入向量空间里,这样模型就能够使用之前在向量空间里学到的知识,来解读处理这些放到向量空间里的数据。

实现这个能学习知识的模型方案很多,我们现在使用的对话大模型 Transformer 就是其中的一种。人工智能的底层原理就是用各种方法学习向量空间中数据元素的规律,从而构建出模型。

向量空间在人工智能中扮演着核心角色,特别是在深度学习领域。在人工智能中(尤其是在深度学习中)数据通常被表示为高维空间中的向量。这些向量能够捕捉数据的重要特征,并且可以通过计算向量之间的距离或角度来衡量数据之间的相似性或差异性。

以上内容,可以简单地表示为:

**软件系统＝处理逻辑＋数据;**

**人工智能＝算法模型＋向量空间;**

那么对应地,**大模型＝Transformer 模型＋向量空间;**

在大数据量和大算力的加持下,大模型成功了。大模型可以帮助我们解读非结构化数据,释放其蕴含的价值。

### 2. 语义空间和向量空间

语义空间就是一种用于文本分析的向量空间,它在文本数据分析领域和计算语言学中用于表示和分析词汇语义关系。在语义空间中,每个词汇则被表示为这个空间中的一个向量。文本数据的词汇分布在语义空间内,就可以应用人工智能在向量空间的技术方式,进行数据特征规律的学习和发现,也就是理解语义。

在语义空间中,每个词都由一个向量表示,这个向量包含了该词的语义信息。这些向量可以捕捉词汇之间的相似性和关联性。通过比较这些向量,我们可以计算出不同词汇之间的语义相似度。如果两个词在语义空间中的距离很近,那么它们的含义被认为是相似的;反之,则差异较大。在语义空间中,可以进行各种语义操作,如类比推理和语义距离计算,从而执行语言理解的任务。

通过对语义空间中文字语义关系的理解,就能够实现我们前面提到的数据解读的能力。

### 3. 在语义空间解读非结构化数据

在数据科学中,我们经常提到"数据"和"知识"这两个词。数据是原始的、未经处理的事实,而知识则是经过加工、组织和解释的数据。数据本身没有意义,它需要我们赋予意义。这就是为什么我们需要将数据转化为信息,再将信息转化为知识。这个过程涉及对数据的深入理解和解释,也就是我们所说的"语义"。

语义是语言中词汇、句子和文本的意义。在人工智能领域,语义理解是让机器理解人类语言的关键。语义空间和向量空间是实现这一目标的两种技术手段。向量空间是一种数学模型,它允许我们将文本数据转换为数值表示,从而可以使用数学和统计方法进行分析。语义空间则是在向量空间的基础上,进一步考虑了词汇和概念之间的语义关系。

通过这些技术，我们可以开始构建一个"思维空间"，这是一个虚拟的环境，其中数据和知识可以被组织、关联和探索。在这个空间中，我们可以发现数据之间的新联系，生成新的假设，并在实践中验证这些假设的有效性。

信息的交流的一个基本前提，就是交互各方首先要在同一语义空间。非结构化数据所内含的信息必须要以人类能理解的语义方式表示出来，才能被使用起来。尽管小猫会用叫声回应我，但我们之间的信息不在同一个语义空间，我们之间无法实现真正地相互理解。

不能被解读的数据不具备分析价值。而非结构化数据要能被解读，第一步就是要能够实现语义化，可被解读和理解，其表达的语义与人类在同一语义空间内被描述。

结构化数据和有结构的文本数据，由于模型和数据结构自带的属性，可以被人类直接解析。如一张报表，人能在表结构的帮助下看懂各个数字的含义，人们可以通过阅读同一张报表来传递信息。

非结构化数据无法通过外在数据格式赋予含义，从而无法进行预设含义的解析。对于非结构化数据的解读，需要依赖人工智能的技术手段来解读和理解。

大模型在非结构数据理解方面已经表现惊艳，给予了我们足够的信心。通过人工智能技术，计算机现在能够在语义空间解读非结构化数据，这是让计算机向人类语义空间迈出的重要一步。人们通过大模型解读非结构化数据，标志着人类可以对任何事物的描述，转译成人类语义空间内的文本数据，从而实现解读万物数据的目标，这是我们以语义化为思想构建数智平台的基础。

# 4.6 智造数据，资产落地

## 1. 智造数据资产

在数智平台中，非结构化数据语义化成为文本数据的过程，也是企业利用人工智能技术生产数据的过程。这部分文本数据在企业组织原有的数据体系中不存在，是我们解读非结构化数据并且按照业务要求提炼和开发出的数据，我们把这个过程称为**智造数据**。

**原始的非结构化数据，没有经过智造数据的过程，只是企业的数据资源，而不是企业的数据资产。**

- **数据资源（Data Resources）**：指的是组织在进行活动过程中收集、生成的各种原始数据的集合。这些数据可能未经加工、未经过深入分析，但具有潜在的使用价值。

- **数据资产（Data Assets）**：指的是经过整理、清洗、加工后的数据，它们被组织视为具有明确价值和用途的资源，可以为组织带来直接或间接的经济利益。

这些原始的数据资源经过企业的开发和治理形成资产后，已经具有明确的价值属性，它们已经在企业运营中证明了自己对业务决策、运营效率或风险管理等方面的贡献。在数据资产入表后，更具备了明确的经济价值。

这些通过智能方式生成的"转译数据"，语义上包含了非结构化数据的业务价值内容，在数智平台中存储和管理，形成企业新增的数据资产。企业中增加了场景活动域和内容域等数据域的数据内容，完成了对当前场景营销和内容营销业务活动，以及其他深度互动新型营销和运营方式的有效支持。

### 2. 智造数据资产的价值

经过治理的非结构化数据资产具有较好的流动性和可交换性，它们遵循一定的标准和格式，便于在组织内外共享和交易，能够为组织的运营和增长做出直接的贡献。具体可以体现在以下方面：

#### 1）数据资产价值倍增

企业原来没有的，通过 AI 生产生成的数据，承载着重要的业务价值。对于数据整体来说，新增加的这个数据域不仅仅是这个数据域本身的价值。当这部分数据和组织中其他数据域发生关联关系、融入组织数据整体体系后，将能够提升企业数据资产整体的价值。

#### 2）增强运营能力

在快速变化的市场中，能够迅速响应市场变化的企业往往能够占据先机。**能够快速反应业务的数据更有价值**。非结构化数据通常是原始的业务场景、业务内容、交互行为等信息数据。

AI 解读的信息可以转化为企业的数据资产，帮助企业更好地理解市场趋势和消费者需求，从而在竞争中保持领先。

#### 3）产品和服务创新

这些交互内容、场景数据，可以为产品和服务的创新提供数据支持。企业可以利用这些信息开发新的产品或服务，或改进现有产品，以满足市场需求。长期而言，通过 AI 解读信息并将其转化为数据资产，可以用于训练企业 AI 能力模型。数据资产的积累和利用可以为企业带来持续的创新动力和市场适应能力，可以帮助企业建立持续的竞争力。

**4）促进 AI 数据分析思维**

在主要处理结构化数据的数据体系中，人们采用数据建模，并用关系数据模型组织数据的方式。这种思想从根本上是由人来思考的方式，由人来抽象归纳和梳理出数据的业务逻辑关系。人们能够读懂数据承载的信息，凭借人的世界认知和业务认知，完成对数据的抽象建模。

由于人类的思维能力的局限性，人们对非结构化数据的高维数据关系已经力不从心。智能技术发展到大模型之后，人工智能在理解、推理和生成非结构化数据（内容）上表现出令人惊艳的能力。我们可以把这部分脑力劳动的工作交给机器了。这涉及重要的思维方式的转变，仅仅依赖结构化的数据分析思想已经不能完全满足智能时代数据分析的要求。

# 第5章 基于语义，非结构化数据转译为文本数据

　　世界上不同语言的科学和文学，用不同的语言文字来表达。通过互相翻译之后能够在不同母语的国家和人群中实现交流传播，是因为不同的语言文字，都存在于人类的语义空间之中。类似地，不同类型的非结构化数据，包含和描述的语义也存在人类共同的语义空间之中，也可以互相"翻译"。

　　在数智平台中，我们把不同类型的非结构化数据，转译成文本数据，不仅能够保持语义、实现语义信息的互通，还能够完成数据的归一化。归一化，即统一成一种数据类型，使数智平台更高效地完成数据运算处理。

　　将各种非结构化数据转译成文本数据，一句简单的表述，带来了从数据架构、数据解读与处理、数据分析与应用等方面巨大的变化，代表着智能技术应用于大数据领域的关键思想，代表着智能技术与数据科学相向而行，并在语义上相汇相融。本章我们也用较大的篇幅来介绍使用文本数据来语义化其他非结构化数据的可行性和必要性。

## 5.1　数据的价值在语义中

　　如图 5-1 所示，DIKW 模型展示了数据如何向上汇聚，产生价值，形成知识和智慧。管理思想家罗素·艾可夫（Russell Ackoff）在 1989 年进一步发展了这一理论，他在《从数据到智慧》一书中详细阐述了 DIKW 模型。这是一个描述数据、信息、知识和智慧之间关系的概念框架，被后人广泛认同。

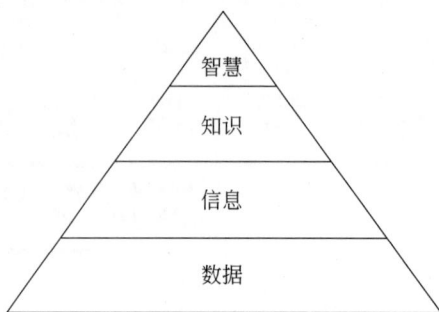

图 5-1　DIKW 模型

　　我们以约瑟夫·斯发基斯[①]在《理解和改变世界》中提出的对信息和知识的定义,来重新理解 DIKW 模型。

　　**数据(Data)**:数据是信息的载体,是描述事物的符号记录。约瑟夫·斯发基斯没有对数据进行重新的定义或说明。

　　**信息(Information)**:约瑟夫·斯发基斯采用了艾伦·图灵[②]的定义,认为信息是一种符号语言和一组概念之间的语义关系。

　　**知识(Knowledge)**:约瑟夫·斯发基斯认为知识是结合到语义关系网络中的信息,知识具有一定程度的真实性和有效性。

　　**智慧(Wisdom)**:约瑟夫·斯发基斯认为智慧(元知识)是管理知识的知识,包括设计、解决、决策的方法,专业技能知识。

　　约瑟夫·斯发基斯提出"人类社会即信息系统"的观点,他在对信息的定义中提到了语义的概念。在信息学中,语义通常指的是数据或信息所传达的实际含义或含义,它是数据在特定上下文中的意义。语义最早是从数据中获取的,数据的价值同时也存在于数据的语义之中。在 DIKW 模型中,语义在向上汇总和传递的过程,是逐渐被证明真实和有效的过程。

---

　　① 约瑟夫·斯发基斯(Joseph Sifakis),2007 年图灵奖获得者,自主系统领域专家,世界安全计算机系统发展重要贡献者。法国科学院院士、法国国家工程院院士、欧洲科学院院士、美国艺术与科学院院士、美国国家工程院院士、中国科学院外籍院士。

　　② 艾伦·图灵(Alan Turing),全名艾伦·麦席森·图灵(Alan Mathison Turing),英国计算机科学家、数学家、逻辑学家、密码分析学家和理论生物学家,被誉为"计算机科学与人工智能之父"。

以往的数据体系强调的是直接从数据中挖掘价值,而智能时代的数智体系对此进行了扩展,我们关注的是从所有形态的数据包含的语义中挖掘价值。我们的关注重点已经从数据本身,转移到对数据中的语义进行全面解读和理解,从而获取到更丰富、更深层次的价值。

在数据体系中,无论是结构化数据,还是非结构化数据,数据包含的规律和价值都存在于数据语义之中。结构化数据借助关系型的结构模型来表达语义;非结构化数据通过其丰富的描述能力来表达语义,如图 5-2 所示。

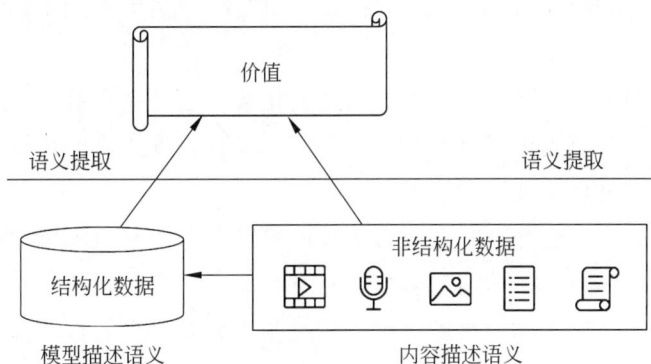

图 5-2　通过语义获取结构化和非结构化数据价值

获取数据的价值是我们的主要目的,而不应该受数据形态以及相应的技术处理方式的影响,能够在语义层面获取有价值的信息才是关键。结构化数据容易被计算机处理,但是语义描述能力较弱,业务覆盖面窄;非结构化数据语义描述能力强,非结构化数据通常都是过程型或内容型数据,但是需要智能技术来进行数据解读处理和分析运算。

本节的目的是希望读者能够从更高的维度来看待数据和数据体系,这对于读者理解本书构建数智平台的理念非常重要。我们不纠结数据的客观存在形态,而是聚焦各种形态数据包含的语义信息及其价值。语义的描述,对于构建以语义为核心思想的数智平台非常关键。语义是数据形态的上层概念,超出了数据形态的局限,在语义层面能够贯通所有形态的大数据。解读并提取到语义价值就打开了非结构化数据的黑盒。

我们希望当人们再次听到大数据这个词,首先想到的是语义和价值,而不是大数据的4V 特点,或者个人隐私信息。

第 5 章　基于语义,非结构化数据转译为文本数据

## 5.2　结构化数据也是一种文本数据

"文本数据"一词通常指的是人类可读的语言信息,如书籍、文章、邮件等内容的表示,广义上文本数据是一组符号,化学分子式、数学公式等都是文本数据。

关系数据库还可以包括数值、日期、时间等多种数据类型,这些数据类型都可以转化成文本数据来表示,这些数据有特定的计算逻辑。另外,在关系数据库中,也有二进制对象类型的数据,但是这些数据内容一般不参加通常的数据集合运算,只是把数据库当成一种存储组织方式。

因此,整体上我们可以认为,数据库中的结构化数据也是文本数据(除去大二进制类型的数据),只是这些数据是附加了结构的文本数据。关系数据库中的记录,可以很容易地还原或者转化成文本描述的形式。

换一种理解方式:其他类型的非结构化数据或者文本数据,是对事物或者过程进行描述;而结构化数据是在进行文本化描述之后,再进行了第二次结构化的组织,只不过第一次的描述内容没有留存下来。第二次的数据组织是基于人对世界的数据抽象建模,在通过关系范式模型组织数据的时候,放弃了细节性、不关心的内容。

所以结构化数据除了使用关系型的集合运算,也可以被很多文本计算的方式进行计算处理,比如:逻辑运算、条件判断、相似度计算、情感分析等。

在数智平台的数据管理中,通常没有必要把结构化数据再强制归一到文本数据格式,但是在数据应用中会出现这样的场景:比如我们在输出一份市场分析报告的时候,我们不仅分析获取到的市场资讯等文本内容,可能也会解读某些结构化的数字和数据,统一分析判断,形成一份文本格式的分析报告。

我们本节论述了在某种程度上结构化数据也是文本数据,一张数据表格也是一份文本数据。可见文本数据在数据统一和归一化方面具有的无与伦比的潜力——对结构化数据和非结构化数据的统一。

## 5.3　从数据的角度看文本归一化

本节我们从以下三个角度来论述,使用文本数据归一化非结构化数据的必要性。

## 1. 从数据特性的角度论述

在前面的论述中,我们了解到了非结构化数据的特性,还了解到了语言文字的特性,也了解到了非结构化数据的内容特性,本节我们不再进行重复的论述,这里我们举一个不严谨但形象的例子:

将我们需要的数据的价值比作我们需要的食物和水,把结构化数据比作是我们加工形成的面包。由于面包有结构有形状,我们用篮子就可以盛放。盛放水就不能用篮子,水无定形而连绵,需要用容器来盛放,所以我们需要用语言文字来承载非结构化数据。根本上篮子里的面包和容器里的水才是我们需要的养分价值,篮子和容器是载体。

尤其对于非结构化数据来说,文本数据就是我们需要的容器。

## 2. 从数据工程的角度论述

首先,由于非结构化数据的结构特性,我们无法直接对各种形态的非结构化数据进行分层组织,更无法对数据进行直接的数据关联和运算,也就无法实现数据的再加工和价值挖掘。例如,我们无法把图片和视频,或者视频和视频进行关联和运算。非结构化数据使用文本表示后,才能够实现数据的落地,才能够统一融汇其语义,从而进行下一步的治理、整合和开发以形成数据资产,否则非结构化数据大部分情况下仍处于数据资源的状态。

其次,如果不能对非结构化数据进行落地,那么就无法对数据进行预处理和预先开发,不能分层次地对外提供数据价值服务。这会使企业中每一个人、每一次的需求访问和数据分析处理都直接从底层数据开始。对于长分析周期、大量数据访问的分析需求,会极大地占用计算资源、导致整个系统的瘫痪;使用数据人数的增加也会导致系统的严重阻塞导致系统瘫痪。不经过有序组织的数据体系,不能够支持企业对数据体系的一次有效整理、多次重复使用的效率要求,无法在企业中发挥实际作用。

再次,数据资产需要完整的数据治理体系进行有效管理,数据的质量是数据价值的基本要求。体系化的数据治理,能够保证数据在每一步开发过程中,都严格遵守企业的数据标准和开发规范,能够落实企业数据质量的体系规范。

另外,从技术上考虑,文本化非结构数据的技术方案,降低了数据开发处理的技术门槛,降低了团队组织和管理的复杂性,也极大地降低了企业的非结构化数据的算力需求和存储成本。

第 5 章 基于语义,非结构化数据转译为文本数据

**3. 从数据价值的角度论述**

由于数智平台是全域全形态，数据归一化对于数智平台的建设非常重要。企业环境下这些不同形态的非结构数据，都在表达具体业务实现，甚至多种非结构数据都在描述同一个业务场景。它们甚至是通过不同的人体感知器官来进入人的大脑意识（视觉、听觉）中。我们无法把语音、视频、图片等各种非结构化数据进行关联和运算。非结构数据归一化为一种数据形态后，我们只需要处理一种数据，不再陷入多种数据形态、多种算法、多种技术架构造成的数据准确性和一致性问题泥潭。

**长久以来，非结构化的不可解析性，使得数据从形态上形成割裂，这种割裂对数据价值的危害大于企业间数据孤岛带来的影响。**关联是数据价值产生的先决条件，非结构化数据转化成文本落地后，使各种形态的数据实现语义贯通、统一形成企业数据资产，并对数据资产进行处理分析、释放数据价值成为可能。

不同格式的数据文件描述业务场景的不同侧面，统一转化成文本数据后，这些数据就有机会集中整合在一起，可以融合各自对业务场景的描述，形成完整的场景记录。这个过程类似在数据仓库中 ETL 获取各个业务系统的数据，然后通过数据模型构建完整的数据体系。数据资源经过整理开发形成了数据资产，如图 5-3 所示。

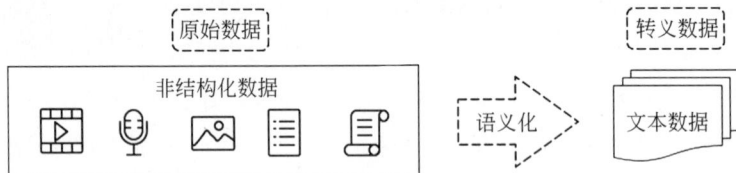

图 5-3　非结构数据语义化后，实现归一

## 5.4　语言即世界，语言即数据

维特根斯坦（Ludwig Wittgenstein）是 20 世纪最有影响力的哲学家之一。他的哲学思想通常被分为早期和晚期两个阶段。无论是早期还是后期，维特根斯坦都认为语言在描述世界方面扮演着核心角色。

在早期，维特根斯坦倾向于认为语言的结构直接反映了现实世界的结构，他试图通过逻辑分析来揭示这种对应关系。在维特根斯坦的早期代表作《逻辑哲学论》中,他提出了图像论和语言的极限观点。他认为世界是由事实构成的,而思想和语言是世界的逻辑图像。通过精确的语言,我们可以准确地描述和理解世界。

在后期,他不再坚持这种简单的对应关系。他开始强调语言的多样性和复杂性,以及语言在不同情境中的使用方式。他认为语言的意义并不是固定不变的,而是随着语境的变化而变化。因此,他提出了"语言游戏"的概念,以强调语言在不同情境中的灵活性和多样性。

维特根斯坦的早期哲学思想以逻辑原子主义和语言与现实的对应关系为核心,强调语言的逻辑结构和清晰性;而后期则转向语言游戏理论,强调语言的使用、语境的重要性和多样性。这一转变体现了他对语言描述世界观点的连续性和发展性。

他在《逻辑哲学论》中提到:"有种通用规则,让音乐家可以从乐谱中读出交响乐,也有一种规则让人可以依据唱片的刻线导出交响乐,再利用前一种规则得到乐谱。这样就在这些初看起来迥然不同的东西之间建立了一种内在的相似性。规则决定了如何把交响乐投影到乐谱语言,也决定了如何把这种语言翻译成唱片语言。"

这里的论述告诉我们,语言(广义的语言,包括乐谱),具有强大的描述世界的能力。结合了规则(规律、领域知识)的语言,能够精确的描述世界。

在哲学领域,还有多位哲学家对语言如何描述和表达世界提出了深刻的见解。

**阿尔弗雷德·艾耶尔**(Alfred Jules Ayer):他的《语言、真理与逻辑》在哲学史上占有重要地位,在表达知识和逻辑结构方面为语言哲学的发展做出了贡献,是 20 世纪西方哲学的重要经典之一。书中论述了:语言不仅是人类交流的工具,也是思维的基础;人们通过语言来表达思想、情感和信念。这意味着文本数据是人类思想的直接反映,是理解人类行为和社会现象的关键。书中强调了逻辑的重要性,通过对语言语义的逻辑分析,可以揭示语言的推理结构和论证的有效性。

**戈特洛布·弗雷格**(Gottlob Frege):作为分析哲学和数理逻辑的奠基者之一,弗雷格提出了含义与指称的概念,他认为语言的意义不仅在于表达概念,还包括对对象的指称。

**伯特兰·罗素**(Bertrand Russell):罗素的哲学观点中,语言是与世界建立联系的工具。他在逻辑原子主义中提出,语言可以被分析成最基本的原子命题,这些命题通过逻辑算子组合来表达世界的结构。

**马丁·海德格尔**（Martin Heidegger）：在《存在与时间》中，海德格尔探讨了语言作为存在的本质方式，认为语言揭示了世界的存在。

**洪堡特**（Wihelm von Humboldt）：他主张从哲学角度考察人类语言的普遍特性，认为语言是世界观，语言体现了人类与世界的关系。

**伽达默尔**（Hans-Georg Gadamer）：他进一步指出语言体现着我们人类与世界的关系，认为语言是我们在世存在的基本活动模式，也是包罗万象的世界构造形式。

这些哲学家的思想展示了语言与世界关系的多个方面，从逻辑结构到日常使用，从指称到语言实践，都为我们理解语言如何描述和表达世界提供了丰富的视角。

这些哲学家从不同角度论述了语言与世界的关系，为我们采用文本数据作为基础数据构建数据体系提供了理论支撑。

读过了上面抽象的哲学论述，这里我们再举一个例子，来说明语言表达世界的能力：

"这个苹果非常甜。"这样的描述只是给出了一个笼统的说法。

"这个苹果非常甜，就像甘蔗一样。"通过对比的方式，进一步形象地表达了苹果甜的程度。

"这个苹果非常甜，含糖比例高达 13％"这样的描述，可以更为准确地表达苹果的甜度。

在哲学论述体系中，语言是描述世界的天然方式；在计算机科学和人工智能领域内，数据是描述世界的客观记录，语言是一种特殊的数据。**我们不需要担心语言文字本身作为数据（文本数据）的表达能力，我们需要做的是怎样结合规则、领域知识，采用更合适的文字符号来表达语义。**

## 5.5　语义理论在数智平台中的应用

在哲学中，语义（Semantics）是研究意义的哲学分支[①]，它涉及语言、思想、现实世界之间的关系。**在语义的理论中，主要有语义内在论和语义外在论两种观点。**

**语义内在论**（**Internalism**）：认为语词的意义完全由说话者的心理状态决定。

**语义外在论**（**Externalism**）：认为语词的意义至少部分地取决于外部世界。

---

① 　这里我们直接使用了哲学中的"语词"。"语词"（words）或"术语"（terms），通常指用来表达哲学概念和思想的词汇。

## 1. 语义内在论及其应用

语义内在论对我们的数智体系的作用,主要在于数据应用和商业运营场景。在现在商业行为中,主要的营销方式,比如内容营销、影响力营销中的心智营销、KOL(Key Opinion Leader)意见领袖营销,都属于这一范畴。主观认同和心智认知是现代商业活动中影响和建立客户深度关系的主要思想。我们对客户进行状态、情绪等客户标签的设定和客户分群,我们可以通过对客户思想状态的数据分析实现对客户的了解。

语义内在论在数据体系及现代商业活动中发挥着重要作用。它为我们提供了一种深入理解客户内在认知和情感的方法论,有助于我们构建更加精准、个性化的营销策略,提升客户体验和忠诚度。在新商业环境中,掌握并运用好语义内在论的知识和方法有以下价值:

**深化客户理解**:在数据体系中,通过对客户语言使用习惯、偏好及反馈的深入分析,我们可以洞察其内在的认知结构和情感倾向。这种基于语义内在论的客户理解,超越了简单的行为数据分析,深入到客户的心理层面,为制定更加精准、个性化的营销策略提供了可能。

**优化客户标签与分群**:基于客户内在的心理状态和认知特征,我们可以构建更为精细化的客户标签体系。这些标签不仅反映了客户的外在行为特征,还揭示了其内在需求和动机。通过聚类分析等方法,我们可以将具有相似心理特征的客户分群,为实施差异化营销策略提供基础。

**提升内容营销效果**:在内容营销中,了解客户的内在需求和兴趣点至关重要。通过语义内在论的分析框架,我们可以设计出更加贴近客户心理预期的内容,提高内容的吸引力和共鸣度。同时,结合大数据分析技术,我们可以实时监测内容传播效果,不断优化内容策略,实现精准触达和高效转化。

**强化心智营销与 KOL 营销**:心智营销强调通过影响客户的认知和情感来建立品牌忠诚度和信任感。KOL 意见领袖营销则利用关键意见领袖的影响力来引导客户行为和态度。在这两种营销方式中,语义内在论的作用尤为突出。通过深入了解客户的内在认知结构和情感倾向,我们可以更精准地定位目标客户群体,选择与其心理特征相契合的 KOL,并设计能够触动其心灵的内容和话术,从而实现深度营销和口碑传播。

## 2. 语义外在论及其应用

语义外在论强调了意义与外部世界的联系。它认为我们的语言和思维是由我们所处的环境和经验塑造的。这种观点提醒我们,理解一个词的意义,往往需要考虑它在现实世界中的实际关系。例如，当你第一次看到一只狗并被告知它叫作"狗"时，你将这个声音（"狗"）与这个动物（狗）联系起来。根据语义外在论，这个词的意义来自于它所指向的外部实体。

语义外在论及其代表人物普特南[①]的"语言的劳动分工理论"与"因果指称理论"对我们的实践指导主要体现在以下几个方面：

**强调专业知识和领域知识**：在处理专业领域数据时，应充分考虑并利用相关领域的专业知识，以提高语义描述的准确性和专业性。

**注重语境分析**：在处理文本数据时，需深入分析文本产生的背景、语境及可能的文化差异，以准确捕捉语言背后的真实意图和含义。

**促进跨学科合作**：由于语言意义涉及多个外部因素，因此在实际应用中，应鼓励跨学科合作，将语言学、社会学、心理学、计算机科学等多领域的知识和方法相结合，以全面理解和分析语言现象。

**提升数据质量**：在数据收集、清洗和预处理阶段，应特别注意识别并纠正可能因语境误解或术语不当使用而导致的数据偏差，确保数据的准确性和可用性。

在数智平台的实践中，语义外在论，尤其是"语言的劳动分工理论"，向我们阐述了使用语言描述语义，需要选择正确的语言符号体系和使用专业的领域知识。人类日常语言是一种符号体系，结合基本知识和生活常识，能够实现生活和普遍规律的语义表示；但是使用乐谱符号体系和乐理知识，才能够谱写音乐；使用数学符号体系和数据知识才能够描述数学公式推导。无论任何领域，结合了领域知识的正确的符号体系，就能够对该领域进行准确的描述，这是实现大数据最终目标——万物数据化的基本原理。

### 3. 语义论的应用总结

由于语义内在论和外在论在理论基础、研究方法和关注点上存在显著差异，因此无法简单地断定哪一种理论更为"正确"。它们各自提供了不同的视角和方法来理解和解释语言意义，对于深化我们对语言本质和功能的认识都具有重要意义。

语义内在论和语义外在论，对语义的关注和强调不同，两种观点都有其合理性，在不同的数据处理和应用场景，提供给我们更深入的分析视角。它们都在论述一个问题，即语义是如何被赋予的。

---

① 希拉里·普特南（Hilary Putnam）是一位美国哲学家，以其在语言哲学、心灵哲学、逻辑学和伦理学等多个领域的贡献而闻名，特别是他在语言哲学方面的观点，对语义外在论的发展有着重要的贡献。

认知智能推动大数据从运算阶段进入到了语义阶段,基于语义对大数据的解读和价值挖掘以及价值落地,也将成为大数据发展的重要思想。

## 5.6 人机融汇于语义,数智从语义出发

人类智能与机器智能在语义上重叠,是人工智能发展到高阶段智能程度的标志,如图 5-4 所示。

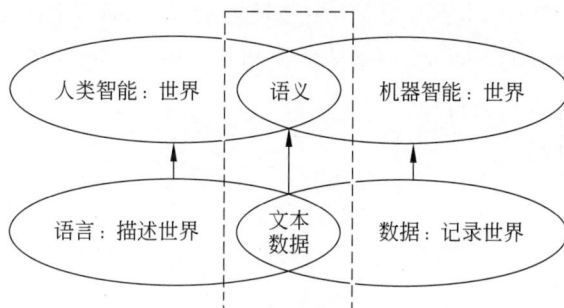

**图 5-4 人类智能与机器智能在语义上的重叠**

在计算机信息理论中,语义通常指的是数据或信息所传达的实际含义或含义。它是数据在特定上下文中的意义,包括数据所代表的概念、对象、事件或情况的含义。在数据处理和分析中,理解数据的语义是正确理解和分析数据的基础。**语义化**(Semanticization)是指将数据转换为具有明确意义的信息的过程。

在哲学领域,语义是研究意义的哲学分支,它涉及语言、思想、现实世界之间的关系。语义学探讨的是词语、句子、符号和表达式等语言单位所传达的意义,以及这些意义是如何被理解和解释的。

人工智能的目标是,让机器像人一样具备智能的能力,像人一样能够对世界进行感知、认知和思考推理,也就是让机器与人一样具备语义的描述和理解能力。从而人类和人工智能所定义的语义的重合就是必然。在第 4 章大模型的解读原理中,我们论述了人工智能如何在语义空间完成对文本数据语义的解读理解。

语言在描述世界,数据在记录世界,二者的交集就是文本数据(即语言符号)。选择文本数据来分析解读语义,就能够实现人类智能与人工智能在同一个语义空间进行信息交互。

在数智平台我们选择用文本数据来归一化其他非结构化数据,事实上文本数据可以转译所有形态数据表达的语义,包括结构化数据。

2024 年 9 月,国内某知名的大数据与人工智能开发者社区的一次视频直播交流中,主持人提到,大数据与人工智能领域都在快速发展,目前还没有一个统一的方法论,能够有效地融合两者,构建一个完整的数智体系的框架。

我们认为,语义就是这个统一方法论的出发原点。人工智能与大数据的相融不是简单的"大数据为人工智能提供训练材料,人工智能为大数据提供数据处理能力"这么简单的互相协助。AIGC 能够生产内容,是因为 AI 能够理解语义;大模型能解读数据,也是因为 AI 能够解读语义。数智相融汇于语义,未来的数据体系以语义表达为思想来组织数据,未来的人工智能以更好的理解语义为目标。

语言即数据,语义即智能。

# 第6章　数智平台体系的规划原则

## 6.1　讨论 Bill Inmon 的数据架构

本节我们首先向 Bill Inmon 致敬,Bill Inmon 在数据发展上的贡献是巨大且不可磨灭的。他不仅是数据仓库领域的奠基人,更是数据管理和分析领域的重要推动者。随着后来大数据的普及和发展,传统的数据仓库体系逐渐向数据湖仓的方向发展。Bill Inmon 也陆续出版了一些著作,《数据湖架构》(2016 年出版)、《数据架构》(2019 年出版)、《构建数据湖仓》(2023 年出版)和《数据湖仓》(2024 年出版)论述了数据湖、数据湖仓的架构体系。

在 Bill Inmon 相关著作的论述中,字面上是对架构和技术的阐述,但是在这些著作的字里行间都体现出对数据价值的关注。《数据湖仓》国内出版于 2024 年 7 月,成稿于 2023 年 6 月,是他目前最新的著作。本节,我们对《数据湖仓》提出的一些重要的技术思想和方法论进行探讨,提出我们的观点。

第一,书中把大数据分为结构化数据、文本数据和模拟/物联网数据三种类型,并没有提及视频、音频和图片等非结构化数据。

但是在当前的 AIGC 时代,大量的非结构化数据以视频、音频、图片等形态爆炸式的产生。视频、音频、图片等非结构化数据,在当前新商业场景的环境中,对企业具有非常重要的业务分析和运营赋能的价值。

例如,我们分析直播过程对销售转化的影响;分析企业发布的短视频内容与互动行为的对应关系,以提升引流获客的效果;分析企业和客户的交互过程(文字、语音、图片等),以更好地理解客户的需求或意图。

这些非结构化数据不应该被企业忽略。本书介绍的数智平台,就是通过大模型等方式,把视频、音频、图片等非结构化数据所描述的语义转化成文本数据,从而实现对非结构化数据的价值挖掘,完成全形态数据的统一治理。

第二,对于文本数据的分析,书中主要通过文本 ETL 技术(从文本数据中提取信息到数据库的技术方式)实现。

在前面 4.4 章节我们介绍了解析式和解读式的数据处理方式。文本 ETL 总体上还是一种类似传统 ETL 的解析抽取式的技术方式,即使通过带入语境、文本消歧等技术处理,仍然会造成语义的丢失和失真,对文本数据解读分析的效果有限。

书中提出了一系列语义消歧技术方式来解决上述问题,包括:

- 邻近度分析;
- 同形异义词消解;
- 子文档处理;
- 关联文本消解;
- 缩略词消解;
- 简单停用词处理;
- 简单词干提取;
- 内嵌模式识别。

但是,由于语言表达能力之强大,语义内涵之丰富,语义理解需要解决的问题也非常之多。语义理解所有的问题无法全部列举出来,对应的解决手段也是无法穷举出来的。对于文本数据的理解和分析处理,我们通过大模型来阅读文本内容,然后按照我们的要求,实现文本数据的语义理解、提炼和数据提取,是文本数据更为有效的处理方式。

因此对于书中提到的:"文本数据之所以有价值,是因为我们能够提取有用的数据片段并为其添加上下文情景,从而通过分类、图标或相关性对其进行解释。"

我们认为文本数据的价值还在于文本中包含的语义信息。通过上下文为其提取片段作为语境的补充描述的方式,对文本数据处理的效果有限。提取片段做语境补充,其实是文本 ETL 方案的不足,导致这种截断的数据抽取方式破坏了语义内含的连续性,通过追加补充信息来进行修正不是有效的处理方案。而且很多时候,语境信息不会显式地出现在上下文中,导致无法截取到语境数据。正确的方式还应该是对数据进行整体解读。

在大模型代表的强智能时代,目前大模型的理解和推理能力还在快速地增长中。我们的数据分析和数据处理方式已经升级,智能模型现在能够很好地完成文本理解、语义分析、逻辑推理这些以前只有人类才能处理的问题。

第三,书中的对文本理解精准程度要求偏低的观点,我们有不同的看法。书中提到:

"由于语言本身存在一些问题,因此没有一个人或自动化流程能返回一个完美的文本数据提取结果"。

"如果一个人可以从书面句子中体会到80%的正确情感,就可以说他已经掌握该语言"。

对于书中提到的,无法完美提取结果、理解80%的语义就可以接受等类似这样的观点,我们认为在大模型出现的智能时代已经不太合适,我们应该有更高的效果预期。应用大模型的解读能力,我们可以更好地进行语义的理解。根据我们在实践中的经验数据,日常的语义理解判断,当前的开源模型已经达到95%。

## 6.2  数智平台的设计与规划

### 1. 企业级数据体系的基本任务

资产化、价值挖掘和有效使用,是数据体系建设的三个基本任务。

**资产化**:企业建设数据体系的根本目的,就是把企业的数据资源按照业务逻辑整合在一起,并进行规范化治理开发,形成数据资产。数据是在数据体系内完成从数据资源到数据资产的价值跃升。

**价值挖掘**:数据体系内对数据进行分层的组织和管理,数据在各层之间逐层汇总的过程,就是对数据进行价值挖掘的过程。每一层数据都具有其特定的数据粒度和数据价值,用于满足业务经营管理和运营活动的需要。

**有效使用**:有效的数据体系能够推动数据在企业内的广泛和高效率使用。数据体系的一个基础要求是数据能够在企业数据体系内一次加工,多次使用。数据在数据体系内按照业务逻辑、数据粒度和层次组织,按照体系规划提前完成数据的预处理和开发,能够极大地提升系统的使用效率,推动数据民主化①的进程。

---

① 数据的民主化(Data Democratization)是指使数据更加容易为组织中的所有成员访问和理解的过程。这个概念强调的是数据的透明度和可访问性,目的是让数据不再是少数专业人士或特定部门的专属,而是成为组织内所有层级和角色都能够利用的资源。

### 2. 构建数智平台的基本原则

为完成以上描述的使命,我们构建的数智平台需要完成特定的要求,总结为**五性原则**,如图 6-1 所示。

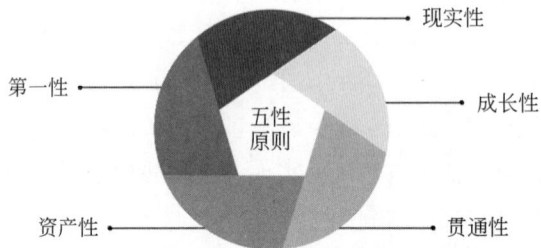

图 6-1　数智平台的五性原则

- **第一性**:打开黑盒释放非结构化数据价值,解决数据有无的问题,补全缺失数据,能够完整地描述业务流程和业务逻辑。满足数据价值第一性原理要求。

- **资产性**:建立融合所有形态数据的数据体系,融合价值,形成资产并落地系统,既要落实数据资产的业务价值,也要落实如何满足会计总则、进入资产管理系统的数据资产管理价值。

- **贯通性**:既满足全域全形态的数据全面性要求,又满足数据治理和数据管理要求。不同数据形态之间具备语义贯通,信息对接的能力,保证数据有序流动,语义在数据流动过程中不失真。

- **成长性**:能够应对快速的发展,具有良好的可扩展性,不能因为技术的发展而不适用。尤其是当前大模型的发展可谓日新月异。重点放在思想、方法论、方案上面,与具体的技术、算法和工具解绑,不受其制约。

- **现实性**:工程可落地,费用成本、人员能力要求等因素在企业能够承担的范围内。

## 6.3　数智平台构建方法论

为了便于理解,我们先介绍传统数据体系(数据仓库或数据湖仓),然后介绍数据体系与智能技术融合的数智平台。这样已有传统数据体系或者直接规划数智体系的企业组织都可以获得参考。把原有数据体系升级为全域全形态数据资产的数智平台,是性价比最高且实现效率最高的技术路线。

传统数据体系，我们先介绍 Teradata 的最佳实践，Teradata 的最佳实践被行业中广泛认为是非常成熟的实施方法论。

### 1. 传统数据体系建设

传统数据体系建设方法论如图 6-2 所示。

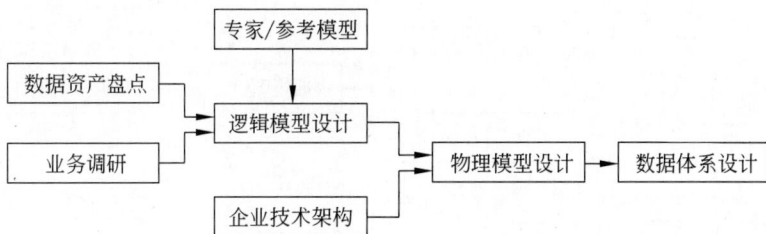

**图 6-2  传统数据体系建设方法论**

（1）数据资产盘点：在传统数据体系中，数据盘点主要调研企业中产生数据的源头，和数据流转以及数据消费的系统，其中以支撑企业运营的业务系统为主。目的是了解企业中的业务数据情况。

（2）业务调研：这个过程主要做两件事情，一是分析了解企业的业务架构，二是了解各业务部门对数据的需求和使用情况。

（3）企业技术架构：企业现有的技术框架和信息系统架构。企业技术架构是企业 IT 战略的核心。企业数据体系的技术框架，不应该脱离企业整体技术架构而进行规划，数据体系应采用与企业原有技术架构相兼容的技术，并具备与企业已有系统保持良好的数据交换能力。

（4）逻辑模型设计：逻辑模型是企业数据体系的基础，也是数据资产管理的基础。同时逻辑模型帮助企业体现出数据之间的业务逻辑关系，逻辑模型是指导数据体系建设的蓝图。

（5）物理模型设计：在企业数据逻辑模型的指导，和企业技术架构的规范之下，进行数据如何落地的进一步设计。物理模型需要满足技术架构中指定的数据存储和管理的技术要求，以及满足业务对数据的访问性能的要求。

（6）数据体系设计：在确定了数据模型和数据落地的前提下，进一步的数据体系功能和能力实现在这里完成，包括满足业务的数据中间层和应用层设计，数据管理和数据治理内容等,具体内容可以参考 DAMA 数据架构中的相关说明(见 10.1 节)。

## 2. 数智平台建设

数智平台建设方法论如图 6-3 所示。

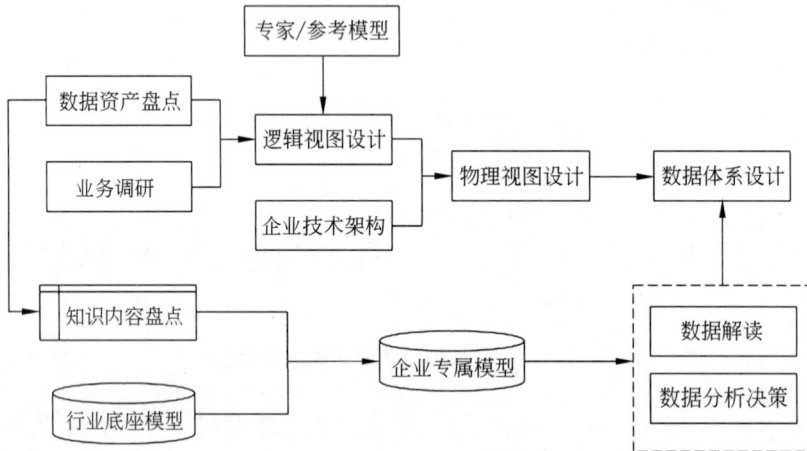

图 6-3　数智平台建设方法论

在数智平台实施过程中,由于数智平台要统一管理结构化数据和非结构化数据,为了避免模型的说法引起人们对结构化数据的思维惯性,我们使用逻辑视图和物理视图的名称,不再使用逻辑模型和物理模型的概念。

(1) 知识/内容盘点:此时我们不仅仅在关注企业的业务运营数据,而且需要统计和整理企业的知识数据。包括行业知识、产品、市场、流程、服务等,能够提升大模型业务能力的书籍、文档等各种资料。大部分企业对这部分数据之前并没有很好的管理,因此企业此时还需要考虑如何获得相关的资料和数据。

(2) 行业底座大模型:企业需要获得一个底座大模型,已经经过预训练,具备一定的通识能力,通常企业会挑选合适的开源大模型。企业需要对模型的能力进行评测,同时考虑参数的规模。参数越大模型的能力越强,部署时算力要求也越高。

(3) 企业大模型:是指企业在底座大模型的基础上,使用企业的知识库、知识和内容数据进行微调,或者通过 RAG 组合形成的企业模型。它满足企业对模型的业务能力以及企业特定的知识和要求。

在企业环境中,可能需要不同能力和角色要求的大模型输出,比如数据解读模型负责完成企业非结构化数据的语义解读,把其他类型的非结构化数据转化成文本数据;数据分析决策模型负责完成对文本数据的分析解读和决策推理。数据解读模型可能是多模态大模型,解读不同类型的非结构化数据,而分析决策模型更关注对文本数据的理解、分析和推理能力。为此企业可能会选择不同的底座大模型作为这两种模型的基础能力模型。

另外,可以根据需要,进行其他能力角色大模型的训练,比如财务分析模型来帮助进行财务数据分析。这会要求企业具有较强的大模型训练或微调能力。

## 6.4 对智能技术落地企业的现实性考虑

平台的实现成本和系统复杂性是企业引入智能技术重要的考虑因素。当前企业处于数字化和智能化双进化的时期,无论企业处于怎样的规模与发展程度,都生存于当前同样的时代。不同规模的企业会有不同方面的需求,但是无论企业规模如何都应该从数智平台体系中获益。

数智平台的架构方案以开源技术为主,融合开源的大数据平台技术和开源大模型的智能能力。

在现实的企业环境中,如果没有现在大模型的技术成熟度和开源的技术氛围,企业是难以承担如此大规模、成体系的数智平台建设成本的。即使是 BAT 这样体量的公司,也很难组合计算机视觉、语音识别、图像识别、文本分析等各种 AI 技术人员与大数据技术人员成为一个独立数据团队,费用高昂,管理复杂度非常高。何况中小企业,中小企业费用有限更加需要技术助力开源节流。

依靠算法经验调参的"炼金术",复杂度和技术门槛阻碍了企业智能化的发展。企业通过使用开源大模型提供的预训练能力,降低了企业应用人工智能技术的门槛。企业无须从头开始训练复杂的模型,大幅度缩短了从概念到产品的时间。不必为了每种类型的数据进行算法实现、模型训练等一系列工作。**免费开源,带给企业巨大的利益**。

如图 6-4 所示,大模型使得非专业人工智能领域的企业也能够轻松地集成和使用人工智能技术,降低了对专业人才的依赖。企业可以根据自己的具体场景要求对大模型进行微调,可以更好地适应业务场景。

**图 6-4 统一使用大模型解读非结构化数据**

到目前为止，大模型 Scaling Laws 的边界还没有到达，通过增加规模的方式仍在提升模型的智能化水平。各企业和组织不断释放的开源大模型的能力越来越强大。人工智能将能够逐步走进寻常企业中，不但能够快速推动企业智能化的发展，应用大模型能力于企业的数据体系，更能够推动企业的数字化和数智化转型。

# 6.5 体系规划中的技术问题

在实际项目落地中，我们发现不同角色的人员，对数智平台体系设计思想都会有不同的理解，下面我们将几个经常遇到的问题进行总结，帮助大家更好的理解数智平台把非结构化数据转化成资产的体系设计思想。

### 1. 为什么不通过打标签的方式解读非结构化数据？

如果根据非结构化的外部描述等信息（如来源、内容介绍），对非结构化数据打标签，而不是解读非结构化数据的语义，这样的方案具有很大的局限性。非结构化数据的外部补充和描述信息，是数据的一部分，可能会满足一些简单查询的需求。我们在组织数据资产的时候需要考虑外围信息的数据资产化，但是外部信息不能替代存在于非结构化数据内部的语义信息。

如果我们是经过了对数据阅读理解而打的标签，那么阅读获得的规范化数据或标签数据，是企业数据资产的有意义组成部分，而且语义化形成文本数据留存下来成为数据资产。如果我们没有对非结构化数据进行解读，而只是通过外围信息打标签的方式来进行标记，我们会失去非结构化数据的业务内涵，也可能导致标签错误。打标签的方式具有很大的局限性：

**表面信息**：打标签通常只能提供数据的表面信息，而无法深入挖掘数据的内在含义和价值。例如，给一个文本打上"正面"或"负面"的标签，并不能揭示用户的具体情感和需求，信息描述粒度不够。

**主观性**：打标签的过程往往受到人的主观判断的影响，这可能导致信息的误解或偏见。不对数据进行深度解读，而通过外围信息给非结构数据打标签，容易出现标签错误。

**静态性**：标签通常是静态的，而数据的含义和价值可能随着时间和情境的变化而变化。打标签无法捕捉这种动态性，无法动态更新环境和语境相互作用的关系。

**信息丢失**：在打标签的过程中，可能会丢失一些重要的信息，尤其是语境和上下文信息。将一个复杂的用户评论简化为一个标签，可能会忽略评论中的细微差别和深层含义。

数据的价值在其内部，数据分析的过程也是提取其内部价值的过程。附加标签的方式，实质上没有进入到数据内部。解读非结构化数据，就像破开坚果的外壳，获取里面的营养部分一样。

以前直接打标签的方式，很大程度上是因为技术不成熟，无法准确解读数据，所以通过给数据整体打标签来实现，作出属性标识的粗略表示。智能时代，大模型已经具备了解读能力，我们需要升级我们的装备和我们的思想。

### 2. 如何看待直接解析成结构化数据的方式？

使用大模型或其他解读技术，对非结构化数据进行解读，不按照企业组织对数据资产的管理要求进行非结构化数据的语义化转译处理，不留存描述非结构化数据语义的文本数据，而是跳过智能制造数据过程直接加载到关系型数据库中。这种数据处理方式类似于直接从生产系统产生报表，而不进入数据仓库中进行统一的数据资产管理的技术处理方式。

在某些特定的情况下可能会采用这样的方式，比如：紧急或者临时的数据提取、企业还没有构建数据体系、临时性验证项目等。但是在规范的数据体系中，建议不要使这种方式成为标准的数据处理行为。

我们使用解读式的数据处理方式的优势在于：通过理解语义、分析内容、强化关键细节的数据提炼逻辑，把非结构化数据语义化成文本数据形成企业的数据资产，保护非结构化数据内容描述的语义连贯性和完整性，避免直接提取中间片段信息带来的语义损失、造成歧义。

"世界上没有一句话是绝对正确的,包括这句话。"就是表述了上下文语境的重要性,上下文语境是非结构化数据的组成部分。语句的明确含义,需要上下文的隐含信息辅助理解。

转译成文本数据后使用文本分析的方法,数据分析能力更强。结构化数据无法实现的一些分析,如情感分析、场景分析建模等,可以直接在文本数据中分析,以提取深层次的洞见。

在非结构化数据进行语义化的时候,不是面向具体需求,而是面向企业的数据资产组织管理逻辑,一份非结构化数据经常会转译为多份语义文本数据。例如,对于同一个直播带货的视频,可以从不同的角度提取不同的信息,形成多份不同角度进行语义描述的文本数据。比如第一份文本数据要求,请详细描述直播人员的情绪变化、肢体动作;第二份数据请详细记录直播现场的互动内容和互动气氛。

### 3. 需要及时语义化成文本数据吗? 需要的时候再解读呢?

在数智平台中,无论是结构化数据还是非结构化数据,数据处理的任务需要在作业任务的统一调度管理下进行,并且严格按照数据体系的数据治理和管理要求进行作业的任务管理。

数据体系对数据资产的管理和治理具有严格的作业时序管控和生命周期管控,数据资产作为企业特殊的无形资产,有其严格的时间窗口要求。比如,今天的交易流水数据已经形成,但是今天对应的商品信息还没有同步完成处理,那么就无法完成今天按照商品属性来组织的今天的销售数据。所有数据资产包括结构化和非结构化数据,在进入数据基础体系的时候,都是面向业务逻辑进行组织的,而不是面向具体业务需求组织,不能因为当下没有需求而不进行数据处理和数据资产整理。在企业中需求是变化的,而业务逻辑相对稳定。

从系统效率的角度考虑,数据生产出来后,数据平台要按照系统计算资源合理安排数据任务的调度,尽早实现数据转化和管理动作。使用时再进行解读,反而会导致作业拥堵和任务堆积,更加损耗系统算力资源,影响数据正常的价值输出。

### 4. 如何确保准确详细的转译非结构化数据?

全面准确地完成非结构化数据的语义化工作,是数智平台中非常重要的工作内容,可以说是基础性的工作。应该通过以下的管理和技术方式保证语义化工作的高质量完成,本节内容需要结合在第三篇中各章节的内容落实,我们这里作简单的说明。

**1)业务人员参与设计**

设计规划非结构化数据语义化的工作,类似在数据仓库中进行数据模型设计的过程,在数智平台进行逻辑数据视图设计的工作中,需要企业组织的业务人员一起参与。

语义外在论 5.5 节我们提到的,语言描述中我们需要用到合适的符号体系和专业知识,这些内容是语义化的基本要求,需要企业中业务人员来进行指导、提供帮助并协助梳理。团队共同完成对不同数据来源获取的非结构化数据的分析和语义化过程规划,包括数据描述的业务逻辑分析、业务要点识别、语义化过程要求、与企业中其他数据的关系等。

语义化设计工作在数智平台建设的早期就应该开始。

**2)语义化标准规范**

制定语义化的标准规范,规范中要包括业务数据要素和技术开发规范,重点是语义化提示语的确定。业务数据要素的相关内容主要体现在元数据定义和逻辑数据视图中。技术开发规范的相关内容体现在数据流相关的开发规范中。

**3)关键信息强化**

在使用文本数据对非结构化数据进行语义化的时候,可以针对业务关键内容部分进行强化。我们在通过提示语给大模型发出指令要求的时候,可以对某些环节进行重点要求,比如:解读一场直播带货的视频,我们可以增加要求"请对主播人员的行为和肢体动作进行详细的描述"。

对重点内容进行数据富化处理(具体落地步骤详见第八章数据流处理内容),对隐含信息进行显式描述,以及对语义模糊部分进行更清晰的描述。

**4)大模型的能力提升**

大模型的解读能力是语义化处理的技术基础,选择合适的大模型底座、进行大模型微调、配合高质量的 RAG 库,编写高质量的提示语,这些都是提升大模型能力的主要方式。有条件的企业可以对大模型进行继续训练或者强化训练,使大模型更适合企业,相关内容在企业大模型落地章节(第 11 章)介绍。

**5）建立语义要素核查机制**

设定独立的语义化稽核作业任务，通过对语义化之后的文本数据进行内容要素扫描，及时发现数据要素的缺失或者语义化的问题，跟踪优化提升语确保语义化工作的高质量完成，在数智平台运行的早期是非常有价值的工作。

保证生成式 ETL 任务的正常执行，也是语义化工作的基本保障。

# 第三篇

# 数智平台的设计与构建

在本篇中，我们详尽阐述了构建全域全形态数据体系的技术方案与系统框架。深入探讨了数智平台的数据架构、数据流框架——这两大核心内容，并讨论了数据治理以及数智平台的技术栈等数据体系的重要内容。鉴于大模型在数智平台中的关键作用，本篇也特别介绍了企业如何有效落地大模型的策略。

通过本篇提供的技术方案和体系框架，我们旨在帮助企业的技术管理者或架构师，在充分理解数智平台原理的基础上，结合企业的业务情况和技术现状，规划设计出更适合企业的数据体系。

# 第7章　构建数智平台：全域全形态的数据体系

## 7.1　系统架构：纵向分层、横向分池

### 1. 数据仓库的数据分层管理

在数据仓库中广泛采用的分层治理被证明是有效的，其思想在数据湖仓中被采用，在本书构建的数智平台中也将继续采用。因此本节我们先介绍数据在数据仓库中如何进行分层组织，有经验的数据人员可以跳过这部分内容。

在数据仓库中，数据资产性理念尤为突出。数据仓库作为存储、管理和分析大量数据的系统，其数据的质量和有效性对于支持企业决策和业务发展至关重要。通过实施数据资产管理，可以确保数据仓库中的数据具有完整性、准确性、一致性和可用性，从而提高数据分析的准确性和可靠性。

当数据从业务系统中被分离出来的那一刻，数据就开始被企业或组织认真对待。在数据仓库中，数据得到了以前从未有过的"呵护"，企业或组织将花费很大的成本和代价，所以数据沉淀本身也是一种资产累积，是企业数字化的重要组成。

在实际的数据仓库体系中，数据采用了有序的逐步分层汇总的方式，用空间换时间，从原始状态到有序状态。数据仓库中的数据分层如图 7-1 所示。

- **ODS（Operational Data Store，操作数据存储）**：这是数据仓库的最底层，通常包含最近更新的业务事务数据，这些数据通常是原始的、未经处理的。
- **DWD（Data Warehouse Detail，基础数据层）**：在 ODS 的基础上，DWD 包含了更详细的业务数据，这些数据经过了清洗和整合，但仍然保持了较细的粒度。

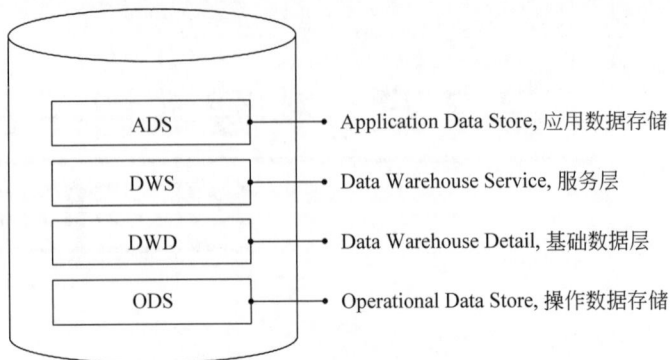

图 7-1　数据仓库中的数据分层

通常数据是在这一层按照逻辑数据模型 LDM 整合起来的,数据之间按照业务逻辑建立关系。这里负责将来自不同业务系统的数据进行清洗和整合,形成统一的数据模型。这有助于打破数据孤岛,确保数据的一致性和完整性。

- **服务层(Data Warehouse Service,DWS)**:这一层主要负责数据的集成和汇总,它主要为上层应用提供数据服务,包括数据查询和分析等功能。很多企业和机构也把这层叫作中间层,中间层的叫法比较能反映该层在数据体系中的作用。

- **应用数据存储(Application Data Store,ADS)**:作为数据仓库的顶层,ADS 包含的是为特定应用程序或分析目的而设计的数据集,这些数据通常是汇总的、经过进一步加工的。

数据在逐层的流转过程中,完成了清洗、整合、资产化和价值化的过程。除了上述层级,数据仓库还可能包括其他特定的层次,如数据集市(Data Mart)。

## 2. 数智平台中数据的分层管理

数智平台以数据资产管理的理念,使用数据仓库中数据分层的思想来组织企业数据,统一进行数据资产的管理,所以无论是结构化数据还是语义化形成的文本数据,都采用分层管理的思想。

数智平台智能湖仓的数据架构如图 7-2 所示。

本书中介绍数据分层管理是沿用数据仓库的数据分层管理的思想,目的是为了让结构化数据和非结构化数据在数据粒度上能够尽量对齐,企业可以根据自身情况进行重新规划。

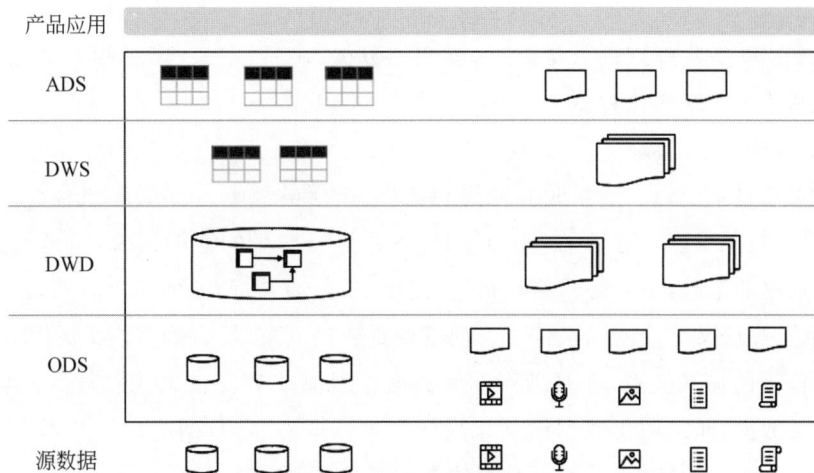

图 7-2　数智平台中的数据分层

### 1）ODS（操作数据存储）

ODS 层需要保持和数据来源同样的数据格式，通常采用先加载入湖再处理的方式。ODS 层数据主要是以资源的方式管理，而不是数据资产的方式。

对于 ODS 层中经过评估，需要解读语义和业务含义的非结构化数据，可以通过智能技术（优先使用大模型技术）语义化为文本数据，由于该文本数据还未经业务逻辑处理，和原始数据存在对应关系，该数据依然存放在 ODS 层。下一步对文本数据进行整合开发后再进入 DWD 层。

ODS 层处于数据湖的最底层，同时为 AI 模型训练提供数据。AI 训练模型需要原始数据的真实状态，而不是经过业务处理后的数据。

### 2）DWD（基础数据层）

建立 DWD 层对于管理非结构化数据来说是一项基础但至关重要的工作。它不仅是企业数据资产的主要管理场所，为实现数据标准化，提高数据处理的效率，并为后续的数据分析和应用奠定坚实的基础。

DWD 层作为数智平台的基础数据层，它整合了来自不同源系统的数据，包括结构化和非结构化数据。这种整合有助于提供一个统一的数据视图，便于后续的分析和应用。DWD 层保存的是细粒度的明细数据，这为后续的数据分析提供了丰富的细节信息，有助于深入挖

第 7 章　构建数智平台：全域全形态的数据体系

据数据价值。

通过在 DWD 层实施数据管理策略,如数据分类、命名、定义、描述和安全控制等,可以更好地管理和治理非结构化数据。

### 3）DWS（数据服务层）

这一层主要是基于以空间换时间的思想,对基础层的数据进行汇总整合。结构化数据的数据汇总,是按照维度来进行的,比如按日、按月进行初步的数据汇总,按地域进行汇总;而文本类型数据的汇总,通常是总结性描述,按照主题、场景、业务环节等方式,进行归纳、总结、提炼获取更高语义层次的语义信息。前者侧重数据汇总,后者侧重语义的综合。

为保证数据的血缘关系,在基础层的元数据管理中,DWD 层文本数据要能够指向原始数据或者转义数据(非结构化数据语义化后的文本数据)。在数据应用层的即席查询,有的时候会直接下钻到原始数据层,进行数据的查询和验证,如图 7-3 所示。

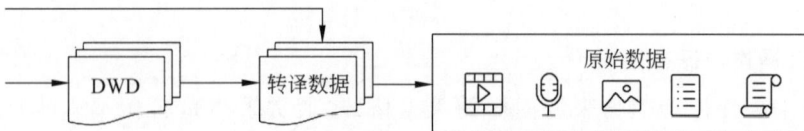

图 7-3　对语义化的文本数据,建立与原始数据的追溯关系

### 4）ADS（应用数据层）

通常是面向需求的,面向客户分析主题的数据层,一般是客户使用的数据的最后结构。对于结构化数据,数据通常组织成按照多维分析的星型结构或者各种报表的结构;对于文本数据,可能是总结报告,也可以通过可视化工具直接在文本上进行可视化开发。

### 3. 数智平台中数据的横向分池

在 ODS 层,数据主要以原始状态存储,未经加工或转换。ODS 层是数据湖的基础,它保存了所有业务系统产生的原始数据。在 ODS 层的数据整体上还没有经过资产化的加工处理,数据的管理思想以数据资源管理[①]为主。

在数智平台的 ODS 层,数据主要进行分类分池管理。即,将数据按照特定的规则和标准划分到不同的存储区域或"池"中。分池主要发生在 ODS 层,ODS 层存储各种形态的数据。

---

① 数据资源管理（Data Resource Management）更侧重于技术层面的操作,如数据存储、备份和访问控制。

数据分池是将数据湖中的数据分割成更小、更易于管理的部分的过程。这可以通过数据的来源、类型、时间戳或按照业务逻辑来实现。按照业务逻辑分池,主要是根据业务需求、数据价值等因素进行划分和组织的过程。这有助于提高数据访问效率,降低数据管理成本,并促进数据分析和挖掘。

常见的分池做法有以下 5 种。

(1) 按数据来源分池。将来自不同业务系统的数据分别存储在不同的池中。例如,可以将销售数据、客户服务数据、市场营销数据等分别存储在不同的池中。

(2) 按数据类型分池。将不同类型的结构化、半结构化和非结构化数据分别存储在不同的池中。例如,结构化数据(如关系型数据库中的数据)可以存储在一个池中,非结构化数据(如文本、图像、视频)可以存储在另一个池中。

(3) 按数据主题分池。有时候从数据体系整体出发,也会将数据按照主题域进行划分,例如客户数据、产品数据、财务数据等。这种方法有利于针对特定主题的数据进行集中管理和分析。

(4) 按数据使用频率分池。将经常访问的数据存储在高速存储池中,而较少访问的数据存储在较低性能的存储池中。这种方法有助于优化存储成本和性能。

(5) 按数据安全性分池。根据数据的敏感程度将其存储在不同的池中。例如,敏感数据可以存储在具有更高安全级别的池中,而非敏感数据可以存储在普通池中。

**在实践中,多数情况是先按照数据形态分池,然后在同一数据池,按照业务内容再组织。**

例如:将客户数据根据地区、产品类别或购买历史进行分区,以便市场部门可以快速访问特定区域或产品类别的客户数据进行营销分析。

在数据的分池管理中,在实施数据分池之前,需要明确分池的标准和原则,确保分池的合理性;分池管理操作也需要通过元数据进行管理,以便更好地管理和查找分池中的数据,需要建立完善的元数据管理体系,记录每个池中的数据来源、格式、质量等信息。

# 7.2 "双轮驱动"的平台理念

双轮驱动,是指数智平台中的数据,主要由关系型的结构数据和文本形式的非结构化数据构成。

在数智平台中,首先我们将非结构化数据的数据形态统一成为文本数据。由于结构化数据发展多年,当前大部分企业组织都以关系型结构化数据为主,体系相对成熟,因此关系型结构化数据仍然是数智平台中重要的组成。这样我们在数智平台中,尤其是从基础数据层进入数据资产化管理范畴开始,出现两种数据形态。

双轮驱动数据结构的基本思想在于,虽然两种数据形态不同,但是都以显式的表达方式来描述业务逻辑,在数据体系中不再存在黑盒非结构化数据,让数据能够融合并且能够被计算机处理。表示关系型数据的逻辑数据模型和表示非结构信息数据的文本数据描述,都统一在逻辑数据视图 LDV 和元数据的管理下进行数据组织,如图 7-4 所示。

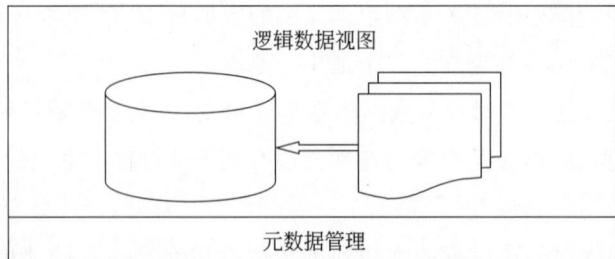

图 7-4　对全形态数据进行统一组织

双轮驱动的双类型数据体系,同时保留了关系型数据系统复杂业务的描述和开发能力、文本分析对文本数据的挖掘分析能力。这两种数据体系的优势能力,在数智平台中都能够得到充分的应用。图 7-4 中的箭头表示,文本数据根据业务需要,可以转换成关系型结构化数据,由关系数据系统统一管理。

这是由于业务需要对非结构化数据进行结构化处理的工作。这一过程主要发生在DWD 层和 DWS 层,因为系统中主要是这两层为数据的应用提供数据支持。

我们通常不会把结构化的数据转化为文本数据进行处理,除了结构化数据的能力特点,还有一个原因就是结构化数据,已经丢失了与主要业务相关的描述细节的数据元素,难以还原细节场景,再转化成文本数据在数据价值上没有太多意义。

关于双轮驱动,一个务实且非常重要的意义在于它是性价比最好的落地方案之一。一方面通过开源大模型,来分析处理企业中大量的非结构化数据,跨越了现实中的成本因素和技术复杂度这两个巨大障碍,用当前相对成熟的统一的方式进行非结构化数据开发。另一方面,是文本数据具有的语义优势、以及更容易转化成结构化数据的优势。

## 7.3 "双轮驱动"下的基础数据层

由于基础层的重要性,本章单独对基础数据层进行说明。不论数据如何分层治理,基础数据层都是数据体系中最重要的一层,是数据资产管理[①]的核心层。

现在我们知道在数智平台中,基础数据层 DWD 包含两种数据形态,结构化数据和文本数据。

对于关系型数据,在数智平台的数据分层保持与数据仓库一样的方式。数据粒度和数据模型都维持同样的方式,数据表之间能够通过主外键关系,进行业务含义的表达。

对于非结构化数据,首先经过语义化处理形成文本数据,经过规范化处理后,也加载到基础数据层,本层的文本数据尽量采用有结构的文本数据进行数据组织管理。

**这两种数据形态不同,但都是记录、描述业务的最细粒度。两种形态的数据共同完成对业务逻辑的覆盖,关系型数据以表的形式对应实体,文本数据以文件或者其他文本的形式对应到业务实体。**

由于非结构化数据,表征的业务元素主要是场景、环境、内容、互动等业务应用元素,所以文本数据表征的实体经常会被关系型数据模型中的业务实体进行引用和关联。我们通过在关系型表的字段中记录文本数据的文件名或者标识,来建立两种实体的关系。**关系型数据与文本数据之间的关系主要在基础数据层建立。**

在组织基础层数据时,如果文本数据包含的业务实体以及实体相关信息,需要与关系型数据共同完成复杂数据分析,就需要把文本数据直接结构化成为关系数据库表,纳入到关系数据库的管理体系中,统一在关系数据库体系内完成数据运算。

如果业务的查询和分析只针对文本的内容,则对查询分析的数据支持直接由文本数据提供。文本相关的分析如情感分析、意向度判定等分析能力,由于关系型数据库支持能力不足,则由文本数据通过文本分析来完成。

如图 7-5 所示,数智平台中,结构化数据和文本数据共同完成对数据应用的支持,实现全业务流程覆盖,全业务流程覆盖是数据体系对基础数据层的基本要求,全域数据的概念也

---

① 数据资产管理(Data Asset Management)将数据视为企业的资产,强调数据作为一种有价值的资源进行管理和优化。它关注的是如何识别、衡量、保护和增值数据资产,以及进行数据价值挖掘以实现其最大价值。

主要是指基础数据层的数据覆盖尽可能包含企业的所有业务范围。这就是我们常说的数据的业务完整性。**建议对于描述统一内容或场景的非结构化数据，进行合并整合，在后续大模型进行数据分析的时候，提供越详细的上下文信息，分析的准确性越高。**

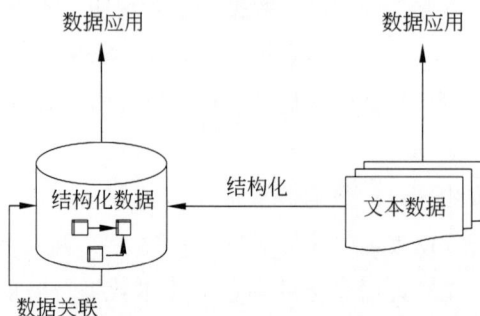

**图 7-5　结构化数据和文本数据共同完成对数据应用的支持**

使用频繁的文本数据，在基础层可以使用搜索引擎来进行数据的管理，或使用其他的文本数据库的方式进行组织管理。具体使用哪些平台技术，需要根据企业的实际情况在数智平台设计阶段就进行规划。

虽然在本书中没有重点提及，但是列存储数据、图数据、时序数据也属于结构化数据，并且有对应的数据管理系统。不同的行业和业务场景，会涉及相关的数据。其他类型的结构化数据融合到数智平台中，主要是技术处理问题。在结构的加持以及本书提出的方案指引下，数据架构人员能够很容易实现这些数据的集成和整合。

## 7.4　建立数据连接，贯通全域数据

我们都知道，关联关系是数据价值形成和倍增的关键。在结构化数据中，使用数据库的JOIN 语法通过"键"来实现表实体的关联。在大数据时代相关性的作用更为突出。

**从数据的角度来看，数据之间只有发生连接才有价值。**结构化数据是借助外在结构进行语义表达，实际上和语言文字在同一个语义空间，因此结构化数据和非结构化数据在语义上是互通的。

文本数据的桥梁和贯通作用，可以从内容语义上实现各种形态数据的打通。

在实际的数据应用场景中，多数需求场景需要提取各种非结构化数据中的信息，并且结

构化之后,融合到结构化数据中,统一应用结构化数据的技术方案进行数据分析。

在非结构化数据的分析场景中,也会用到结构化数据中的信息和数字。比如一个会议的会议录像、会议发言稿内容、会议的表决数据统计,会议中使用的业务数据。这些结构化和非结构化的数据一起在文本数据上形成完整描述,把整个会议的过程和内容决策都描述出来。也就是说,把各种格式的数据统一转化为文本数据,形成整体分析报告或者会议记录。

文本数据就是唯一有效的、非结构化数据之间以及与结构化数据之间打通的桥梁,是构建全业务域全数据形态的数智平台的关键。

## 7.5 结构化数据的数据模型

通过本章前面几节我们了解到,在数智平台中,数据主要由结构化数据和文本数据两种数据类型构成,结构化数据仍然是数智平台中的重要数据组成。另外,考虑到数据模型作为数据体系的蓝图、对数据组织的重要作用以及对数据资产管理的重要价值,也考虑到读者的不同背景,我们在本节对结构化数据的数据模型进行简单介绍,有经验的数据从业者可以跳过本节。

### 1. 数据仓库的逻辑模型

逻辑数据模型(Logical Data Model,LDM)它描述了数据的逻辑结构,但不涉及数据物理组织的具体实现细节。建立一个合理且高效的逻辑数据模型是至关重要的,良好的数据模型能够准确反映现实的业务逻辑,为上层的数据服务和数据分析提供坚实的基础。

逻辑数据模型可以被看作数据仓库的蓝图和标准,数据体系中最重要的基础数据层就是依照逻辑数据模型来建设的。它也是企业数据资产的资产手册和企业业务逻辑的数据体现。其中所定义的数据字典,是对重要业务定义和术语的统一认识,从而确保满足数据资产化的规范性要求,帮助业务部门和 IT 分析人员之间高效的沟通,奠定了数据在企业内流转和价值传递的基础。

### 2. 数据仓库的建模技术

#### 1) Inmon 建模

是由 Bill Inmon 提出的数据仓库建模方法,它是一种自上而下的数据仓库构建策略。这种方法强调数据仓库应该是一个集成的、面向主题的、随时间变化的、非易失性的数据集合,用于支持管理决策。按照特定的业务主题组织数据,如销售、客户服务、财务等主题域。

Inmon模型适用于那些需要高度一致性和数据质量的企业,适合于帮助企业构建一个稳定、可靠且可扩展的数据仓库。Inmon模型采用规范化的数据模型,通常遵循第三范式(3NF),以减少数据冗余。前面介绍的数据分层的思想也来自于Inmon模型。

Inmon模型面向主题,通过实体来抽象业务逻辑,通常用于基础层数据建模,构建逻辑数据模型LDM。

**2)维度建模**

维度建模主要包含两个核心概念:事实表(Fact Table)和维度表(Dimension Table)。

维度建模的目标是简化数据仓库的设计,通过将数据组织成事实表和维度表,可以简化数据查询和分析的过程。这种方法非常适用于需要进行大量聚合查询和多维分析的场景。通过合理的维度设计,可以提高查询性能,并支持灵活的业务需求变化。

由于维度建模是按照各种维度下的度量的统计,因此通常用于DWS(数据服务层)和ADS(应用数据层)的数据组织。

**3)Data Vault 2.0**

尽管Data Vault 2.0主要被设计用于结构化数据的处理和存储,Data Vault 2.0的架构经常被扩展以支持非结构化数据的组织和管理。我们在数智平台中进行数据视图设计时,会基于Data Vault 2.0进行一定的拓展,因此我们会在下一节(7.6章节)进行比较详细的介绍。

# 7.6 数智平台的数据视图

逻辑数据模型是数据仓库的数据蓝图和数据组织的基础。在数据智能平台中也必须要有数据全景视图,来实现企业组织对数据资产的管理。

## 1. 全域逻辑数据视图定义

数智平台的基本使命与数据仓库及数据湖仓一致,就是有序地组织和管理企业数据,并进行数据价值挖掘,赋能企业业务活动,实现企业数字化和智能化升级转型。所以**数据建模依然是数智平台中重要的工作**。

所不同的是数智平台包含结构数据和非结构数据,非结构数据的物理分布更加分散,数据实体之间的关系更加松散。数据可能存在于关系型数据库、分布式文件系统、搜索引擎等物理数据平台。但数据在逻辑上都遵循同样的数据层级,数据之间是打通的。

人们对 LDM 的概念已经有清晰的认知,LDM 包含显性的数据组织的定义,以及对数据治理的保障和数据逻辑关系的描述。考虑到人们对数据模型的理解与结构化数据之间的思维惯性,所以我们使用逻辑数据视图 LDV 的名称来统一对结构数据与非结构数据的管理。

在数智平台中,使用大模型等智能技术语义化生成的文本数据,涵盖了企业场景营销、内容营销等新商业场景的业务主题域。这些文本数据和原有的结构化数据一起构成覆盖了企业的业务全域,因此在数智平台的全域场景下,**我们使用逻辑数据视图的说法,是希望字面含义上二者兼得:用模型的思想统一管理结构化和非结构化数据**。

逻辑数据视图 LDV 之于数智平台,就如 LDM 之于数据仓库一样,是企业组织数据资产的蓝图。逻辑数据视图在数据智能平台的构建和运作中扮演着至关重要的角色,它对数智平台的价值主要体现在以下几个方面:

(1)数据组织:逻辑数据视图 LDV 定义了数智平台中数据的组织结构,包括表、视图、关系和数据形态等,这有助于数据的存储和管理。在数智平台中,逻辑数据视图有助于整合来自不同源的数据,确保数据的一致性和完整性。尤其是在数据包含非结构化数据,数据存储不集中,无法用数据库统一组织管理的情况下。

(2)简化设计:逻辑数据视图 LDV 也使用抽象的方法来设计数智平台,使得设计者可以专注于数据的业务逻辑,而不必立即深入到物理存储的细节。通过逻辑数据视图 LDV,可以更高效地设计和实现数据的查询和报告,因为它提供了清晰的数据关系和访问路径。

(3)支持决策:逻辑数据视图 LDV 使得最终用户和决策者能够更容易地理解数智平台的结构,从而更有效地使用数据支持决策。

(4)数据治理:逻辑数据视图 LDV 支持数据治理活动,如数据质量、数据安全和合规性管理,因为它清晰地定义了数据的业务含义和用途。

(5)促进沟通:逻辑数据视图 LDV 作为数智平台的蓝图,促进了项目团队成员之间的沟通,确保所有人都对数据的内容和用途有清晰的认识。

逻辑数据视图 LDV 是数智平台成功实施的关键,它直接影响平台的效能、可维护性和对业务的支持能力。通过精心设计逻辑数据模型 LDV,可以确保数智平台项目的成功,并为企业带来长期的商业价值。

将非结构化数据进行语义化处理后,转义成文本数据进行管理和使用。逻辑数据视图

LDV 能够对结构化数据和文本数据同时进行模型的表示。非结构化数据进行语义化形成的文本数据,虽然是不同来源数据语义化的结果,但是可能是描述同一事物、同一活动甚至同一业务场景。相关数据需要按照业务逻辑进行组织。通过模型重新组织后的数据更易于理解和访问,有助于将文本数据转换为更易于管理和导航的格式,实现数据的统一视图。这一点类似数据仓库中的 Inmon 建模思想。

逻辑数据视图 LDV 的数据表示仍然可以使用 PowerDesigner、ERwin 这样的关系型数据库建模工具。关系型数据建模工具是数据库建模的常用工具,这些建模工具通过图形化的方式,能够以直观的方式设计描述数据资产的整体内容。对于文本数据,可以用工具中非表实体的方式进行图形化说明。这样做的好处在于能够集中对结构化和非结构化数据进行资产管理。在建模工具内对关系型数据和文本数据伪实体,可以用背景色等表示方式加以区分。

### 2. 全域逻辑数据视图设计

在数智平台中,对于结构化数据和文本数据的统一组织管理,我们以 Data Vault 2.0 的建模技术为基础进行。Data Vault 2.0 可以帮助企业存储和管理来自不同来源的大量数据,无论是结构化数据还是非结构化数据。

对于结构化数据,如数据库中的表格、电子表格等,在 Data Vault 2.0 中,其组织和连接主要通过以下方式实现:

#### 1)中心表(Hub)

(1)中心表是 Data Vault 模型中的核心,用于存储业务中的关键实体。这些实体通常具有唯一标识符,如客户 ID、产品 ID 等。

(2)结构化数据中的关键字段(如 ID、名称等)会被映射到中心表中,以确保数据的唯一性和一致性。

#### 2)链接表(Link)

(1)链接表用于表示中心表之间的关系。在 Data Vault 模型中,中心表之间不直接相连,而是通过链接表来建立关系。

(2)这种方式允许在不影响现有结构的情况下,灵活地添加新的关系或实体。

链接表也就是通常所说的关系型实体,例如图 7-6 中的学生表、课程表、学生选课表三个中心表中,学生选课表就是链接表,它记录了学生选择的课程,也就是学生表和课程表两个中心表之间的链接表。

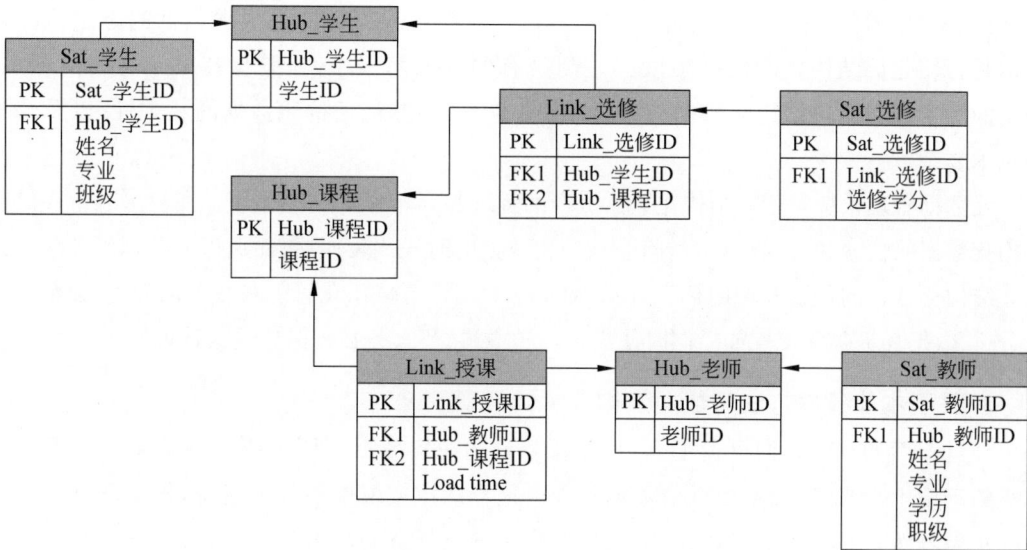

图 7-6 Data Vault 2.0 建模示例：学生选课

### 3）卫星表（Satellite）

（1）卫星表用于存储中心表或链接表的历史数据或属性变化。每个卫星表都通过外键与中心表或链接表相连。

（2）结构化数据中的详细属性或历史记录会被存储在卫星表中，以便进行追踪和分析。

Data Vault 2.0 学生选课的建模示例，如图 7-6 所示。

对于非结构化数据，在 Data Vault 2.0 方式中，主要是通过以下方法进行处理：

● 存储非结构化数据。

可以将非结构化数据作为二进制大对象（BLOB）或文件存储在数据中心之外的地方，如文件系统或云存储服务中，并在卫星表中存储指向这些数据的引用或位置信息。例如，在卫星表中记录关于非结构化数据的元数据信息，比如文件名、创建日期、大小、外围数据标签等，这样可以方便地查找和检索非结构化数据。

● 数据转化集成。

在 Data Vault 2.0 架构中，将非结构化数据转换为结构化格式，然后加载到 Data Vault 模型中。

在数智平台中，主要的非结构化数据是文本数据，视频、图片等其他格式的非结构化数据，首先需要进行语义化处理转译成文本数据。数据设计人员应该根据数据的应用情况来决定是否转化成结构化的数据字段嵌入到已有的数据库表中，还是保持文本数据的形态。判定的主要依据是非结构化数据信息的被使用频度、与其他结构化数据的相关性，以及转化的技术复杂度。

元数据管理系统对于非结构化数据资产的管理起到非常重要的作用。在卫星表中存储非结构化数据的位置和访问标识，访问非结构化数据的时候比较便捷；而通过元数据管理系统记录非结构化数据的位置和访问标识，便于对全部数据进行体系化管理和数据治理，例如数据血缘分析、数据任务跟踪等。如果同时使用这两种方式，那么务必要保持数据管理的一致性。

### 3. 关于本体建模方法与数据架构

通过前面的章节我们可以了解到，数智平台的逻辑数据视图主要是在关系型数据建模思想的基础上，增加对文本数据的数据管理。这样的数据模型和数据组织，便于已有数据系统的扩展升级，使企业能够以最小的代价实现全域全形态的数据管理。

与此相对应的，目前在数据领域正在出现一种新的思想，即以信息本体的方法来进行数据建模、以图数据库来组织数据的数据架构思想。在一些介绍人工智能与大数据构建数据体系的书籍中开始出现本体论相关的内容，但是这种架构思想目前还没有形成系统化的构建方法论。这种技术思想或方案有一定的超前性，但是目前看来还不适合企业级数据体系的构建。

信息本体建模的方式，比数据库建模的方式更能够抽象和表达复杂的关系。信息本体建模与知识管理的紧密关系，理论上能够为元数据管理提供有力的逻辑组织能力，也能够比较好地与大模型进行协同。

但是图数据库在大规模数据的使用效率方面与成熟的关系型数据库相比还有较大差距，技术门槛也更高。这种数据组织的方案，对于重在知识发现的、强推理需求的研究型数据组织场景，相对比较合适，目前还不适合构建企业级数据体系。

在介绍了逻辑数据视图基本概念和方法之后，下面我们将以直播场景的逻辑模型和内容运营的逻辑模型为例，介绍如何在数智平台中构建全域的数据视图。

## 7.7 直播带货场景的逻辑数据视图

作为一种线上消费、互动式营销的新型商业模式，数据在直播场景营销模式中提升互动体验、优化直播内容和方式、提升销售转化、获取反馈信息等方面价值巨大。本节我们通过直播带货的逻辑数据视图,来介绍数智平台中如何进行全域全形态数据的数据组织。

如图 7-7 所示,这个逻辑数据视图,通过数据之间的关系描述,反映了直播活动的业务运营过程。模型以直播活动事件为中心实体,建立其对各个数据实体的连接关系。在模型中,文本数据是语义化之后提取的非结构数据(视频)的内容。下面我们对这一数据视图进行说明。

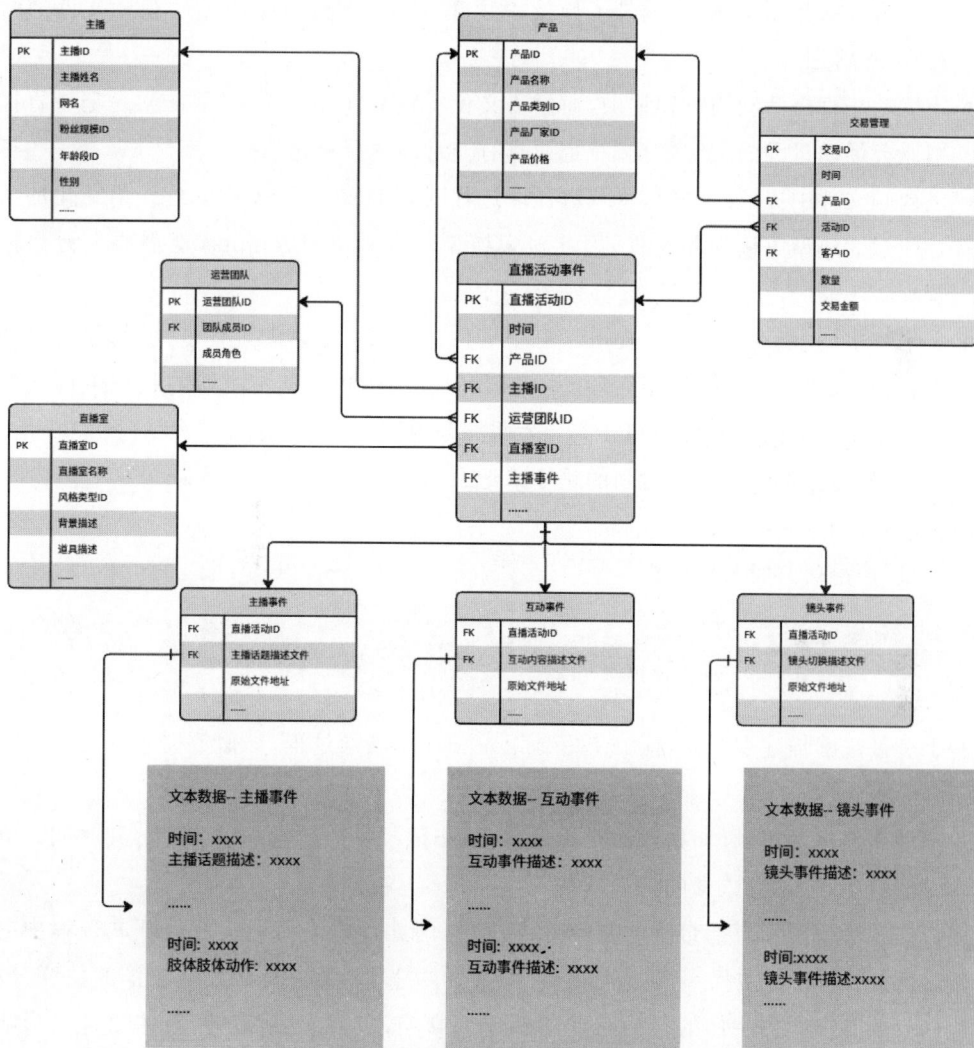

图 7-7　直播带货场景逻辑数据模型

- 在上面的模型中，主播、产品、直播室和直播团队四个实体，属于静态实体，数据以结构化的形式存放在关系数据库中。
- 交易事件和直播活动事件，属于流水型记录，数据有明确的结构，也存放在关系数据库中。
- 直播事件的基础信息，数据相对稳定，存放在关系数据库中；在主播事件、互动事件和镜头事件的数据实体中，记录了原始视频文件的存放地址。原始的视频文件通常存放在 ODS 层。
- 描述一场直播活动的过程记录，通过语义化视频文件后形成文本数据，是记录直播营销业务活动过程的关键数据，对企业具有非常高的分析价值。
- 从视频文件中提取的内容，以及对提取过程的要求，在元数据中管理。语义化的实现是通过大模型解读视频文件，因此对大模型的提示语（Prompt），也需要在元数据中管理。
- 在本例中，我们对直播视频提取了三个事件的内容：主播的过程事件、粉丝的互动事件和镜头的切换事件，用于后续不同的数据应用场景。其中主播的过程事件我们描述记录了主播的语言行为和肢体行为两部分内容。
- 这三个事件，都需要按照时间的顺序来记录。

事件的记录有两种方式：

一种是过程事件的记录，例如：

```
YYYY-MM-DD：主播介绍了产品的主要功能，包括…；
YYYY-MM-DD：主播回答了粉丝的提问…；
```

基于事件过程描述型记录，能够更好地记录和还原场景过程，类似数据仓库的"拉链"数据表。

另一种是流水型记录，如粉丝的互动发言，逐条记录每个粉丝的发言内容和时间。类似数据仓库的订单、日志等数据的记录方式。

该数据视图反映了直播带货的基本业务逻辑，因此可以支持运营业务开展过程中的数据分析。例如：通过对主播事件过程记录-主播事件-直播事件-交易数据实体的关联分析，我们可以分析直播间内主播的行为活动对销售的影响，包括文案、表述、肢体语言等影响要素。这个分析体现了非结构化数据中蕴含的数据的业务价值，实现了全业务运营流程的覆盖。如果不彻底打开描述场景的非结构化数据的黑盒，将无法实现新商业场景下数据驱动的业务开展。

## 7.8 内容运营场景的逻辑数据视图

内容营销是一种重要的营销方法，它通过创造和分发有价值、相关和连贯的内容来帮助企业建立品牌信任，提高用户参与度，促进用户决策，并最终实现商业转化。为了简化模型，我们去掉模型中的交易部分数据实体，主要介绍内容运营场景的数据视图。

内容运营模型是典型的新场景运营模式，可以用于公域流量获取和私域流量运营两个环节。在数据实体上，主要体现在内容、互动和粉丝三个主体上。示例中的粉丝主要也包含泛流量，也就是还没有关注企业账号的流量群体。

在图 7-8 的逻辑数据视图中：

- 内容实体是主实体类型，按照内容类型，可以包含视频内容、文本内容、图片内容、音频内容等子类实体。
- 不同类型的内容实体，数据内容相对稳定的属性等数据组织在关系型数据库中。
- 对于非结构化的数据信息，在字段中记录原始文件的地址信息。原始数据按照分池规则，存放在数智平台的 ODS 层。
- 文本数据的实体是对内容数据语义化之后形成的数据，不同类型的内容以及不同业务用途的内容，会有不同的语义化提取要求，这些语义化规则通过元数据来进行管理和维护。
- 视频、音频等按照时间展开的记录性数据内容，要在语义化过程中体现时间顺序；文本、图片等描述数据内容，要在语义化过程中突出主题信息，比如文本信息的主要内容，图片的主要信息等。
- 互动数据分为点击行为互动和评论互动两种。点击行为互动数据格式，以及互动过程的汇总数据，可以通过第三方内容发布平台获得，可以存储在结构化数据库中。
- 粉丝数据中通过粉丝关注时间字段，可以判定该粉丝是否已经关注企业账号，如果没有关注时间可以填充 Null 值，表示该个体流量属于泛流量而不是关注粉丝。

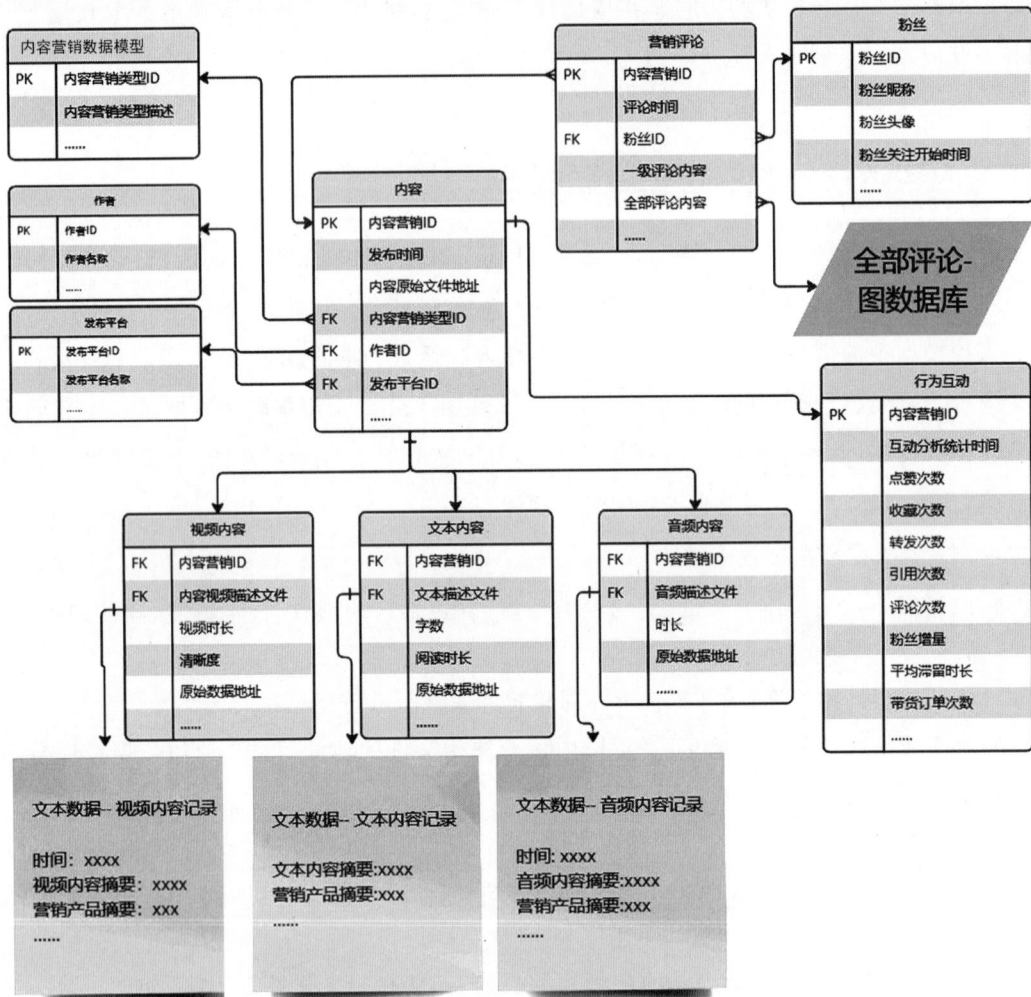

图 7-8　内容营销场景逻辑数据视图

- 由于粉丝数据中包含公域流量(泛流量)个体,因此构建泛流量数据库是一个有价值的数据收集工作。这部分数据的获取,需要企业采用一定的技术方案,比如进入到该粉丝的账号主页中进行采集和分析。通过分析公域流量的特征信息和对内容的评价信息,可以针对性的对内容进行改进,有效的提升内容的引流效果和针对性。

以上对内容运营逻辑模型的介绍中,由于评论数据中的内容的重要性和分析价值,评论

人工智能时代的数据体系:构建以语义为核心思想的数智平台

数据的物理组织方式,在本模型中采用了图数据库的方式。对于具有层级关系的评论数据,使用图数据库(Graph Database)是一种比较适合的选择。图数据库能够很好地表示和查询具有复杂关系的数据。企业根据自身的技术环境也可以采用关系数据库,通过自引用的方式维护评论层级关系,还可以采用文档数据库的嵌套结构维护层级关系。

以上两节逻辑模型的介绍,体现了在数据视图的指引下,在数智平台中,我们通过数据关系主动探寻业务提升的方式。我们还可以在数据视图的启示下,把相关的数据全部导入机器学习算法中,不预设分析目标,让智能算法帮助我们探索业务规律,进行探索式、预测式的规律和知识发现,更体现了智能时代,智能算法对业务运营的巨大赋能。

## 7.9 数智平台落地实例

在本章前文介绍的数智平台内部框架的基础上,我们介绍一个在企业中落地的实例,本案例介绍了企业基于企业微信的互动交互数据,综合企业其他主题域数据实现对业务运营的支撑。

目前很多企业都使用企业微信来打通和客户的个人微信,构建私域流量运营体系的方式,主要原因在于:

- 微信作为国民级软件,客户打开率高,企业对外能够广泛触达客户。
- 企业微信通过侧边栏,使企业对内可以打通企业内部的业务系统,贯通业务流程和信息流。
- 企业微信能够对客户资产进行更有效的保护。
- 企业微信提供会话交互数据,使得企业能够获取重要的交互过程和内容信息。

下面介绍我们实施过的基于数智平台的数据体系框架。

### 1. 数据体系框架

如图 7-9 所示,数智平台通过"DataHub"采集了业务开展产生的大量非结构化数据,例如营销视频、客服通话录音等;"业务数据"主要是业务系统产生的结构化数据;"企业知识"数据包括企业的制度、流程、所在行业的领域知识等;"公域数据"是指企业获取的业务相关的公开数据,例如粉丝数据、行业分析报告等。

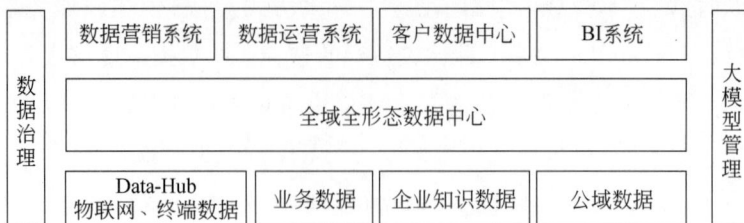

图 7-9　数智平台的数据体系框架

## 2. 数据流组织管理

如图 7-10 所示,在本案例中,数智平台使用 MySQL 存放管理结构化数据,使用搜索引擎组织管理文本数据,交互过程中大量的视频、图片等非结构化数据存放在 Hadoop 的分布式文件系统中。在这个平台架构中使用了 MySQL 和 Solr 来作为双轮驱动的数据管理系统。文本数据选择了 Solr,主要是根据企业的数据规模、已有技术体系的技术栈等实际情况,也考虑到 Solr 的技术成熟度、对复杂查询的支持、文档丰富等优点。

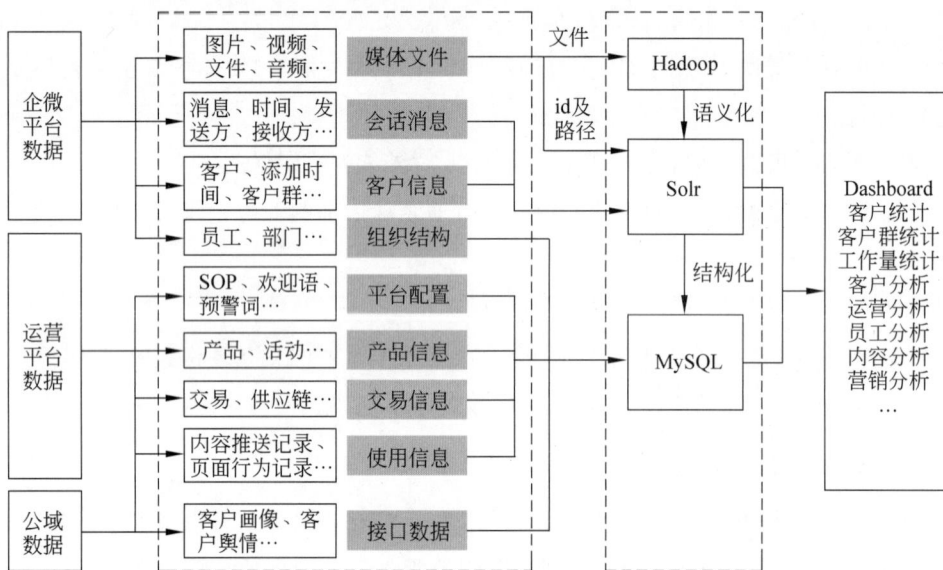

图 7-10　数据流管理

人工智能时代的数据体系:构建以语义为核心思想的数智平台

### 3. 全域数据应用

数据应用主要在业务中实现三个功能支持,即新场景营销、全流程运营和 BI 数据分析,在全域的数据体系中集中形成客户数据中心,既支持前面这三个业务体系,也独立提供数据查询与分析。客户数据中心是数据驱动的、以客户为中心的、流量运营思想的基础。

在当前新场景运营时代,营销和运营的关系越来越紧密,形成了"营运一体"的大运营模式,流量运营的思想,使企业的运营活动拓展到了泛流量、潜在客户的范围,因此从公域获取的数据也是数智平台的重要数据组成。比如:对标账号的内容数据用于参考;粉丝的账号信息用于对潜在客户群进行画像描述。

企业的产品、交易等交易流数据,粉丝或客户对内容访问的点击流数据、交互过程的会话流数据等,共同构成了全域全形态数智平台的数据体系。通过数据赋能,企业可以实现从内容生成指导、互动场景提效、销售转化提升、长期客户维系到主动运营与营销触达等全业务流程的支持和支撑。

# 第8章 构建数智平台：双流协同的数据流处理

本章我们介绍数智平台的数据处理过程，包括数据采集与生产，数据处理和数据应用的完整过程。数据体系的数据流处理过程，就是数据开发与价值挖掘的过程，是数据从资源转变为资产的主要过程。

数智平台的数据开发和处理过程，与传统的数据处理过程具有根本上的差异。在数智平台的数据开发和数据流组织过程中，体现了数智平台以语义为核心思想的基本理念。

## 8.1 生成式 ETL

生成式 ETL(GTL)，是指在解读式数据思想下，对数据进行整体解读理解，并描述语义重新生成数据的过程。我们提出 GTL 的定义，突出体现了数据的生成方式(Generative，G)与传统 ETL 中抽取方式(Extract，E)的差别。

在企业的业务系统中，数据在结构化的过程中，已经被赋予了业务含义，形式已经被固定，甚至内容已经被编码。数据在表面上是结构的约定，实际上已经对数据内容进行了预先的解读标记。但是非结构化的数据，通常是对客观事物的直接反映的原始数据，如果只在格式层面上进行解析，无法完成数据含义的解读。语境明确化、表达规范化、呈现清晰化，以及数据的整体理解和推理分析，都需要使用生成式 ETL 来完成。

在数智平台中，生成式 GTL 主要可以用于两种场景，一是用于语义化其他类型的非结构化数据，将其转译成文本数据，比如后面提到的 GTL1。二是用于对文本数据进行解读分析和数据处理，比如后面提到的 GTL2 和 GTL3。

传统数据湖仓主要使用文本 ETL 方式,从文本数据中抽取关键信息,加载到关系型数据库中。针对文本数据的特点,文本 ETL 中采用了带入业务关键词、上下文语境、在文本中的位置等信息的方式,力图在数据搬运的过程中不丢失信息。这个过程在传统数据湖仓的文本 ETL 过程中称为语义消歧。

文本 ETL 技术不能很好地完成数据语义信息的准确提取。因为**文本数据的语境在很多时候并不都来源于文本本身的数据,可能需要很多背景信息、知识等**。代入信息的方式不能有效解决歧义的问题,借助大模型这样预先学习到的能力,进行全局性的解读才能从技术上彻底解决这一问题。生成式 ETL 能够按照业务模型的要求,按照业务表达的需要,能够进行语义理解和归纳提取来进行文本数据处理,并生成我们所需要的数据。

生成式 ETL 应该在元数据的管理下进行数据处理,保证生成的数据符合数据规范的要求。

# 8.2 "双流协同"的数据流框架

在数智平台中,首先结构化数据和非结构化数据有各自独立的数据处理流程,结构化数据的数据流管理与传统数据体系的任务管理相同。非结构化数据的数据处理有很大不同,在数智平台中转译成文本数据,并落地形成另一组数据流。

因此,双流协同是指在数智平台中,结构化数据流和文本数据流同时存在,各自处理对应的数据任务,并统一在数据任务体系中管理,相互之间有数据传递和任务协同的数据任务管理模式。

数智平台的数据流框架如图 8-1 所示。

## 1. 结构化数据流

对于结构化数据的数据处理任务调度,已经是非常成熟的技术,本节做简单的介绍。

**ETL1**,完成数据从业务系统加载到 ODS 层,ODS 层有一个别名叫作"贴源层",这层离业务系统最近,数据结构保持和业务系统一致,目的是为了数据验证的方便。因为数据从这一层开始,脱离了业务生产系统,在企业环境中,通常跨过了业务系统的边界。保持一致的数据结构,能够提高沟通和解决问题的效率。

**ETL2**,完成数据从 ODS 层加载到基础数据层,从 ETL 的定义"Extract,Transform,

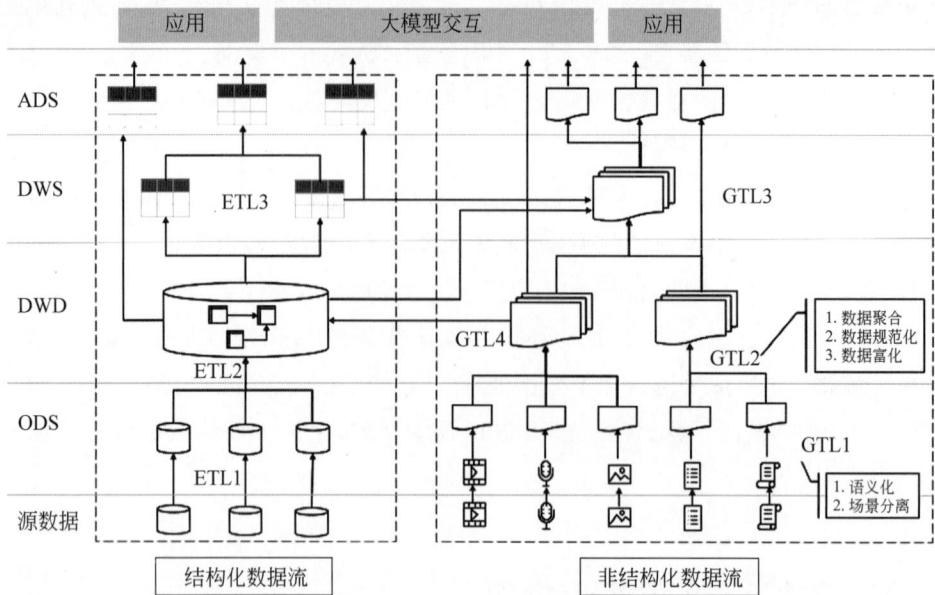

图 8-1　数智平台的数据流框架

Load"来看,ETL 的动作主要发生在 ETL2 这个环节,而 ETL1 主要负责数据的脱源转移。ETL2 流程中,最重要的任务就是在基础层 LDM 的管理下,重新组织数据,并且完整数据格式的转换。

**ETL3,** 负责从基础层向上的数据流处理,包括基础层数据向上进入 DWS 服务层,也包括从 DWS 层向 ADS 层汇聚,或者从 DWD 层直接向 ADS 层汇聚,不同的企业组织可以有自己进一步的定义和细化。

### 2. 非结构化数据流

在文本数据处理流程里,由于文本数据的特性,数据处理不是采用结构化数据通过解析结构来抽取数据的方式,而是采用生成式 ETL 来进行数据处理和运算,完成数据的语义落地。

生成式 ETL(GTL)处理非结构化数据分为以下三个阶段。

### 1) 生成式 ETL1(GTL1):语义化阶段

把存在于数据湖中的非文本类型的非结构化数据,如图片等,按照元数据管理要求,用语言文字进行转写描述,提取业务信息形成文本数据,形成的文本数据和原始数据具有对应关系。语义化的意义在本书前面的内容中已经介绍。

**2)生成式 ETL2(GTL2):数据入库阶段**

完成数据加载进入基础层。在 ETL2 的作业任务中,完成以下三个部分的处理。

(1)数据聚合入库:是指把语义化之后的文本数据,按照业务描述内容和业务相关性进行数据整合,并加载到基础数据层的过程。

(2)数据规范化:数据进入基础层,需要按照元数据规范的要求进行转化,实现数据标准化和统一化的过程。

(3)数据富化:是指按照基础模型层的内容要求,对数据进行显式化、明确化和细节丰富化的数据增强过程。

**3)生成式 ETL3(GTL3):应用开发阶段**

生成式 ETL3 阶段是面向需求和应用的、对用户提供数据服务的数据流,我们统称为 GTL3 阶段,包括基础层向服务层汇聚,基础层直接向应用层汇聚,以及服务层向应用层汇聚等,企业可以按照自己的数据体系设计要求再进行进一步的细分。

**4)生成式 ETL4(GTL4):结构化处理**

是指把文本数据经过结构化处理,转变成关系型结构化数据。这么做的目的,是为了让结构化数据能够获取非结构化数据的信息,提供完整的数据分析能力,支持复杂的业务分析。

**3. 两种数据流互通**

双流协同是指处理结构化数据和文本数据使其能够数据互通,协同工作,完成数据价值开发和企业赋能。

数据体系中,对数据的关联和打通是非常重要的要求。两种形态的数据共同构成对业务的描述,不能割裂地各自存在,因此需要建立两种形态的数据所表示的业务逻辑之间的关系,建立两种数据形态互通的数据流路径。

如图 8-2 所示,在数智平台中,通过元数据管理数据流的互通关系,通常在基础层把文本数据转化成结构化数据;而在服务层或应用层,文本数据进行分析时,有时候需要结构化数据中的信息,对结构化的数据进行解读。

具体流程如下:

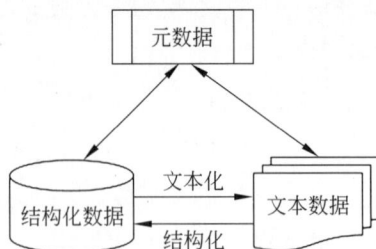

图 8-2  数据互通

（1）为文本数据表示的非结构数据内容增加唯一性标识，同时增加数据标签，用来描述内容的类型、数据源、时间标记等。

（2）在结构化数据一侧，按照业务需求生成非结构分析需要用到的结构化数据，用于文本数据分析数据时解读。

（3）对文本规范化的处理，把文本数据处理成带有结构的形式（不是转化成关系型结构化数据），并给信息段增加定位标识。

（4）在元数据管理系统中增加数据信息，用于建立数据之间的关系，在应用中需要数据调用的时候，通过查询元数据系统进行定位。包括：文本数据分析访问关系型数据的定位（第（2）条中生成的结果数据）和关系数据访问文本数据内容的定位（第（3）条中的定位信息，未被结构化，Data Vault 2.0 建模方式管理）。

（5）对于文本内容中经常被需求涉及且在业务分析中需要与结构化数据一起完成的数据信息，可以转化成关系型数据，纳入到结构化数据模型的管理范围。

在以上任务协同原则的指导下，企业数据团队可以采用合适的任务调度系统，进行任务的规划和实现。任务调度系统要能够统一管理两种作业类型的任务，以及相互之间的协同。

下面我们分别介绍生成式 ETL 的各个阶段的数据处理工作。

## 8.3  GTL1：非结构数据的语义化

如图 8-3 所示，生成式 ETL 的第一个阶段，首先完成数据的语义化处理，打开非结构化数据的黑盒，解读提取数据的业务信息、提炼数据蕴含的业务价值。在数智平台中，通过模型算法"阅读"数据并"理解"语义，用语言文本的方式把非结构化数据中的语义信息描述下来。在数智平台优先推荐大模型算法来完成非结构数据的语义化过程（未来可能出现其他的智能技术，数智平台也可以采用其来实现数据语义的解读）。

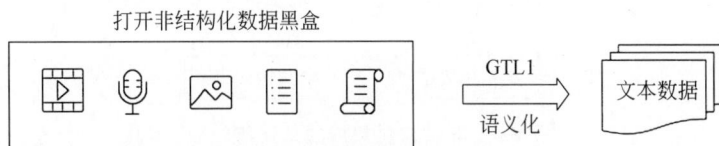

图 8-3 非结构数据的语义化

在语义化非结构数据的过程中，需要遵循两个原则。

（1）业务涵盖性：对数据中包含的业务价值内容进行详细描述。

（2）需求无关性：全面客观地描述整个过程，数据获取不预设需求。

这两个原则的底层原理是数据建模思想，业务涵盖性要求有价值的数据尽可能的完全保留；需求无关性要求数据真实反映客观逻辑，保证生成的数据能够有效为企业所有相关的业务服务，不因预设需求而导致数据生成的偏差。

不同的行业或者业务场景，通常会存在基础概念模型或者参考模型。因此，不同行业应用场景的非结构化数据在语义化的时候，都应该参考或者与业务相关人员讨论形成语义化的基本数据要素，确保语义化中语义要素的完整性。

非结构化数据的价值获取是数智平台的主要任务。比如短视频分析，我们综合使用视频的场景内容、文案、观众互动等多个方面的数据进行分析，以便更好地了解视频的业务表现，找出潜在的问题和改进方向，提高短视频的质量和效果。

非结构化数据可以进一步细分为两种类型：有结构的非结构化数据和完全无结构的数据。有结构的非结构化数据比如 URL、日志、XML 表示的数据等半结构化数据。人们赋予数据结构的目的，是为了让计算机能够更容易地理解数据的含义。通过数据建模和结构化，我们赋予数据特定的格式和含义，从而简化了计算机的解析过程。有结构的非结构化数据有时候是可以被直接解析的，不一定必须经过语义化处理，如图 8-4 所示。

对于完全没有结构的非结构化数据，我们优先使用大模型对非结构化数据进行解读。非结构化数据多属于原始数据，在其语义化的过程中，主要是以业务描述和内容描述为主要方向进行语义化的。大模型解读的过程，需要对提示语进行多次尝试和验证。具体的解读方法，我们会在后面的技术栈章节(9.5 节)中作进一步介绍。

第 8 章 构建数智平台：双流协同的数据流处理

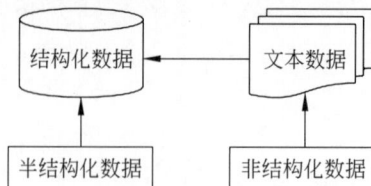

图 8-4　非结构化数据的分类与处理

另外,有些场景在进行数据语义化的时候,也可以使用程序的方式解决问题,而不是必须要用到模型算法。例如,在为某企业通过性别图标识别粉丝性别的时候,不使用大模型或者图像识别的技术,而是读取二进制文件上的特征,直接进行性别判断。

所以语义化非结构数据的方法可以综合使用,大模型是主要方式,其他智能技术可以做有效补充,程序代码的方法有时候简单有效。

# 8.4　GTL1：主题分离提取

由于非结构化数据的信息丰富特性,非结构数据很多是富媒体数据,数据内容中各种类型的信息混合在一起,而在后续数据的应用和开发过程中,数据关联并不需要对所有的数据都进行关联。例如,对直播时的主播发言和现场互动活跃度的分析,需要剔除音乐、场景和镜头切换等内容描述的信息。

因此,在生成式 ETL 进行语义化过程中,需要按照数据组织要求,对非结构化数据进行语义分析后的场景或主题分离提取,这个过程我们需要使用大模型或者其他内容理解的智能技术实现。一份非结构化数据可能会分离出描述不同主题或场景的多份语义文本数据。例如,对直播视频可以分离出关于主播的描述记录数据、关于场景镜头的描述记录数据等。

这样处理的好处有:

(1) 提高分析效率:通过分离提取,可以专注于分析数据的特定部分,而不是整个视频流。这可以显著提高数据分析的效率和速度。

(2) 增强分析精度:分离提取允许更精确地定位和分析数据中的关键元素。例如,专注于主播的言行可以更准确地捕捉语言和肢体动作的细节。

（3）便于数据集成：分离提取的数据可以更容易地与其他数据源集成，提供更全面的分析视角。尤其是对于文本数据，通过直接描述内容来表达语义，数据的拆解便于未来数据的整合。

（4）增强可管理性：将数据分解为更小的、更易于管理的部分，可以简化数据的处理和存储过程；需要扩展分析范围或添加新的分析维度时，分离提取的数据更容易进行扩展和调整。语义化后文本数据通常采用以时间为主线的事件记录方式，并赋予一定格式。例如：

> <7点10分5秒>主播介绍产品的主要功能，内容记录：……
> <7点21分15秒>主播介绍产品的使用方法，内容记录：……
> <7点29分25秒>主播介绍活动优惠，内容记录：……

## 8.5  GTL2：数据聚合入库

GTL1阶段，我们介绍了数据的语义化和数据分离，而GTL2阶段主要负责数据进入基础层的数据处理工作。基础数据层是企业数据资产管理的主要数据区域；GTL2是非结构化数据从数据资源转变为数据资产的一个重要处理阶段。这个阶段需要重点考虑数据的业务逻辑关系和数据的组织问题。

由于非结构化数据来源广泛，非结构化数据之间的关系相对较弱、数据相对更离散。数据在进入基础层之前，要对数据进行梳理和分析，建立数据之间的业务关系和分类关系。

文本数据进入基础数据层，需要按照业务场景、业务类别、业务流程等逻辑对数据进行组织和管理，这一过程类似结构化数据的建模过程，但是没有结构化数据的强业务关系。数据聚合的目的是把业务相关性的数据组织在一起，提高数据的访问效率，更重要的是提高算法模型的分析能力。

在图8-5的描述中，非结构数据主要描述业务活动中的业务过程和传递内容，不同数据类型的数据可能是在描述相关的业务场景，甚至是同一个业务场景。这些数据以不同的形态存在的时候，无法对它们按照业务含义进行聚合。

当这些数据经过语义化处理，统一转化为文本数据时，我们就可以对这些数据按照业务逻辑进行归类聚合。尤其是描述同一场景、描述同一业务实体的数据，把这些数据归集在一起非常有必要，这样能够为后续数据的分析提供尽可能相关的、全面的信息。

把描述同一场景的不同原始格式的数据聚合在一起（不一定是合并文件），以便提供一

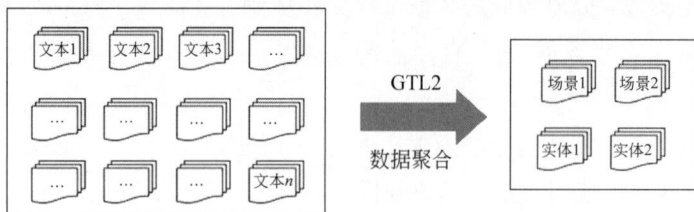

图 8-5　数据聚合处理

个统一的视图。例如,描述一个直播的文案、商品信息、场观互动等数据整合在一起。整合过程可能涉及数据的去重和匹配、内容组织、时间顺序的排列等工作。

数据聚合能够为大模型提供更多的数据信息。当前大模型能处理的上下文长度增长很快。上下文长度越大,大模型能够在分析中获取的信息越多,分析的结果就越准确。

例如,GPT-3.5 上下文输入长度从 0.4 万增长至 1.6 万 token,GPT-4 从 0.8 万增长至 3.2 万 token(token:模型输入和输出的基本单位)。

## 8.6　GTL2:　数据规范化

在数智平台,数据进入基础层的时候,对文本数据进行规范化处理是非常必要的工作。它不仅能够提高数据的质量和一致性,还能够增强数据分析的准确性和效率。随着人工智能和机器学习技术的不断发展,规范化的文本数据正在成为企业实现数据驱动决策的重要基础。对文本数据的规范化处理,可以解决以下问题。

首先,在企业和特定行业,具有专有的术语和名词;企业数据体系有数据字典和规范名称的要求。在业务描述的语言中,直接和显式的表述,能够更高效的传递出语义内容,而隐含和模糊的表述,对上下文有更多的依赖,且容易产生歧义。同样语义尽可能用统一规范的方式表述,能够提升分析的效率和准确性,也能够降低对大模型的要求。

其次,我们知道语言文字具有强大的表述能力,也正是这一特点,带来文本数据描述的软数据特性。由于语言表述的丰富性使得语义具有一定的模糊性;文字表达的灵活,使文本数据的描述有一定的随意性。

例如,"门把手弄坏了。"这句话在不同的语境下,代表了不同的含义。

影响文本数据语义的因素除了多义性和模糊性,还有上下文语境,以及语言所具有的反语、反问、语法结构等众多因素。在中文环境下，中文的多音多义字词、成语和俗语、方言差异等也给文本语义带来一定的模糊性。

另外，由于语音识别的准确率（方言、口音等）等一些原因，非结构化数据在语义化的过程中会出现错别字的现象，所以规范化过程中对其中的错误进行修正，也是规范化处理中的重要工作。

从整个数据流的角度来看，进行文本规范处理，能够为后续数据结构化做好准备，更好地融合结构化数据，提升数据的分析准确性。在文本数据规范的过程中，需要重点进行以下的规范处理。

（1）根据企业专有术语和名词的数据字典，对文本数据中对应的表述方式进行转写，转换成标准表述方式，确保术语的统一和标准化。

（2）建立企业对业务场景和特定内容描述的规范性要求，并根据规范对大模型的提示语进行规范性和标准化要求。比如对描述内容中必须包含的内容，在提示语中给出明确要求。

（3）对特定的业务场景或内容描述，设定格式要求。带有结构的文本数据在后续的分析和处理中能够提升分析准确度和处理效率。

（4）为达到预期的规范效果，可以采集或者开发提炼高质量的标准数据，对模型进行优化训练。

以上给出了数据规范化的主要工作内容，由于数据规范性的处理过程要对数据进行刷新覆盖，因此规范化定义和实施的过程需要认真严谨地完成。

在系统实践的具体过程中，尤其在项目早期，一般不直接进行数据的规范和改写。通常先将待处理动作列出来，协同业务人员进行评估和判定，来确定规范化处理的动作是准确的。建立数据临时处理区，对数据进行多次验证，直到系统给出的规范处理动作与业务人员的达成一致。整个过程和数据要做记录并进行统计跟踪。记录留存的数据是非常有价值的数据，将其用于对模型和算法的强化学习，能够大幅提升模型的准确性。

以下是一个使用大模型进行数据规范化的示例。

**提示语**：请对输入文字进行规范化处理，处理后明确比赛的输赢结果。
**输入文本**：<在 6 月份举行的乒乓球比赛中，中国队大胜日本队；在 7 月份举办的比赛中，中国队又大拜日本队>
**输出文本**：<在 6 月份举行的乒乓球比赛中，中国队大胜日本队；在 7 月份举办的比赛中，中国队再次大胜日本队。>

第 8 章 构建数智平台：双流协同的数据流处理

规范化处理说明：

（1）修正了原文中的错别字，"大拜"应该是"大败"，把"大拜"改为"大胜"，以确保文本的准确性。

（2）明确了比赛的输赢结果：两场比赛都是中国队获胜。

值得注意的一点是，对文本数据规范化处理存在适度的原则，太过硬性的要求规范化可能会降低数据的表述能力，增加数据处理的复杂度和工作量。

## 8.7 GTL2：数据富化

数据富化在数智平台中是一个重要的数据处理环节。它是一种通过增加、整合或增强现有数据，以提高其价值和可用性的过程。有的情况下文本数据中的语义信息和价值没有在数据中显式地表现出来，需要通过解读理解的方式，结合上下文的语境对其进行补充等富化处理，并对内容进行记录留存，完成数据资产落地。

也就是说我们需要的是生成式的数据抽取，除了正确的理解含义，在必要的时候**能够按照文本数据的语义语境，对关键信息进行补充和补写甚至调整**。文本数据的抽取需要能理解、更智能的方式来完成，不管原来的文本数据中是否包含所需信息的原始字词或符号。

数据富化通常涉及以下几方面。

**数据清理**：这是数据富化的基础步骤，包括填补缺失、删除重复、内容梳理等。与数据规范化不同的是，这里在数据强调完整性、重复性等物理处理。

**数据增强**：通过添加额外的补充信息或计算得出的新数据内容来丰富数据集。例如，可以根据现有的数据推导出新的指标或标签；显性描述那些隐含表示的业务信息。

**数据过滤**：筛选出关键数据，对内容进行划重点；识别数据描述中有异常描述的数据，添加警示信息。

数据人员需要根据企业的数据情况来调整数据富化模块中的处理工作与数据规范化模块中的工作的执行顺序，以实现系统的最佳处理效率。

数据富化的过程，需要熟悉业务的人员共同完成，或者要求数据人员非常熟悉业务场景细节，以保证数据的质量和数据的价值度。**数据富化的目的是让基础数据层的文本数据能够包含全部的关键业务元素，数据内容更详细、更丰满。**基础层的文本数据是非结构化数据转换后的主要内容,应该包含非结构化数据的全部业务价值的语义信息。

数据富化过程,需要反复调试和验证大模型的提示语,以便在基础数据层形成满足企业数据质量标准要求的文本数据,形成企业非结构化数据归一化后正确的数据形态。

我们举一个数据增强的例子,对文本的内容描述以打分的方式进行量化和内容增强。

**提示语:**

以下对话中,客户表达了明确的购买意向,请打 90 分;客户表达出一定的购买愿,请打 70 分;客户没有表达出意愿,也没有质疑,请打 50 分;客户提出质疑和反对,请打 30 分。你认为应该给客户的购买意愿打多少分呢?

场景一:

客户:这把椅子多少钱,这个杯子呢?

客服:椅子是 100 元,我们现在是促销;杯子是 12 元。

客户:这么贵啊!

**打分**:30

**解释**:客户虽然表现出了初步的兴趣,但在知道价格后提出了质疑和反对,显示出较低的购买意愿。

场景二:

客户:这把椅子多少钱,这个杯子呢?

客服:椅子是 100 元,我们现在是促销;杯子是 12 元。

客户:还行,倒也不便宜,我先再看看。

**打分**:70

**解释**:客户在对话中表现出了对商品的一定兴趣,但由于价格原因有所犹豫。这种情况最符合"客户表达出一定的购买意愿"的评分标准。因此,我认为应该给客户的购买意愿打 70 分。

客户:这把椅子多少钱,这个杯子呢?

客服:椅子是 100 元,我们现在是促销;杯子是 12 元。

客户:嗯,价格还行。看着挺好看的。

**打分**:70

**解释**:客户对椅子和杯子的价格和外观都表示了满意,并且这种态度显示出了一定的购买意愿。虽然他们没有明确表示要购买,但他们的反应比简单的兴趣或考虑更进一步。因此,我认为客户的购买意愿应该打 70 分,表示他们表达出了一定的购买意愿。

在不同的业务理解和业务逻辑要求下,大模型给出的分数可能与数据提取者的理解有一定的偏差,比如第三段会话有人会认为应该打 90 分。大模型会给出它的理解并认为客户的购买意愿应该打 70 分,表示他们表达出了一定的购买意愿。

这种理解上的差异可以通过微调和强化训练模型来进行对齐。为了大模型对数据解读分析能够达到业务要求或者与业务人员的理解拉齐，数据团队可能需要自主生成一批数据，通过生成的数据训练大模型，以提升大模型对数据的分析处理能力。

## 8.8 GTL3：面向应用开发

GTL3 是指从基础层，向上各层提供数据计算的数据流，8.2 章节中我们提到企业可以按照设计和需要再进行进一步细化，本书简化统一为 GTL3。这个阶段的数据任务是对文本数据进行面向业务应用的数据分析，主要需要采用大模型进行语义理解和数据分析运算，挖掘提取文本数据中的业务价值。GTL3 这个阶段，也可以直接调用第三方文本分析工具，生成可视化的数据呈现。

在这个阶段的数据处理过程中，往往会用到结构化数据中的业务数值和指标，因此需要对大模型进行一定的微调训练，保证大模型能够很好地理解数据的业务含义，做出准确的数据解读。

在这个阶段，数据的分析运算也主要使用大模型的解读和推理能力，这就要求开发人员或者业务用户对业务有深入的理解，并且能够很好地掌握提示语的使用，来对大模型进行指令要求。提示语决定了数据分析的深度和准确程度，数据输出的结构也需要进行业务理解验证和数据核对，确保分析输出的正确性。

在这个阶段，NL2SQL 技术正在逐步被使用起来，目前行业中 NL2SQL 大模型发展很快，随着这一模型能力的成熟，将来自然语言会逐渐融合 SQL 语句与大模型的解读能力，成为主要的数据开发语言。

ChatBI 类似的产品当前也在快速发展，充分发挥了大模型的知识预学习、分析推理能力和大模型的自然交互能力，数据价值的体现方式更多样化，效率更高。

## 8.9 GTL4：文本数据结构化

在很多业务需求中或者在基础层进行数据管理时，需要把文本数据结构化处理入库，与结构化数据进行组合分析。结构化文本数据的过程，一般发生在数智平台的基础层。也就是基础层的文本数据向基础层的关系型数据库导入数据。

大模型进行结构化文本数据的时候，要按照逻辑数据视图的约定，并根据元数据的转换要求实现。因为结构化文本数据的过程，目标数据格式明确，转换要求清晰，所以结构化文本数据的过程在有的情况下也会使用专门训练的 NLP 模型或者通过脚本程序执行基于规则的逻辑运算。

之前我们提到过，**对基础层的文本数据尽量赋以结构（并非直接转化成结构化数据，而是指尽量形成有结构的文本数据）**。一方面对文本数据的直接分析起到助力作用，另一方面在文本数据结构化入库开发时也能够起到很大作用。在提示语对模型进行指令要求的时候，要对目标的字段结构和数据形式进行清晰、明确的要求。在提示语中给出示例，能够很好地约束数据的输出形式。

如图 8-6 所示，文本数据的结构化，广义上包括结构化关系型数据和对文本赋以结构两种处理方式。

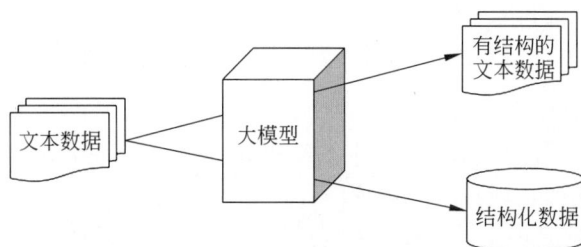

图 8-6　文本数据的结构化处理

对于文本数据的抽取和规范化处理工作，我们需要用到大语言模型来完成。大语言模型自身具备的通用知识和推理能力，能够大幅减少相关训练的工作量。GPT 的成功已经证明这是一条正确的路径。

**一个简单的通过大模型结构化文本数据的示例：**

**文本数据**
　　一个客户今天下午买了三件产品，其中两个杯子，一张椅子，杯子 12 元，椅子 100 元，一共花了 124 元。

**Prompt：**
请帮我结构化一下上面这段文字。

答复：
当然可以.以下是对您提供的文字进行结构化的结果：

**购买事件：**
- 客户：未指定具体名称
- 购买时间：今天下午
- 购买数量：三件
- 购买产品：
  杯子：2 个
  　单价：12 元
  椅子：1 张
  　单价：100 元
- 总花费：124 元

在实际应用中,这个提示语太简单,不满足开发标准规范。这里用这个例子只是为了便于理解,通过这个简单的 Prompt,把对话中相关信息进行了提取。实际应用中应该给出更明确的格式要求,通过大模型生成固定格式的文本文件,然后采用常规 ETL 的方式把数据项加载入库。

如果文本数据在 GTL 的规范化阶段完成得比较好,给文本数据赋予了一定的结构,那么在规范化的过程中,数据处理起来更方便,准确性也更高。

# 8.10　开发和管理复杂的数据流任务

### 1. 两种数据处理任务间协同

数智平台分层分池的架构,语义化以及文本数据处理作业任务的特殊性,双流系统的复杂性等,都给数据处理的任务管理带来挑战。

数智平台中对任务调度系统进行产品和方案选择的时候,重点需要考虑的一个因素,就是能够同时调度关系型的数据任务和文本作业任务。因为一些较复杂的数据开发和分析任务,可能需要汇集关系型数据库和文本数据系统中的数据。例如在数据应用调用数据的时候,由于各种原因,没有在规定的时间窗口,把文本数据都进行结构化处理,并加载到关系数据库中,就会造成数据的缺失。任务管理系统需要重点对两种类型数据协同任务的依赖关系进行管理。

在较为复杂的数据体系中，是采用 ACID 事务管理，还是 BASE（基本可用性、柔性状态、最终一致性）事务管理模式？如何在实时的数据流中保证事务的可靠性和一致性？如何采用适当的技术和策略来平衡一致性、可用性和性能？这些数据湖考虑的问题，数智平台也同样需要考虑。

在规划数据调度任务的时候，不管是实时的还是批处理的，一个必须考虑的因素是事务执行的依赖条件是否满足。即使是柔性的一致性要求，也需要考虑任务执行的前提条件。

### 2. 任务管理的技术规范

任务调度系统作为数据处理流程的管理引擎，负责根据预设规则自动化地启动、监控和管理各类数据处理任务。它不仅要保证数据处理的及时性，还需要通过精细化的管理策略，提升整个数据体系的效率和稳定性。

#### 1）任务调度

系统能够基于预定的时间表（如每日凌晨）或特定的触发条件（如接收到启动指令）自动启动数据处理任务。这种灵活性确保了数据处理过程能够无缝融入业务运营流程，满足多样化的数据处理需求。

#### 2）依赖管理

为了保障数据处理的顺序性和准确性，系统应具备依赖管理机制。它能够识别并处理任务之间的依赖关系，确保只有在所有依赖任务成功完成后，下游任务才会被触发执行。这一机制有效避免了数据不一致和处理错误的问题。

#### 3）优先级设置

为了满足不同业务场景下的紧急处理需求，系统允许用户根据任务的重要性自定义优先级。调度系统会根据设定的优先级顺序执行任务，确保高优先级任务能够优先获得处理资源，从而提高了整体的响应速度和业务连续性。

#### 4）容错和重试机制

为了增强系统的稳定性和可靠性，任务调度系统应内置容错和重试机制。当任务执行过程中遇到异常或失败时，系统能够自动捕获错误并尝试重新执行任务。通过配置合理的重试策略和最大重试次数，系统能够在不影响整体性能的前提下，最大限度地提高任务成功率。

**5）数据质量保证机制**

为了确保数据处理的质量符合业务要求，任务调度系统还集成了数据质量检查任务。这些任务可以在数据处理的不同阶段执行，对数据的完整性、准确性、一致性等方面进行校验。一旦发现数据质量问题，系统会及时发出警报并采取相应的纠正措施，确保最终输出的数据质量达到预定标准。

## 3. 设计智能任务管理系统

通过利用大模型的作业日志解读能力、数据分析能力和问题判断发现能力来提高系统的整体性能，可以减轻运维人员的工作负担，使数据任务调度管理系统更加高效和稳定。

**智能调度与资源优化**：利用大模型分析任务特性和资源需求，实现智能调度和动态资源分配，以提高系统效率和资源利用率。

**故障预测与自动化处理**：通过大模型预测潜在的故障和性能瓶颈，快速定位并解决问题，减少系统故障恢复时间。

**多模型协同与自动化调参**：大模型支持多模型系统中的模型协同工作，动态选择最适合的模型处理任务，并自动调整参数以优化性能。

**数据优化与任务管理**：大模型分析数据特征，优化数据预处理，智能拆分和组合任务，提高任务执行的并行度和效率。

**系统监控与长期训练支持**：应用大模型进行系统监控和日志分析，快速识别异常行为，同时确保长时间运行的大模型训练任务的稳定性和连续性。

## 4. 任务管理的数据保障

数据任务的管理实质上是在管理数据的价值开发过程，在完成任务开发和任务管理等技术工作时，应该始终有数据管理的思想。

**1）数据流动性**

在数据流转与价值管理的框架内，企业致力于确保数据在企业内部有序、高效流动，以此促进各部门间的数据共享与利用，进而提升企业整体的经营能力。为了实现这一目标，数据流转过程需严格避免**回流污染**。

数据回流污染（Data Feedback Contamination 或 Data Flow Contamination）是指在数据处理过程中，由于数据流的不当管理和控制，导致数据在回流到上游系统或数据集时引入了错误或不一致的信息。

例如，业务部门对数据进行的个性化调整或二次开发应局限在部门内部，避免干扰数据流主线路，也要控制数据在数据"支流"上无序流动，影响数据的准确性。

### 2）数据资产性

数据的价值管理包括资产守护与价值开发两部分内容。数据作为可增值的无形资产，其**"早期成型"**至关重要，这要求企业在数据纳入资产管理体系之初，便进行规范的整理与关联构建，确立数据间的逻辑关系与业务逻辑，从而区别于单纯的数据资源管理。这一过程体现了任务管理系统的高层次要求：数据资产性。确保任务执行的顺序性、依赖关系清晰，实现高效运作而非用时再造，为数据资产的长期价值守护奠定基础。

### 3）数据生产性

借鉴制造业的生产流程管理思想，企业将数据视为关键生产要素，实施数据任务管理。从原材料收集（涵盖业务系统、市场调研、客户反馈、传感器数据等多源数据）到数据产品的加工（涉及清洗、整合、开发等步骤），再到通过数据挖掘、机器学习及人工智能技术提炼价值信息，直到完成支撑企业的决策制定与运营优化的任务，形成了一套完整的数据生产与价值创造流程。

这一过程以数据价值为产品，强调自动化流水作业的高效与质量保障体系的严谨过程。自动化流水线生产的管理思想和技术可以为数据体系任务调度管理提供宝贵的借鉴。通过分段管理、标准化与模块化、质量控制、生产线平衡、闭环控制以及故障恢复与容错等方法的应用，提高数据处理任务的效率、可靠性和灵活性。

以上这些看似柔性的数据思想，虽不是明确的任务管理系统的技术规范，却是任务管理的基础思想。可以说企业没有正确的数据观，很难面对复杂的数据体系，建设务实可靠的数据流任务管理系统。

# 第 9 章 构建数智平台：智能时代大数据平台的技术栈

## 9.1 技术栈总体介绍

### 1. 数智平台的技术变革

语义化的思想、解读式数据处理方式、智能技术的融合，使得数智平台的技术体系与传统大数据体系有很大的不同。数智平台在数据体系构建上产生了如下变革：

（1）大模型解读非结构化数据，语义化成文本数据后，极大拓宽了大数据覆盖的范围。

（2）使用大模型的理解和推理能力进行数据开发，提升了数据价值挖掘的能力。

（3）对非结构化数据的利用，拓宽了数据赋能的业务场景。

（4）大模型的可视化生成能力以及互动能力，增强了数据的应用场景和用户体验。

（5）利用大模型的开发能力，如 NL2SQL 和代码生成能力，提高了开发效率。

（6）大模型综合自身学习到的业务能力，在决策过程中也可以提供强有力的支持。

（7）大模型结合智能体技术，可以完成业务动作的执行，而不仅仅是在判断和决策方面贡献价值。

### 2. 本章内容介绍

由于本章内容涉及面广、比较分散，我们先对本章内容进行整体介绍和串联。

大数据技术架构和技术很多，企业根据自身情况有不同的选择。所有的数据体系，无论是批处理还是实时架构，都是由数据获取、数据存储组织、数据开发和数据应用交付几个部分组成，为了读者更好的理解，本章我们也按照以上四个部分进行组织，如表 9-1 所示。

表 9-1 本章内容介绍

| 技术栈分类 | 本章章节标题 | 说　明 |
|---|---|---|
| 数据获取 | 9.4 大模型及相关智能技术 | 在"8.3 GTL1：非结构化数据的语义化"和"8.4 GTL2：主题分离提取"中，使用该技术对数据流进行处理 |
| 数据管理 | 9.2 大数据平台技术 | 在"第 7 章构建数智平台：全域全形态的数据体系"中，使用该技术构建数据 |
| 数据管理 | 9.3 文本数据的组织与存储技术 | 在"第 7 章构建数智平台：全域全形态的数据体系"中，使用该技术构建数据 |
| 数据开发 | 9.4 大模型及相关智能技术 | 在"第 8 章构建数智平台：双流协同的数据流处理"中，使用该技术进行数据流开发 |
| 数据开发 | 9.5 精炼提示语，提升大模型的分析能力 | 在"第 8 章构建数智平台：双流协同的数据流处理"中，使用该技术进行数据流开发 |
| 数据开发 | 9.6 其他文本分析处理技术 | 在"第 8 章构建数智平台：双流协同的数据流处理"中，使用该技术进行数据流开发 |
| 数据开发 | 9.7 生成式开发技术 | 在"第 8 章构建数智平台：双流协同的数据流处理"中，使用该技术进行数据流开发 |
| 数据应用 | 9.8 数据可视化开发 | 大模型在数据应用开发上发挥着越来越重要的作用 |
| 数据应用 | 9.9 智能分析决策 | 大模型在数据应用开发上发挥着越来越重要的作用 |

## 9.2 大数据平台技术

**1. 大数据基础技术**

大数据技术发展至今，数据处理和分析需求的多样化和复杂性，决定了大数据技术体系的具有复杂性、多样性和丰富性。从技术层面来看，大数据处理需要处理 PB 级别的数据，这需要高效的分布式计算框架、存储系统、数据处理引擎等。

（1）存储体系：Hadoop-HDFS、HBase、MongoDB、Cassandra 等。

（2）计算体系：Hadoop-MapReduce、Apache Spark、Apache Storm、Apache Flink 等。

（3）数据同步：Sqoop、DataX 等。

（4）资源调度：YARN、Oozie、ZooKeeper 等。

（5）日志收集：Flume、Logstash、Kibana 等。

（6）分析引擎：Hive、Impala、Presto、Phoenix、SparkSQL 等。

（7）集群监控：Ambari、Ganglia、Zabbix 等。

从架构层面来看，需要构建复杂的数据湖/数据仓库、数据中台等。从管理层面来看，需要处理数据治理、运维管理等问题。此外,大数据技术栈有丰富的功能和生态支持,支持从数据集成到可视化的整个流程。

图 9-1 是一个传统数据体系的技术架构的示例。

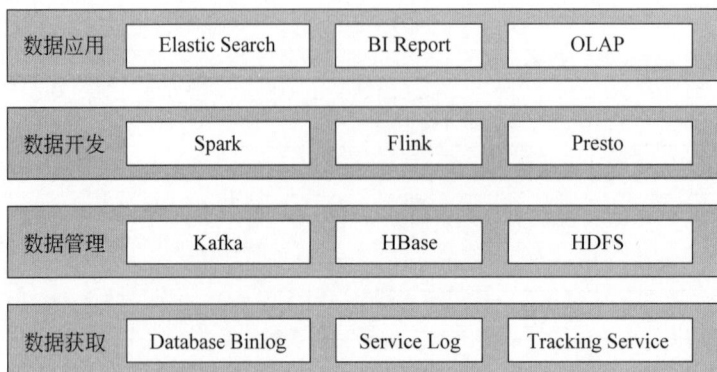

| 数据应用 | Elastic Search | BI Report | OLAP |
| --- | --- | --- | --- |
| 数据开发 | Spark | Flink | Presto |
| 数据管理 | Kafka | HBase | HDFS |
| 数据获取 | Database Binlog | Service Log | Tracking Service |

**图 9-1　数据架构示例**

大数据技术包括分布式计算、存储解决方案、数据处理框架(如 Hadoop 和 Spark)以及用于查询和汇总大量数据的其他技术。

大数据技术体系有众多技术方案和产品路线可供选择,各种技术有不同的优缺点。以 Lambda 架构和 Kappa 架构为基础,企业结合自身技术环境,选择不同的技术框架,可以构建不同的技术架构。Hadoop、Hive、HBase 等技术可以搭建基础的数据湖仓;流批一体的数据技术架构也快速发展,主流的数据处理引擎如 Apache Flink、Apache Spark 等正在广泛地被应用起来。

在数智平台中,传统大数据技术仍然是数智平台的基础技术,已有的大数据管理思想和数据技术框架在数智平台中仍然广泛使用。面向每种技术的技术论著很多,这些技术现在已经被数据技术人员很好的掌握。由于本书的论述重点和篇幅,我们不再对这些技术进行介绍,本节我们主要介绍数智平台中用到的特殊的或者相关性较大的一些技术。

### 2. 与时俱进的 PostgreSQL

结构化数据仍然是数智平台的重要组成部分,因此关系数据库在数智平台中仍然占据重要的位置。在各种关系型数据库技术中,我们重点介绍 PostgreSQL,它通过丰富的扩展和集成支持了广泛的 AI 相关功能,从地理空间数据处理到机器学习、全文检索和 OLAP 分析等。这些能力的扩展升级使得 PostgreSQL 成为了一个数据平台级产品，能够适用于各种 AI 应用场景，更好地适应智能化发展的需要。虽然这里以传统关系数据库的位置来介绍 PostgreSQL，但是 PostgreSQL 可以独立构建一个中、小型规模的数智平台。以下是 PostgreSQL 在 AI 方向扩展升级后的能力。

**1）地理空间数据处理**

- **PostGIS**：这是一个广受欢迎的地理信息系统扩展，它为 PostgreSQL 提供了地理空间数据类型和函数。PostGIS 允许用户存储、检索和分析地理空间数据，这对于地图应用、位置服务和地理分析非常重要。

- **地理空间索引**：PostGIS 支持 R-tree 索引等高级索引结构，可以高效地处理地理空间查询。

**2）时间序列数据处理**

- **TimescaleDB**：这是一个专为时间序列数据设计的 PostgreSQL 扩展。TimescaleDB 提供了高效的时间序列数据存储和查询功能，非常适合物联网（IoT）、监控系统和实时数据分析等应用场景。

- **超表（HyperTable）**：TimescaleDB 使用超表的概念来自动管理大规模的时间序列数据，这有助于提高数据的读写性能。

**3）向量检索**

- **PQ**：这是一种基于 Product Quantization 的向量索引技术，可以用于高效地检索高维向量数据，这对于推荐系统、图像搜索等应用非常有用。

- **HNSW**：Hierarchical Navigable Small World 图是一种用于近似最近邻搜索的数据结构，它可以提高向量检索的效率。

**4）机器学习**

- **pgml**：这是一个 PostgreSQL 扩展，它允许用户在数据库内部训练和运行机器学习模型。这可以减少数据传输的成本，并且可以利用 PostgreSQL 的事务特性来保证数据一致性。

- **PL/Python**：允许用户在 Python 中编写存储过程。Python 是数据科学中最常用的编程语言之一，因此可以在 PostgreSQL 中直接执行 Python 代码来进行数据预处理或模型训练。

5）OLAP 分析

- **Materialized Views**：物化视图可以用来缓存复杂的查询结果，这对于需要频繁访问相同数据集的 OLAP 应用来说非常有用。
- **Window Functions**：窗口函数可以执行复杂的聚合计算，如累计总和、移动平均等，这对于数据分析和报表制作非常有用。

6）全文检索

- **tsvector 和 tsquery**：这两个数据类型支持全文检索功能，可以用于创建和查询全文索引。
- **pg_trgm**：这个扩展提供了对相似字符串匹配的支持，这对于文本分析和自然语言处理非常有用。

## 3. 图数据库

随着业务运营发展到新场景模式，数智平台把企业数据的主体扩展到非结构化数据，企业数据体系中管理的数据变得更加复杂，数据实体之间主外键的单边关系，有的情况下不能很好地描述数据之间的关系。图数据库在处理高度连接数据方面具有很大优势。

图数据可以直观地描述现实世界中许多复杂系统的结构，因其灵活性和表达能力，被广泛应用于特定领域，如描述粉丝之间的社交网络关系、产品推荐系统以及我们在前面模型设计章节提到的短视频评论的嵌套关系。

例如，产品推荐系统中的多跳关系推荐：

- **通过好友关系推荐**：用户 A 的好友 B 对物品 I6 有购买记录，可以推荐物品 I6 给用户 A。
- **通过用户行为链推荐**：用户 A 浏览了物品 I3，而物品 I3 与物品 I5 有共同购买记录，可以推荐物品 I5 给用户 A。

"在未来，图技术这样的创新技术将改变企业和组织使用数据的方式，实现实时数据分析、隐藏关系发掘、情境化精准决策。"——Gartner 2020

这是 Gartner 对图数据库的一个观点，在实际情况中，图数据库和关系性数据库在应用场景、性能、扩展性、事务处理、复杂度和学习曲线等方面各有优势。在结构化数据场景下，结合使用图数据库和关系型数据库，发挥各自的长处，能够更好地实现对数据的组织管理。比如：

- 如果需要处理具有复杂关系的数据，并且重视实时查询性能，图数据库是一个很好的选择。
- 如果需要支持严格的事务处理和数据规范化，关系型数据库依然是首选。

图数据属于结构化数据，通常使用图数据库（Graph Database）进行存储和查询，它支持高效的图遍历和复杂的图查询操作。常见的图数据库有 Neo4j、OrientDB、JanusGraph 等。图数据的查询语言（Graph Query Language）是专门用来查询图数据库中的数据的语言。常见的有 Gremlin、Cypher、GSQL 等等。

图数据在数智平台中的存储，视企业对数据组织的规划而定，从数据体系概念上通常位于基础层。

### 4. 时序数据库

我们知道在结构化数据中，数据按照统计时间可以分为时期数和时点数。比如早上 8:00 的温度是 15℃，是时点数。三月份的收入是时期数。在非结构化数据体系内，也有类似的概念，尤其是过程描述的内容，通常是在一个时间段发生。比如 15 点 30 分 30 秒，用户发布了评论，是时点数；主播在 15 点 30 分 30 秒到主播在 15 点 45 分 30 秒，介绍了产品的特性，这个时间段内产生的视频或者记录文字是时期数。

时序数据（Time Series Data）是一种按照时间顺序记录的数据，其中每个数据点都与一个时间戳相关联，通常是时点数。这种类型的数据在金融、气象学、生物信息学、社会科学、工业自动化和许多其他领域都非常常见。时序数据是物联网（IoT）应用中非常常见的数据类型。物联网设备，如传感器、智能仪表、监控摄像头等，会持续不断地收集数据并生成大量时序数据。

时序数据的特点是结构相对简单，但是数据量通常很大。时序数据的存储使用时序数据库进行数据的组织，管理简单且查询效率更高。时序数据库（Time Series Database，TSDB）是一种专门为处理时序数据而优化的数据库。它们设计用来高效地存储、检索和分析随时间变化的数据点，通常与传感器、设备日志、股票价格、天气数据等相关。

在 Bil Inmon 的《数据架构》中，这类数据属于重复的非结构化数据，而这些数据通常具有固定的结构，可以用时序数据库来管理。如果记录的数据是物联网数据，通常这部分数据的业务分析价值偏低，企业组织可以评估是否纳入数据资产的管理体系中。企业选择留存时，通常时序数据存放在 ODS 层，再经过数据筛选或者汇总处理，抽取到 DWD 层，或者直接从 ODS 层汇总到 DWS 层。

如果企业用时序数据库记录业务相关数据，比如页面点击等，那么数据具有较高的分析价值，数据应该纳入数据资产体系中。

## 9.3 文本数据的组织与存储技术

各种非结构化数据用文本数据进行转译，并替代原始数据进入数据体系后，根据企业的技术架构，可以用多种物理层面数据组织的方式组织文本数据。主要可以使用搜索引擎、文件系统或者文档数据库等技术，这些技术分别具有各自的优势。

**1. 搜索引擎组织管理文本数据**

**1）适用场景及优势**

如果应用场景中包含了大量的文本数据，需要高效的全文搜索、复杂的数据分析或者实时性要求高，使用搜索引擎作为文本数据库是一个有效方案，使用搜索引擎来存储和检索文本数据的优势在于：

（1）**全文搜索能力**：搜索引擎擅长于全文搜索，可以快速检索文本中的关键词，一些搜索引擎如 Elasticsearch 支持近实时的搜索和分析，适合需要快速响应的应用。

（2）**高效的索引**：搜索引擎通常具有高效的索引机制，能够提高查询速度，尤其是在处理大量数据时。

（3）**灵活性**：搜索引擎可以处理非结构化的文本数据，提供更为灵活的数据模型。

（4）**扩展性**：许多搜索引擎设计为分布式系统，可以水平扩展以处理更大的数据量。

（5）**丰富的查询功能**：除了基本的搜索，搜索引擎大都提供过滤、排序、聚合等高级查询功能。

（6）**分析和处理能力**：现代搜索引擎通常具备强大的分析能力，能够执行复杂的数据分析和处理任务。

**2）常见搜索引擎推荐**

Elasticsearch、Solr 和 MeiliSearch 都是流行的搜索引擎，但它们在功能、应用场景、性能特点等方面各有千秋。以下是对这三者的对比分析，如表 9-2 所示。

（1）**Elasticsearch**：Elasticsearch 是一个基于 Apache Lucene 的分布式、实时的搜索引

擎,支持全文检索、实时搜索、数据分析等功能。它被广泛应用于日志分析、实时搜索、数据可视化等场景,特别是在大数据存储和实时搜索方面性能优秀。Elasticsearch 提供了丰富的 API 和插件支持,便于开发和集成。

(2) **Solr**:Solr 是一个基于 Java 的开源搜索引擎,也是基于 Apache Lucene 构建的。它主要用于企业级搜索,如电子商务、新闻搜索等场景。Solr 提供了强大的文本分析、搜索语义理解等功能,特别适用于需要深度文本处理的场景。

(3) **MeiliSearch**:MeiliSearch 是一个轻量级、开源、易于使用和部署的搜索引擎。它特别适用于中小型项目,具备快速、高精度、易用且支持中文搜索等特点。MeiliSearch 的搜索和索引都是高度可定制的,提供开箱即用的功能属性,如错字容忍、过滤器和同义词。

表 9-2　三种常见搜索引擎对比

| | Elasticsearch | Solr | MeiliSearch |
|---|---|---|---|
| 功能与应用 | 分布式、实时搜索、数据分析等 | 企业级搜索、文本分析等 | 中小型项目、快速搜索、中文支持等 |
| 性能特点 | 高性能、高可用性、实时性 | 高性能、高可靠性、可扩展性 | 快速、高精度、可定制性强 |
| 社区与生态 | 庞大社区、丰富资源 | 较小社区、特定领域优势 | 新兴社区、快速发展 |

总结如下:
- Elasticsearch 适用于需要高性能、高可用性和实时性的大规模数据集搜索;
- Solr 在企业级搜索和深度文本处理方面表现出色;
- MeiliSearch 的特色是其轻量级、易用性和对中文搜索的良好支持,是中小型项目的理想选择。

### 2. 分布式文件系统 HDFS

Hadoop 是一个非常适合于存储和管理大量文本数据的框架。Hadoop 集群可以通过添加更多的节点来轻松扩展,以处理不断增长的数据量。Hadoop 不适合实时数据处理,因为它的设计初衷是批处理大规模数据,Hadoop 的核心是 Hadoop Distributed File System (HDFS) 和 Hadoop MapReduce。这两个组件为处理大规模数据集提供了强大的基础。

HDFS 是 Hadoop 的分布式文件系统,用于存储非常大的数据集,这些数据集可能包含数以亿计的文件。HDFS 提供了高吞吐量的数据访问,非常适合于大规模数据集上的批处理操作。它通过将数据分布存储在多个节点上来实现数据的可靠性和可扩展性。

HDFS 是专门为大规模数据存储和处理而设计的。因为高容错性、大规模数据存储能力、流式数据访问特性、简单的数据一致性模型，HDFS 成为了处理大规模数据集的一种理想选择。

MapReduce 用于在大型集群上并行处理大量数据。它将复杂的数据处理任务分解为多个简单的任务，这些任务可以在 Hadoop 集群的不同节点上并行执行。使用 MapReduce 对文本数据进行处理，使用 HDFS 对文本数据进行组织管理，是一种基础的技术方案。

### 3. 文档型数据库

文档数据库是一种非关系数据库，它专为存储、查询和管理文档（如 JSON、XML、BSON等格式）而设计。这些文档以半结构化的形式存储，意味着它们可以包含嵌套的键值对、数组和其他文档，从而能够灵活地表示复杂的数据结构。文档数据库适合存储和管理文本数据。

MongoDB、Couchbase 和 CouchDB 是三种常见的文档数据库，在各自领域都有其独特的优势和特点，如表 9-3 所示。

表 9-3　三种常见的文档型数据库对比

| | MongoDB | Couchbase | CouchDB |
|---|---|---|---|
| 数据存储 | BSON 格式，支持非结构化数据 | 文档模型，JSON 格式 | 文档模型，JSON 格式 |
| 可扩展性 | 支持水平扩展和分片技术 | 分布式架构，支持自动分片和负载均衡 | 分布式数据库，可扩展到多个节点 |
| 性能 | 高效的数据读取速度，支持索引和查询优化 | 内存优先，提供低延迟和高吞吐量 | 高效的文档存储和查询机制 |
| 查询功能 | 强大的查询语言，支持复杂查询 | 内置索引和查询引擎，支持实时数据查询 | 视图和 MapReduce 算法，支持高级查询 |
| 数据复制和容灾 | 主从复制，数据备份和灾备 | 跨数据中心数据复制和持久化 | 多主复制，提高可用性和冗余 |
| API 和集成 | 原生支持多种编程语言 | 强大的 API 支持 | RESTful API，易于集成 |

本节介绍了各种文本数据存储和组织管理的技术，这些技术在不同的应用场景下各有

优势,选择合适的文本数据管理方式通常取决于具体的业务需求、性能要求、易用性以及其他特定的要求。

另外,其他的技术,比如键值存储数据库 Redis、列族存储数据库 HBase 等,也都是企业根据具体需求可以考虑的技术。

## 9.4　大模型及相关智能技术

大模型在数智平台中是重要的数据处理引擎,主要应用在语义化非结构数据;对文本数据的解读式数据处理和运算;以及对数据的推理分析和智能决策三个方面。在知识图谱和 RAG 的协同赋能下,大模型能够得到强有力的行业赋能和能力强化。

**1. 核心数据计算引擎：大模型**

大模型的出现不仅标志着人工智能技术在 2023 年开始进入了新的阶段——包括提供对于"常识"的理解能力,从而在各个行业和领域中创造更多的价值和效益。人们现在一致认为当前的人工智能技术正在推动一次新的工业革命。

**大模型的三个关键能力,在数智体系中作用重大:预训练内置的通识知识、推理能力和自然交互能力。**尤其是前两个能力使大模型成为数智平台中最重要的数据运算引擎,事实上是大模型的技术成熟推动了构建全域全形态数智平台的进程。

没有大模型的解读能力,无法打破结构化数据的黑盒——对海量非结构化数据的解读理解是无法通过增加人数来实现的。大模型能够实现大数据所承载的万物数据化的使命,大模型的能力是大数据平台跃升到数智平台主要推动力。评估大模型对数据领域的价值贡献,是一件令人兴奋的事情。非结构化数据是大数据的主体,不能很好地解决非结构化数据问题,就不能构建完整意义上的数据体系;也谈不上数据资产的有效管理和大数据价值的挖掘。大模型在数据开发链路中提供实质性的作用和基础性的贡献。

在数智平台数据流的不同数据处理阶段,对大模型的能力要求也不同,或者训练数个大模型分别完成不同阶段的数据处理任务。

GTL1 语义化阶段,需要大模型对各种非结构化数据的识别解读能力,因此这个阶段往往使用多模态大模型。

GTL2、GTL3 阶段,主要使用大语言模型,重点在于对文本数据的理解、推理能力来进行数据处理,对外需要高质量的提示语和元数据辅助。

GTL4 完成数据结构化进入关系型数据库体系的处理,如果在 GTL2 过程中数据规范化能够高标准地完成,那么在 GTL4 阶段可以更多地使用程序脚本(ETL 思想)来完成,不是完全依赖大模型进行。

另外,在数据应用层,目前一些企业开始应用到大模型的推理分析和自然语言交互能力,对结构化数据(GBI,生成式 BI)、非结构化或者二者的组合,进行数据的语义理解和解读分析,能够帮助人们洞察数据规律,并给出决策意见,使智能技术从助力数据生成上升到智能决策层级。

我们从数智平台的体系架构可以看到,大模型代表的智能技术开始让人们重新思考数据的意义、开发思想和数据体系的系统架构,数据技术和智能技术开始全面融合。

大模型带来的数据解读思想、面向底层规律发现和预测的技术方向,对数据思维和数据运营思想的发展起到巨大推动作用,AI 思维正在进入到企业决策思维方式中。

大模型代表着人类从感知智能迈进到了认知智能,推动人工智能技术对全社会的各个行业产生革命性的进步。数据领域作为人工智能的孪生领域,也正在进行颠覆式的升级和重构。

## 2. RAG 检索增强生成

RAG(Retrieval-Augmented Generation)技术是一种结合了信息检索(IR)和自然语言生成(NLG)的自然语言处理(NLP)方法。

RAG 已经成为人工智能领域最受欢迎的技术之一,现在被广泛采用。RAG 通过引入外部知识源,能够"即插即用"地扩展生成模型的知识基础,从而提高其应对新查询的能力。RAG 的兴起可以归因于其独特的能力,即将语言模型与外部知识源相结合,从而生成更准确、更具有事实性的输出。通过无缝地融合检索和生成,RAG 模型能够从庞大的数据库中提取相关信息,并将其融入生成的文本中。这有效地避免了模型输出中的虚构或错误信息。

RAG 对于大模型的重要性体现在以下几方面。

(1) **提升了生成内容的准确性和时效性。**

RAG 技术结合了大型语言模型和检索系统的优势,可以从外部知识库中检索信息,避免了大模型的"幻觉"问题(即模型产生事实上并不存在的信息),同时增强了对实时性要求较高问题的处理能力。

(2) **增强了模型的灵活性。**

与传统的知识库问答系统相比,RAG技术更加灵活,可以处理非结构化的自然语言文本。这使得大模型在理解和生成自然语言时,能够更好地适应各种复杂的语境和表达方式。

（3）**推动了应用系统架构的发展**。

RAG是普遍使用的应用系统架构之一。许多产品几乎完全建立在RAG之上,覆盖了从结合网络搜索引擎和LLM的问答服务、到成千上万个数据聊天的应用程序。

技术发展趋势上,RAG技术将不再局限于文本数据,而是向图像、音频、视频等多模态数据扩展,以能够同时处理多种模态数据的RAG模型,实现跨模态的理解和生成能力。这将使得RAG能够应用于更广泛的领域,如自动图像标注、视频内容理解等。

### 3. 大模型结合知识图谱

在智能化时代,知识图谱技术对企业的知识沉淀价值重大。在构建数智体系,帮助数据价值输出,协同大模型的能力落地方面有着重要作用。在数智平台中用好知识图谱的类似于综合运用"连接派"和"符号派"人工智能的思想,来推动人工智能在企业落地的方法,知识图谱可以和大模型形成良好的能力提升闭环。

知识图谱可以为大模型提供多方面的数据能力,这些能力对于提升大模型的性能、准确性和泛化能力至关重要。图9-2是知识图谱为大模型提供的主要数据方面的能力。

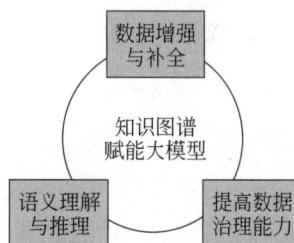

图9-2　知识图谱对大模型的赋能

#### 1）数据增强与补全

知识图谱是一种表示实体、关系和属性的结构化数据形式。它将现实世界中的信息以图的形式进行表示。这种结构化的知识表示方式有助于大模型更好地理解和利用数据中的语义信息。大模型可以通过学习知识图谱中的实体和关系提高其对复杂概念和上下文的理解能力,提升结构化知识表示能力。

知识图谱的构建过程包括实体识别、关系抽取和属性填充等步骤。这些步骤可以从海量数据中提取出有用的信息,并将其以结构化的形式存储起来。大模型在训练过程中需要大量的数据,而知识图谱可以作为数据增强的手段,通过提供额外的结构化信息来丰富大模型的训练数据。此外,知识图谱还可以用于数据补全,填补大模型在数据获取方面的不足。

#### 2）语义理解与推理

语义准确性是数智平台的关键，知识图谱中的实体和关系都带有明确的语义信息，这使得它成为理解复杂语义关系的重要工具。大模型在理解自然语言时，往往需要处理复杂的语义关系。知识图谱可以为大模型提供这些关系的显式表示，从而增强其语义理解能力。同时，知识图谱还可以用于推理任务，帮助大模型从已知事实中推导出新的结论。知识图谱好比是大模型在专业领域的助手。

**3）提高数据治理能力**

知识图谱通过构建实体间的关系网络，能够将不同来源、不同格式的数据进行有效整合，打破数据孤岛，构建数据实体之间的业务关系。这种能力有助于数据管理者更好地掌握数据的全局视图。因此知识图谱在**元数据和数据资产管理**方面，能提供有效的技术支持。

知识图谱中的数据结构化、显式化特点，使得数据质量更容易被评估和监控。通过图谱中的关系链，可以追溯数据的来源和演变过程，及时发现并纠正数据错误。对**数据质量管理**是非常有价值的。

这里我们介绍一种深度融合了知识图谱与大语言模型的检索增强技术：Graph RAG（Retrieval-Augmented Generation with Graphs）通过构建一个复杂的图模型来表达知识，该图模型将现实世界中的实体（如人物、地点、事件等）以及它们之间的关系（如父子关系、包含关系、因果关系等）以图形化的方式直观地呈现出来。这种图形化的知识表达不仅保留了知识的丰富性和结构性，还使得知识的检索和利用变得更加高效和灵活。

具体实现时，Graph RAG 的工作流程通常包括以下几个步骤：首先，对用户输入的查询（query）进行解析，识别出其中的关键实体；然后，利用知识图谱的检索能力，围绕这些实体构建出一个包含相关实体和关系的子图，作为查询的上下文；最后，将这个子图（或其编码表示）与原始查询一起送入大语言模型中，利用模型的生成能力完成最终的文本生成或回答任务。

通过将外部知识库（知识图谱）中的信息引入生成过程，Graph RAG 能够减少 LLM 生成内容时的幻觉（即生成与事实不符的信息）和虚构现象，提高生成内容的准确性和可靠性。

**4. 智能体技术：Agents**

在计算机系统中，"worker"是一个常见概念，可以指代执行特定任务的任何实体或进程。无论是在多线程编程、分布式计算、集群计算、云计算、Web 服务器还是消息队列系统中，"worker"都是实现任务并行处理、提高系统性能和可靠性的重要组成部分。

智能体（AI Agents 或 Agents）是人工智能领域中的一个核心概念，智能体可以理解为一种高阶的"worker"。智能体在自主性与自适应性、学习与进化能力、复杂任务处理、交互与沟通能力、知识表示与推理能力、动态资源配置以及安全与隐私保护等多个方面相对于传统"worker"的强大了太多。智能体通过其智能化和自适应的特点，能够更好地适应不断变化的任务需求和环境条件，为用户提供更加高效、灵活和智能的服务。

智能体深刻体现了人类对构建能够自主完成预设任务系统的追求，旨在通过模拟或超越人类的智能能力来协助完成各种复杂和烦琐的任务。

大模型通过其强大的学习能力和表达能力，为智能体提供了高效的数据处理和决策支持。这使得智能体能够更加智能地应对各种情况，提高了其在实际应用中的准确性和效率。智能体作为大模型的重要应用场景之一，其广泛应用和成功实践，为大模型技术的普及和推广提供了有力的支持。

智能体在大数据体系中可以承担广泛的工作任务，从数据采集、预处理到数据分析、实时监控，再到自动化决策、个性化推荐等多个方面。通过自主执行任务和根据环境变化调整行为，智能体可以显著提高大数据处理的效率和智能化水平。

大模型结合智能体在大数据体系中能够执行多项关键工作，我们可以在数据体系中，赋予智能体不同的专业能力和环境支持，让智能体在大数据领域中扮演各种角色，完成人们交给的工作任务。包括：数据开发人员、数据分析人员、系统维护管理人员、决策制定辅助角色等，为数据从生产到应用的各个环节提供了强大的支持。

## 9.5 精炼提示语，提升大模型的分析能力

当大模型接收到提示语时，它会根据提示语的内容和要求，调动自己的知识和能力，去生成符合期望的回答或结果。就像大脑在接收到指令后，会思考并采取相应的行动一样。

**数智平台中提示语就是文本数据的开发语言**，使用大模型进行数据处理运算需要高质量的提示语。与大型语言模型交流时，编写有效的提示语（Prompt）非常关键，因为它们直接影响模型的理解和回应质量。我们依赖大模型帮我买完成非结构化数据的分析和解读。以下是一些编写有效提示语的方法。

**1. 如何写提示语**

（1）**明确目的**：在编写提示语之前，明确你想要模型做什么。你是想要生成文本、回答

问题、提供建议、还是进行翻译？

（2）**具体详细**：提供尽可能具体的指令。含糊不清的提示语往往导致模型生成不相关或不准确的回答。

（3）**使用正确的格式**：如果你需要模型以特定格式输出，如列表、段落或表格，确保在提示语中指明。

（4）**上下文信息**：提供足够的上下文信息，以便模型能够理解问题的背景和所需的回答类型。

（5）**避免歧义**：确保你的提示语清晰无歧义，避免使用可能引起混淆的词汇或表达。

（6）**适当的长度**：提示语不应太长，也不应太短。它应该足够长，以提供必要的信息，但又要足够短，以避免不必要的细节。

（7）**使用关键词**：包含与你想要的回答相关的关键词或概念，这有助于模型更准确地理解和回应。

（8）**考虑模型的局限性**：记住模型可能不知道最新的信息或特定领域的专业知识，相应地调整你的期望和提示语。

（9）**测试和迭代**：编写提示语后，测试它的有效性，并根据模型的回应进行调整。

（10）**遵循指令**：如果在使用特定的模型或平台，确保遵循任何给定的指令或最佳实践。

（11）**避免不当内容**：确保你的提示语不包含不当、违法或有害的内容。

（12）**使用示例**：如果可能，提供一个或多个示例来说明你期望的回答类型。

（13）**限制主题范围**：如果需要，明确指出回答应该限制在特定的主题或领域内。

通过遵循这些建议，可以提高与大型语言模型交流的效率和效果。需要重视的是与模型的互动是一个双向过程，需要开发人员根据模型的表现不断调整和优化提示语。

## 2. Co-Star 方法

这是一个比较好的，生成提示语的方法。新加坡科技局举办了一个提示词比赛，大赛的冠军就是采用这个方法。

**C**：context（上下文），就是写指令时，一定要把这个指令的背景需求提供给 AI，让 AI 能够更好地去了解它的任务。

**O**：object（目标），具体任务和要求达到的效果。

**S**：style（风格），希望 AI 扮演什么样的角色帮助完成这个事情。是一个专家，是一个

CEO,还是一个作家？因为不同的角度,它的思考推理方式不同。

**T**：Tone(语气),是幽默的,搞笑的,还是严肃的认真的,然后他用什么样的语气把解决方案告诉你。

**A**：audience(受众),就是你的目标群体是什么？你输出的内容是给谁看的？是给专家看的还是给小朋友看的,在很大程度上决定了大模型输出的内容。目标的受众群体不一样,内容风格也不一样。

**R**：response 就是响应格式,输出以怎样的格式交付,以表格的形式还是 json 格式等。

### 3. Let's think step by step

"Let's think step by step"这样的提示语在编写大模型提示语时能够起到很好的作用,因为它引导模型以一种更加有序、准确和可解释的方式来处理任务,从而提高答案的质量和用户体验。

(1) **引导结构化思考**：这句话鼓励模型以一种更加有序和逻辑清晰的方式来处理任务。在解决复杂问题时,将问题分解成更小、更易于管理的步骤,有助于模型逐步深入、逐步推导,减少遗漏和跳跃性思考的可能性。

(2) **减少偏见和误导**：逐步推理有助于减少模型在生成答案时可能产生的偏见和误导。通过每一步都进行细致的思考和验证,模型可以更加客观地评估信息,减少因快速决策而导致的错误。

(3) **提高准确性**：通过逐步思考,模型在生成回答或执行任务时会更加细致和准确。每一步的推理都建立在之前步骤的基础上,有助于确保整个过程的连贯性和正确性。模型通过逐步推理得出的答案往往更易于理解和验证。这种过程透明化不仅提高了答案的可信度,还有助于发现潜在的问题和改进点。在处理需要多步骤推理或复杂逻辑的任务时,它鼓励模型不仅关注最终结果,还关注达成这一结果的过程和路径。

### 4. 应对"注意力衰减"问题

"注意力衰减"又称位置偏差,LLMs 在处理上下文的时候容易出现"lost in the middle"位置偏差的现象,即它们倾向于关注提示中开头和结尾的信息而忽略中间信息。特别随着上下文越来越长,这种位置偏差带来的性能效果愈发严重。主要源于模型在理解和处理长序列时的注意力分配不均,导致对序列中间部分的关注度降低。

这个问题是所有 LLMs 的通病,ChatGPT 这样的强大模型也难以避免这一问题。当前的 LLMs 架构设计往往更侧重于处理相对较短的文本片段,对于长文本的处理能力有限。随着文本长度的增加,模型在处理过程中可能会逐渐丢失对早期信息的记忆,从而更倾向于关注最近或最显著的信息;而且大模型使用注意力机制来捕捉文本中的依赖关系,但这种机制在处理非常长的序列时可能会遇到性能瓶颈,导致模型难以同时关注到序列中的所有重要信息。

研究者们正在提出各种方法来改进注意力机制,使大模型能够更好地处理长序列数据。在模型训练的时候,增加长文本数据在训练集中的比例,并使用更长的序列长度进行预训练,可以帮助 LLMs 更好地适应长文本任务。未来可能会有更多的创新方法被提出来进一步优化大模型的注意力机制。大模型的使用人员,在编写提示语的时候,要对此现象保持关注。

在通过提示语和大模型交互的时候,将重要信息放置在提示的开头或结尾可以帮助模型更好地捕捉到这些信息。另外,使用分段提示、子任务提示等策略也可以提高模型对长文本的处理能力。

## 5. 分段提示,效果更好

在为大型语言模型编写提示语时,分段提示语通常被认为是一种更加有效和灵活的策略,原因主要有以下几点。

(1) **提高清晰度**:分段提示语能够将复杂的问题或指令分解为更小的、更具体的部分,使得每个部分都更加清晰易懂。这有助于模型更好地理解并准确响应每个子任务,从而提高整体回答的质量。

(2) **细化指令**:分段提示语可以让用户在每个段落中细化指令,确保模型能够理解每一个细节。这样做可以减少模型误解指令的可能性,并提高输出质量。

(3) **减少混淆**:长而复杂的提示语可能包含多个概念或指令,这些元素在混合时可能会相互干扰,导致模型产生混淆。通过将提示语分段,可以确保每个部分都专注于一个具体的点,减少了混淆的可能性。

(4) **增强灵活性**:分段提示语允许用户根据需要对不同部分进行微调或重新组合,以适应不同的场景或需求。这种灵活性使得提示语更加实用和高效。

(5) **应对复杂场景**:分段提示语可以更好地适应复杂的任务,例如需要多步骤推理或跨领域知识的任务。通过逐步指导,模型可以被引导向正确的方向发展。

（6）**促进逻辑连贯性**：通过分段，用户可以更加精心地设计提示语的逻辑顺序和结构，确保各个部分之间的连贯性和一致性。这有助于模型生成更加有条理和连贯的回答。

**示例提示语**：
我在论述大模型对文本数据分析的优势，请按照以下要求给出详细说明：
引言：
　　介绍大型模型及其独特的能力和明显的优势；
数据规模处理能力：
　　处理大规模的文本数据集方面的优势；
上下文理解：
　　在上下文语境，消除歧义方面的能力；
技术原理：
　　利用深度学习技术的出色表现；
情感分析和语义理解：
　　能够深入挖掘文本的情感倾向和深层语义的能力；
自动化和效率提升：
　　大幅提高文本分析的效率，减少人工干预；
未来展望：
　　大模型在文本分析方面的潜力。

通过这种方式，您可以确保每个段落都有明确的目标，并且模型能够根据每个部分的指令生成相应的内容。这种方法不仅提高了生成内容的质量，也使得整个过程更加可控和高效。

## 9.6　其他文本分析处理技术

文本数据分析的发展经历了从基础统计到复杂模型的演变。早期依赖于简单的统计方法，随着大数据和深度学习技术的兴起，文本分析技术得以飞跃发展。大模型的应用显著提高了文本分类、情感分析、摘要生成等任务的准确性与效率，成为当前文本数据分析的重要趋势。

**文本数据在数智平台中占有重要地位，是结构化数据和其他非结构化数据的桥梁数据，是数智平台的中枢数据**。语言文字的独特优势就是能够借助智能技术，对其他非结构化数据进行解读和语义表述，通过文本数据来贯通全形态数据，如图 9-3 所示。

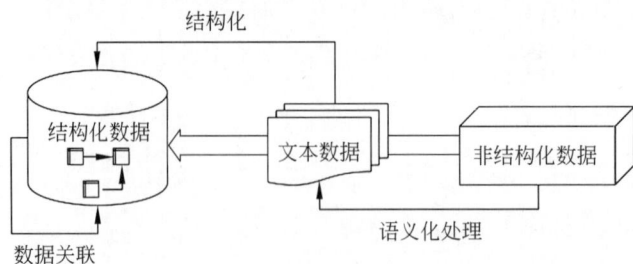

**图 9-3 文本数据贯通全形态数据**

数智平台从数据资产和价值理念出发,给出了全面解决非结构化数据的理念和方案,由于非结构化数据在大数据所占的巨大比重,文本化、语义化非结构数据,对整个数据体系极其关键;文本数据与关系型数据共同构成了数智平台的数据"双轮驱动",文本数据的处理技术和方案在数智平台中占有重要地位。

在数智平台中,我们主要通过大语言模型进行非结构化数据的语义分析,并辅以 NLP 和规则运算等其他文本分析技术。

### 1. 传统 NLP 技术作为有效的补充

虽然大模型具有很强的泛化能力,但在某些特定领域或特定任务上,可能需要更精细化的处理。

大型语言模型提供了强大的预训练能力,可以处理复杂的语言相关任务,但 NLP 技术仍然可以作为文本数据分析重要的补充,其在一些场景下具有一定的优势。

#### 1)传统 NLP 技术的优势

(1)**特定的场景**:虽然大模型具有很强的泛化能力,但在某些特定领域或特定任务上,可能需要更精细化的处理。这时,就需要结合传统的 NLP 技术,如文本清洗、分词、词性标注、命名实体识别等,来进行定制化开发。

(2)**可解释性**:大模型虽然性能优越,但其内部机制复杂,难以解释其决策过程。在某些需要高度可解释性的应用场景中,如法律、医疗等领域,传统的 NLP 技术可能更具优势。

(3)**资源限制**:大模型通常需要大量的算力资源和存储空间,这在一些资源受限的环境中可能难以满足。而传统的 NLP 技术则相对轻量,更容易在资源有限的环境中应用。

**2）传统 NLP 技术的不足**

传统的 NLP 技术往往只能处理文本的表层信息,而无法深入理解文本的语义。这限制了 NLP 技术在复杂任务中的应用,体现在:

（1）**语言复杂性**：NLP 系统需要处理复杂的语法结构、俚语、双关语、讽刺和文化特定表达,这些都对系统的准确性构成挑战。

（2）**上下文依赖**：理解语言含义需要广泛的世界知识和推理能力,NLP 技术在这方面就会面临难题。

（3）**处理歧义和模糊性**：NLP 系统可能难以准确解释多义词或短语在特定上下文中的正确含义。

（4）**泛化能力**：模型可能在特定类型的文本或领域上表现良好,但难以泛化到其他类型的文本。

传统 NLP 技术在应用实践中,存在适应性、技术门槛等问题:

（1）**跨领域应用的挑战**：NLP 系统在跨领域应用时可能需要针对特定领域的术语和表达进行定制,限制了模型的通用性。

（2）**依赖于训练数据**：模型性能高度依赖于训练数据的质量和多样性,偏差或不全面的训练数据会影响模型的准确性和公正性。

（3）**技术更新迭代快**：NLP 领域的技术迭代速度快,要求开发者不断学习新的算法和技术,以保持系统的先进性。

（4）**用户技能要求**：管理 NLP 系统需要一系列高级技能,包括数据科学、数据工程、系统管理和安全知识。

**3）NLP 技术进行有效的补充**

采用大型模型作为文本分析的主要手段,同时辅以传统自然语言处理（NLP）技术,能够形成一个很好的互补方案。大型模型特别擅长于处理语言的复杂性,如上下文理解、歧义处理以及复杂语言现象,这些通常是传统 NLP 技术的短板。与此同时,传统 NLP 技术在执行特定任务时,如分词和词性标注,能够提供高精度的结果。这种策略不仅提升了分析的灵活性,允许大型模型处理广泛的复杂分析任务,同时确保了在需要快速原型设计或针对特定问题进行精确分析时的有效性。

此外,大型模型的端到端学习能力和自动化特征提取减少了对传统特征工程的依赖,而

NLP 技术则可以进一步优化这些子任务的性能。大型模型的泛化能力使其能够有效处理多语言和跨领域应用，而传统 NLP 技术可以为特定领域定制解决方案。大型模型的持续学习特性也使其能够适应语言的不断变化，而 NLP 技术则有助于维护和更新模型，以满足特定需求。

## 2. 文本挖掘技术

文本挖掘则是数据挖掘的一个分支，其主要目标是从大量文本数据中发现有价值的信息和知识。NLP 为文本挖掘提供了基础技术和理论支持，而文本挖掘是 NLP 技术在数据分析和知识发现方面的具体应用。

文本数据挖掘常用场合。

（1）**知识发现**：从大量文本数据中挖掘出有价值的信息和知识，为决策支持、业务优化等提供有力支持。

（2）**特征提取和降维**：文本挖掘技术可以帮助我们提取出文本数据中的关键特征，如关键词、短语、主题等，从而降低数据的维度，提高数据分析的效率和准确性。

（3）**文本分类和聚类**：文本挖掘中的分类和聚类技术可以将相似的文本归为一类，帮助我们发现文本之间的相似性和差异性。

（4）**情感分析和观点挖掘**：文本挖掘技术可以分析文本中的情感倾向和观点，如积极、消极或中性等。可以帮助企业了解用户对产品或服务的态度和反馈。

（5）**文本生成和摘要**：文本挖掘技术可以自动生成文本或摘要，帮助用户快速了解文本的主要内容。

## 3. 搜索引擎内置的文本分析能力

当企业的数智平台使用搜索引擎进行文本数据的存储与组织的时候，可以使用搜索引擎内置的文本分析功能。例如 Elasticsearch 提供了丰富的文本分析功能，从基础的分词器、字符滤波器和词元滤波器到高级的分析器，能够满足各种文本处理需求。使用这些分析工具，可以实现高效的文本索引和检索，支持全文搜索、日志分析、多语言支持、同义词处理等多种应用场景。

总体上搜索引擎的文本分析能力涵盖了分词与索引、文本分类、情感分析、实体识别与命名实体识别、关键词提取与词频统计、语言处理与理解以及聚合与统计分析等多个方面。

#### 4. 规则计算是必要的手段

虽然基于关键词之间进行规则和逻辑运算这种方式的分析能力有限,不过它是文本数据分析中的一种基础的方法,尤其在语境简单、数据量大的情况下。这种方法通常涉及字符串运算、布尔运算、正则表达式、模式匹配等技术。

规则和逻辑运算作为一种文本分析方法,因其简单性而在初步文本分析中非常直接且易于实现。这种方法允许快速构建和部署文本分析模型,特别适合敏捷开发和快速迭代的环境。由于分析过程依赖于预先定义的规则,其结果是可预测和可控的,便于直接推断。对于结构化和标准化的文本数据,规则和逻辑运算能够实现非常精确的关键词或模式匹配。在以下的一些场景中,规则运算可能更简单有效。

- 规则运算可以用于定义特定的模式,帮助识别文本中的日期、电话号码、电子邮件地址等结构化信息。
- 在句法分析中,规则可以用于识别语言的语法结构,如主谓宾结构、短语结构等。
- 在数据清洗过程中,规则运算有助于识别和去除噪声数据,如 HTML 标签、特殊字符等。
- 对可解释性和可控性要求高的场景,使用规则可以使结果更容易理解和验证。
- 特定领域中对专业术语和表达方式的要求。

相比于依赖大量计算资源的机器学习和大型模型,基于规则的方法在资源使用上更为高效。此外,规则和逻辑运算的分析过程具有高度透明度,易于审计和解释,这对于需要确保分析过程公正性和可追溯性的应用场景非常重要。规则的灵活性也意味着它们可以根据业务需求进行快速调整,以适应新的分析要求。在特定场景下,如垃圾邮件过滤或敏感词检测等,规则和逻辑运算能够提供更为高效的解决方案。

## 9.7 生成式开发技术

#### 1. NL2Code (Natural Language to Code)

大模型的应用为软件开发带来了全新的思路和方法。开发者可以利用大模型进行快速原型设计、功能验证和迭代优化,从而加速软件产品的上市速度和市场响应能力。一般来说,对于确定性较高工作,可以使用大模型帮助我们进行编码或者测试;对于处于需求开放阶段或不明确的工作任务,可以使用大模型进行辅助分析和方案建议等工作,目前大模型已经在以下方面开始发挥重要作用。

**1)代码生成与辅助**

大模型在代码生成与辅助编程领域的应用极大地提高了开发效率和降低了开发门槛。基于自然语言描述生成代码的能力,使得开发者能够通过简单的文本指令快速实现所需的功能模块,减少了重复性编码工作。

**2)代码检查与优化**

在代码的调试与优化阶段,它们可以识别代码中的潜在问题,并提出修复建议,甚至自动修复一些常见的错误。例如,通过实时代码诊断功能,大模型可以检测到不易察觉的潜在漏洞,并提供相应的补救措施。代码补齐和纠错功能也有助于提升代码的健壮性和业务的稳定性,从而减少后期维护的成本。

**3)自动化测试**

自动化测试是软件开发中的一个重要环节,大模型在这方面的作用不容忽视。通过自动生成单元测试用例,大模型能够显著提高测试覆盖率,从而提升代码质量和稳定性。例如,百度推出的文心快码(Comate)工具,可以一键生成单元测试,将繁琐且重复的测试任务交给 AI 处理,从而使开发人员能够将更多精力集中在创新和业务逻辑的实现上,提升整体项目的效率和质量。

**4)需求分析与设计**

在软件开发中,需求分析与设计是非常关键的步骤。大模型通过理解自然语言的需求描述,能够辅助进行软件设计和需求分析。可以帮助构建研发领域的知识体系,实现高效交付。在需求文档编写阶段,大模型可以根据给定的业务场景自动生成初步的设计方案或架构图,可以确保需求的完整性和准确性,避免因需求不明确而导致的返工。

**5)文档生成**

文档的编写往往是软件开发中最容易被忽视但又重要的环节。大模型可以自动生成代码注释和文档,提高了代码的可读性和维护性。对于新接手的代码库而言,高质量的文档可以让开发者更快地理解代码结构和功能、加快项目的迭代速度。

在数智平台的以下技术环节,NL2Code 能够发挥作用。

- 在数据作业任务的处理脚本中,可以使用大模型的生成能力,进行数据处理脚本的开发,比如数据的清洗和预处理脚本任务。

- 大模型在需求分析、生成思维导图、产品设计等数据产品设计阶段,能够提供支持。
- 在数据产品的开发过程中,同软件系统开发一样,可以在基础代码开发、代码Review、测试等环节使用大模型的代码生成能力。
- 在数据治理阶段,比如数据质量核查、数据合规性检查等方面,NL2Code 能力可以生成代码来自动检查,并采取相应的措施。

**2. NL2SQL（Natural Language to SQL）**

NL2SQL 的应用领域越来越广泛,包括智能搜索引擎、智能助手、数据分析等。例如,在智能搜索引擎中,使用 NL2SQL 技术可以实现用户通过自然语言查询关系数据库中的数据,从而提高搜索引擎的智能化水平。

在数据分析领域,NL2SQL 可以帮助分析师通过自然语言提问获取所需信息,提高工作效率。国内企业和研究机构积极构建 NL2SQL 数据集,国内外的一些公司和组织已经开源了 NL2SQL 模型,这些模型已经展现出良好的效果。NL2SQL 的应用方向主要包括:

（1）**自然语言分析**：分析自然语言查询,以便了解其含义,提取关键信息,并将其转换为机器可读的 SQL 语句形式。

（2）**SQL 查询构建**：根据从自然语言查询中提取的关键信息,构建对应的 SQL 查询,以便从关系数据库中检索数据。

在 NL2SQL 技术的应用中,需要关注以下问题。

（1）**处理自然语言的歧义性**：自然语言查询可能存在多种解释,需要精确理解用户意图以生成正确的 SQL 查询。例如,查询"最厉害的销售"就不如查询"销售额最高的销售"更准确。

（2）**适应复杂的数据库架构**：企业级数据库的复杂性要求 NL2SQL 系统能够准确理解和映射数据库结构,包括表之间的关系和数据的完整性。数智平台中元数据信息和企业的数据模型,以及相关业务需求的数据统计口径,需要提供给模型。

（3）**优化翻译方法**：采用有效的预处理、编码策略和后处理策略,以提高从自然语言到SQL 的转换准确性和效率。例如,如何进行数据库内容信息的检索和额外信息的获取;如何利用中间表示来优化 NL2SQL 翻译过程。

（4）**评估和错误分析**：建立基准测试和评估体系,对生成的 SQL 查询进行准确性评估,并分析错误以不断优化 NL2SQL 系统的性能。随着开源模型生成 SQL 语句能力的提升，只是通过 RAG 的方式提供大模型查询就可以生成业务需要的 SQL 语句正在成为可能。

## 9.8　数据可视化开发

大模型在数据可视化领域的应用，可以提升数据理解和分析效率，使得数据分析工作变得高效和直观，为大数据可视化带来了全新的解决方案。大模型不仅能够自动化完成数据清洗、去重和缺失值处理等任务，大幅提高数据处理效率，还能够通过图表形式展示分析结果，如饼图、柱状图、折线图和散点图等，直观地反映数据中的关键信息和规律。

通过大模型生成的解释，增强了可视化推荐的可解释性，即为什么推荐某一类商品的可视化方法。这让数据可视化更加直观、智能和交互式，帮助用户更好地理解数据并做出决策。

大模型还可以提供交互式可视化工具，允许用户与可视化结果进行交互，这种迭代的互动方式能够进行深入的数据探索。例如，在多维报表中集成大模型，用户可以通过自然语言动态组合查询维度，实时获得相关数据的可视化结果和解释。

未来会有更多的多模态数据（如文本、图像、音频）集成到可视化中，提供更丰富的数据探索体验。我们可以预见，大模型将在大数据可视化中发挥更为重要的作用。这不仅包括更高效的数据处理和更智能的分析工具，还可能涵盖全新的交互方式，如通过语音或手势进行数据探索。结合增强现实（AR）和虚拟现实（VR）技术，大数据可视化将变得更加生动和具有沉浸感。

在数据价值输出方面，从自然语言驱动的数据可视化到自动化数据探索与可视化生成，再到数据故事叙述与报告生成、数据解释与洞察、复杂数据处理与可视化、用户体验与交互性以及安全与隐私保护，大模型都能够发挥重要作用。

## 9.9　智能分析决策

通过预训练大模型能够学习到行业知识、法规政策、企业制度流程、行业动态等各种信息内容和知识，大模型具有广泛的知识视野。结合大模型的数据分析解读能力，一种更加强大的"决策大脑"数据产品正在出现。它能够以专家的角色辅助企业开展业务运营、快速进行反应和决策。企业可以让大模型综合市场分析报告、财务报告、运营数据、市场反馈等相关信息来作出决策。智能决策大脑可以扮演不同角色和职能的领域专家,从不同的视野和角度来进行决策和建议。

在业务判断环节,大模型通过学习业务逻辑和过往案例,能够提供精准的业务决策辅助。它们能够预测市场变化、评估潜在风险、优化运营流程,帮助企业在不确定性中做出最佳选择。尤其是面对大量非结构化数据,大模型能够处理和分析多种类型的数据,如文本、图像和声音,这使得它们在理解和推理方面更为全面和深入。智慧决策是数据在智能时代,数智平台在企业中的高阶应用。

大模型可以使用更多的技术方式、分析解读更多的数据(结构化数据、非结构化数据、组合数据),结合不同的专业知识与企业制度,提供不同业务职能领域(人力、财务、市场、供应链等)的决策建议。

在专业领域和行业方向上,大模型的应用将更加广泛,未来市场上会出现更多的专业或行业大模型,为企业提供更大的帮助。智慧决策的能力将逐渐成为智能时代,大数据价值最直接和最有价值的体现方式。

第 9 章　构建数智平台:智能时代大数据平台的技术栈

# 第 10 章 构建数智平台：全形态数据体系的数据治理

企业级数据体系发展至今，数据治理体系已经形成了完整的理论体系和方法论。相关资料书籍非常之多，对应标准的数据体系治理框架，本书不做太多论述。

目前这些数据治理的理论在整体上对数智平台仍然具有指导意义。在实际操作层面，数智平台的数据治理会面临一些新的问题需要关注。本章我们结合数据治理的基本目标，介绍数智平台中需要重点关注的模块及应对策略。

## 10.1 数据治理的资产管理理念

数据治理这一概念与数据仓库紧密相连，其在学术界的首次明确提出可以追溯到 2002 年。两位美国学者发布了一篇具有里程碑意义的研究论文 *Data warehouse governance：best practices at Blue Cross and Blue Shield of North Carolina*，在这篇论文中，他们详细探讨了北卡罗来纳州蓝十字蓝盾公司(Blue Cross and Blue Shield of North Carolina)在数据仓库治理方面的一些最佳实践方法。这篇论文之所以被认为在业界首次提出了数据治理的概念，主要是因为它不仅讨论了数据仓库管理的高级议题，还强调了建立专门工作组来系统化地推动治理工作的重要性。

以下是一些知名机构给出的数据治理定义。

**国际数据治理研究所(DGI)对数据治理的定义：**

数据治理是一个通过一系列信息相关的过程来实现决策权和职责分工的系统，这些过程按照达成共识的模型来执行，该模型描述了谁(Who)能根据什么信息，在什么时间

（When）和情况（Where）下，用什么方法（How），采取什么行动（What）。

**国际数据管理协会（DAMA）对数据治理的定义：**

数据治理是对数据资产管理行使权力和控制的活动集合，是各类数据管理的核心，指导所有数据管理功能的执行。

**《数据管理能力成熟度评估模型》（DCMM）对数据治理的定义：**

对数据进行处理、格式化和规范化的过程。数据治理作为数据管理能力成熟度评估的八大核心能力域之一，对数据治理的组织、制度和沟通这三个能力项进行评估。

虽然各机构给出了不同的框架规范，但是数据治理的任务都是一致的。简单来说就是：**管好数据、用好数据、创造价值**。企业数据治理，表面上是技术管理和规范管理工作，这些工作背后都是围绕数据的资产管理和价值创造展开。数据资产化是将数据转化为具有经济价值的资产的过程，它涉及将数据资源转化为数据资产的多个阶段，包括数据资源化、数据资产化，以及更高级的数据资本化。数据资产化的核心思想是管理好数据，并使用数据创造价值。数据资产化是数据资本化的前提和基础。

数据的价值思想和治理管理体系理论，奠定了所有数据体系管理的理论基础。数智平台同样遵循已被验证的数据治理思想和数据价值理念。从字面上理解数据仓库和数据湖仓名称中的"仓"字，代表了数据系统有序管理数据资产并创造价值的重要思想，区别于业务系统以功能交付为主的建设和运维管理思想。

数据治理是一个持续的过程，需要定期评估和改进数据管理的策略和实践。通过持续改进，企业可以不断提高数据管理的质量和效率，从而更好地利用数据驱动决策和创新。企业进行数据治理的基本任务涵盖了数据资产管理、数据质量保障、数据安全与隐私保护、数据生命周期管理、数据使用与共享、数据治理组织与文化以及数据治理流程与制度等方面。

以上数据治理的基本任务同样也是数智平台的基本任务。从数据资产的角度来看，数智平台的特殊之处在于，企业第一次全面的梳理和管理非结构化数据，通过完整的数据治理体系，让非结构化数据不再主要以暗数据的形态，沉寂于企业的数据角落里。

企业的非结构化数据，以文本的形式被企业有序的组织起来。以不丢失语义的方式，参与到数据的开发和价值释放过程。为企业的运营赋能，为企业的资产增值。

第 10 章　构建数智平台：全形态数据体系的数据治理

## 10.2　数智平台数据治理的复杂性

数智平台的数据治理,在理论上与之前数据治理的框架一致,但是由于数智平台面对多种类型的数据、引入人工智能的技术,特别是数据开发思想发生了巨大的变化,使得数智平台的数据治理更具复杂性。

### 1. 纵向分层、横向分池的复杂体系

数据分层治理和按照数据类型分池存储是数据湖和数据湖仓管理中的两个重要概念。当这两个因素交叉在一起时,再叠加上结构化数据与非结构化数据的混合管理后,它们相互影响,共同增加了数智平台管理的复杂性。

在数据分层治理中,需要考虑如何为不同粒度层次的数据提供合适的存储方案,并确保数据的完整性和一致性;在数据分池存储管理中,需要考虑如何为不同类型的数据提供合适的访问和性能保障,并满足数据安全和隐私保护要求。

为了降低管理复杂性,数据管理人员需制定详细的数据管理策略和规范、建立高效的数据管理团队和协作机制。需要团队对数据的整体分布、企业的业务逻辑和平台的技术特性都有比较清楚的了解。

### 2. 结构化与非结构化的分离与融合

结构化和非结构化数据在数据形态和运算处理上存在显著差异,但数智平台仍然需要实现数据的有机整合和标准化。这包括数据清洗转换、格式化和标准化等过程,以确保数据的一致性和准确性。比如语义化过程中的场景分离;再比如在文本数据侧进行数据分析时,需要融合解读结构化数据和文本数据两种类型的数据。

在融合结构化与非结构化数据的过程中,数据质量的保障变得更加困难。数智平台需要建立完善的数据质量监控体系,以确保数据的准确性、完整性和可靠性。

结构化和非结构化数据的分析需求对运算处理有不同的要求。一般情况下结构化数据查询通常需要高并发、低延迟的响应能力,而非结构化数据分析则可能需要更大的存储空间和计算与推理能力。数智平台需要平衡这两种需求,确保系统能够满足各种分析任务的要求。

数智平台中非结构化数据的语义化过程,是其他数据平台不会遇到的问题。其中涉及语义化处理、解读式开发处理、文本数据组织与管理等特殊的技术方案。

### 3. 结合大数据与人工智能技术

数智平台在技术体系方面结合了数据湖的大数据平台技术能力、数据仓库的数据治理思想和人工智能技术,这在技术架构上具有相当的挑战。管理数智平台需要一系列高级技能,包括数据科学、数据工程、智能技术、双流协同的数据流等,包括数据仓库技术、大数据处理、日志分析和机器学习等,这些技术的集成需要精心设计以确保兼容性和协同工作。

由于营销和运营等业务活动的变化性,以描述性为主的非结构化数据,受到的影响较大,它们不像结构化数据那样,数据记录的内容保持稳定。对新场景、新内容的解读,需要大模型保持理解能力的跟进,因此持续保证大模型对新数据的输入和知识更新,是必要的维护工作。

### 4. 集中治理与数据分散的矛盾

由于数智平台中的数据具有多样性和复杂性,包括了结构化和非结构化数据,数智平台需要统一治理和管理数据。结构化数据基本上都来自于企业的业务系统,数据来源相对集中,主要是解决企业内部数据整合的问题。而数智平台中需要管理的数据可能是来自于企业的内部,也有可能是其他的数据源,比如获取的外部数据;还有可能是终端设备、传感器、监控系统、三方内容生产厂家等,无法采用 ETL 的方式完成数据集中。

这种分散性使得数据的统一调度和管理变得困难,需要跨平台的数据访问、传输和同步机制。数据格式的多样性和物理存储的分散性,使数据治理变得更加复杂,需要制定和执行更加精细和全面的数据治理策略。

非结构化数据主要是描述场景、过程和内容类的数据,而结构化数据主要是记录企业活动的事件和结果的数据。两类数据在业务覆盖的方向上有所差异,数据内容有一定的离散性。对这两类数据的组织具有一定的挑战,典型的表现是 DATA Vault 2.0 数据建模,比通常的数据建模要考虑更多的情况。

由于以上提到的数智平台复杂性,同时技术和工具之间的兼容性、性能和稳定性等其他需要重点关注的问题,本章后面章节介绍数据治理中主要模块的应对策略和处理技术。

## 10.3　元数据管理

元数据管理为企业级的数据战略规划、数据模型设计、数据标准管理、主数据管理、数据质量管理、数据安全管理以及数据的全生命周期管理提供支持，是企业数据体系稳定的基础。

企业以元数据为抓手进行数据治理，帮助企业更好地对数据资产进行管理，理清数据之间的关系，实现精准高效的分析和决策。元数据是关于数据的数据，可以分为技术元数据、业务元数据和管理元数据，这是按照管理职能进行划分的。通俗的说，这三类元数据一起协同，综合描述了数据是怎么来的、怎么存的、怎么转的和怎么用的。

**数据是怎么来的**，是指数据的获取过程的数据来源、数据获取方式、数据获取方案等信息内容。比如在数智平台中，语义文本数据通过语义化其他类型的非结构化数据获得。非结构数据语义化之后，存储在 ODS 层原始文本数据的内容要素，需要在元数据进行管理，属于数据描述部分的内容；在基础层文本数据生成的过程中，不足的信息可以使用大模型的生成能力进行补足，这一过程生成了新的数据。

**数据是怎么存的**，需要记录数据在分层、分池的数据体系中的存放信息；进入基础层之后的分类存储信息；成为数据资产后的数据字典和数据规范等信息；还包括数据架构、数据备份策略、数据生命周期管理等。

由于数智平台中存在大量的文本数据，由于文本数据与传统的关系型数据存在显著差别，文本数据的组织对元数据管理有更多的要求。元数据能够提供的数据上下文信息和语义语境，帮助用户理解数据的含义、来源、结构和质量，是数据体系中数据解释的关键信息。这些信息有助于从数据中提取有价值的信息，支持数据分析和决策制定，提高数据的利用效率和价值。

尤其是关于文本数据内容的描述性信息，这些描述性数据内容也是数据内容组织的组成部分，能够为大模型的提示语提供全面的内容提示，提高语义理解和数据价值生成的准确度。

**数据是怎么转的**，也就是数据是如何进行转化开发处理的。主要围绕 ETL 和生成式 ETL 过程进行管理，比如生成式 ETL 各流程阶段，包括聚合入库映射关系、数据规范化、数据富化、数据结构化过程的规则和要求，各环节中相关的语义分析要求、提示语和数据转化逻辑等信息。

面向应用需求的数据处理要求、数据开发逻辑以及相关大模型提示语、知识库引用内容等也都属于这部分内容，需要在元数据系统中进行管理。数据开发处理过程需要在数据版本、数据血缘关系中体现并跟踪记录。

总体来说，在第8章数据流处理提到的各个数据开发环节中涉及的数据来源、数据开发要求、数据开发逻辑、数据落地组织形式等信息，都属于这部分内容。

**数据是怎么用的**，这部分侧重于元数据的管理部分。数据访问权限、数据访问流程制度、数据安全管理、数据合规与审计等都属于这部分内容。

数据质量是数据体系中全局性的重要工作，因此数据质量管理会涉及以上四部分内容，数据流每一阶段的开发处理过程都可能会带来数据的质量问题。另外，在数智平台中，数据的应用会使用到大模型的互动交互能力，会涉及提示语的要点或模板、标准提示语的使用管理。

以上介绍了数智平台中，元数据管理的要点内容。数智平台中，数据来源更加广泛，除了企业内部系统产生的业务数据，还会包含外部平台获取的数据，数据内容涵盖也更加宽泛。企业中原来以业务系统产生的结构化为主的数据模型，已经不能完全覆盖数智平台中的数据，例如，数智平台中可能存储的粉丝的信息。

在元数据管理的技术方案中，除了传统的元数据管理框架和方案，知识图谱能够为元数据管理提供进一步的能力支持。知识图谱理论上是很好的元数据管理工具，能够很好地描述数据的各种信息以及数据的相互关系。帮助我们理解数据之间的复杂逻辑关系，发现数据中隐藏的模式和趋势，从而提升数据的价值。

不过知识图谱存在规范不统一、构建难度大、技术门槛高、随着规模的增长推理效率变低等原因，在实际应用落地的时候会有一定的困难。企业应该根据自身情况决定是否使用，通常情况下，传统的元数据管理方案也基本能够满足企业对元数据管理的需要。

## 10.4 数据血缘关系

数据血缘追踪数据从源到目标的流动路径，包括数据的创建、转换、存储和使用过程。数据血缘管理揭示了数据之间的转化及依赖关系，这对于数据质量管理、数据扩充与管理升级、评估系统变更的影响非常重要。本节介绍在数智平台中数据血缘关系管理的重要考量和应对。

**1. 全形态数据流复杂因素**

在数智平台的血缘关系管理过程中需要考虑和管理以下全形态数据流复杂因素。

**1）平台与技术的多样性**

由于数据可能分散在多个物理平台上,如 HDFS、搜索引擎、数据库等,要追踪数据的血缘关系就需要跨越不同的存储和处理系统。这增加了数据追踪的复杂性和难度。

数据在传输和转换过程中可能需要进行格式转换。这种转换可能会破坏原有的血缘关系信息,使得追踪变得更加困难。非结构数据的语义化、文本数据的结构化、文本数据的逐层汇总等数据处理处于体系中不同的位置,都要求对血缘关系进行有效的跟踪和管理。

**2）数据形态不统一**

数据的多样性要求数据治理策略更加细致和灵活,以适应不同类型数据的管理需求,这对血缘管理的策略制订和执行带来了挑战。每个数据源可能都有其独特的数据特性和转换逻辑,尤其是语义化的数据运算,数据流转过程中的物理形态也会发生变化,这些都需在血缘关系中体现。

有效的血缘管理依赖于准确的元数据管理。数据湖中数据类型的多样性使得元数据的收集、整合和维护更加困难。管理多样化数据的血缘关系要求数据管理人员具备更广泛的技术知识和分析能力。

**3）数据域广泛性**

数智平台中,由于实现了对非结构化数据的语义解读,所以数据能够覆盖的业务领域更加丰富,数据聚合产生的价值更高,能够生成更多更复杂的业务汇总数据,伴随着数据域的增加,数据血缘关系的管理难度也会加大。多个处理步骤和多种处理逻辑共同发挥影响,数据血缘关系往往更加复杂和难以追踪。

智能制造的数据和解读式的开发思想,引入了新的数据处理技术,也提升了数智平台中整体的数据价值富含度,增加了数据表征的业务复杂度。新生产的数据,以及数据组合运算和语义融合分析的过程,就是数据价值生产的过程,同时也是数据血缘分支产生的过程。

为了满足各种业务需求,数据需要经过多个处理步骤和流程,如数据清洗、转换、聚合、分析等。每个处理步骤都可能对数据进行修改和增强,双流协同的数据流增加了企业数据资产的价值,增强了数据支撑业务的能力,同时增加了数据血缘关系的复杂性和追踪难度。

## 2. 数据血缘关系管理的核心要点

在数据血缘关系管理工作中,有两个关键内容:数据任务的触发和依赖关系、数据在处理过程中的分析口径。数据任务的触发和依赖关系确保了数据处理的时序性和继承性,而数据在处理过程中的分析口径的管理则确保了数据的一致性和可解释性。两者共同构成了数据血缘管理的关键工作内容,对于维护数据的质量和价值至关重要。

数据任务的触发和依赖关系管理是确保数据处理顺序和继承关系的重要环节。在配置数据流任务关系时,需要明确上下游任务的触发和依赖关系,以及它们生成的周期实例数和依赖情况,以确保数据按正确的顺序进行处理。

分析口径的管理是确保数据一致性和准确性的核心。分析口径指的是数据的统计标准和计算方法,它直接影响数据的解释和使用。在数据血缘管理中,清晰的数据口径记录有助于跟踪数据的来源和加工过程。我们这里使用了分析口径,而不是通常的统计口径的说法,突出体现数智平台中解读式的数据开发方式。以语义为核心思想的数智平台,解读、推理重新生成新的语义描述数据的过程,不能够简单的通过跟踪字段的方式,标记出数据流的走向;而是需要在血缘管理和元数据管理中,能够进行清晰准确的说明描述。

元数据和数据血缘是数据治理框架的基石,元数据管理提供了数据的描述性信息,如数据的来源、结构和质量指标。数据血缘管理则追踪数据的起源、转换和流动路径。元数据管理更侧重于数据的描述和组织,而数据血缘管理更侧重于数据的流动和变化过程的追踪。元数据和数据血缘关系管理一静一动,两者互为补充,提供了数据体系的整体视图。

## 3. 关注非结构数据的形态变化

引起数智平台中数据血缘关系变得更复杂的原因,是非结构化数据在数智平台中,在各个阶段数据流处理环节中的数据处理过程以及数据形态的变化。数据血缘关系管理与第9章介绍的数据处理开发过程关系紧密。

如图 10-1 所示,在数智平台中,很多数据是在各个业务场景中各自生成的数据;尤其是非结构化数据,很多数据采集是借助传感设备和音视频终端等设备产生。这些数据往往不来自企业的业务系统,甚至不来自企业内部,因此数据生成的过程难以进行规范和管理,数据的资产化需要经过更多的处理过程。语义化、富化、规范化、结构化等一系列数据处理,很容易导致数据的紊乱。数据的流转和继承关系需要严谨的梳理和严格的管理。

第 10 章 构建数智平台:全形态数据体系的数据治理

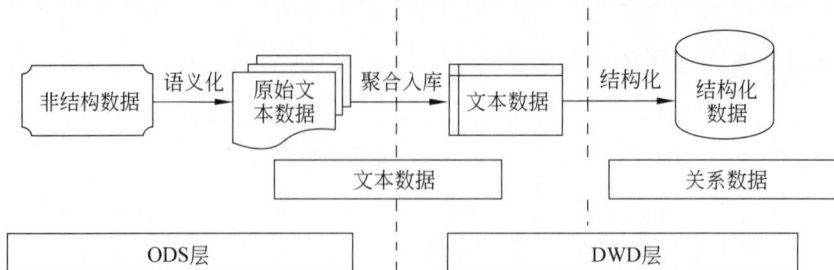

**图 10-1 非结构数据的形态变化过程**

与数据血缘关系管理比较紧密的是数据生命周期管理,两者在工作目标实现上互相支持。生命周期管理从数据的创建、存储、使用、修改、存档到最后的销毁,包括活跃数据、半活跃数据、历史数据的管理,确保数据在不同阶段得到适当的管理和保护,优化存储资源,提高数据使用效率。在一些企业中,数据血缘关系管理是数据生命周期的部分,在数据生命周期管理过程中,数据血缘关系中的每一次数据变化,都组织成一个数据阶段,来进行生命周期的管理。

# 10.5 数据质量管理

数据质量管理是数据治理中基础且重要的工作,可以说数据质量管理是数据治理所有工作中对数据价值影响最大的工作。经过多年的发展,数据领域形成了成熟数据质量管理体系的标准和方案。本节我们介绍关于数智平台在数据质量管理工作中,需要重点关注的问题。

### 1. 大模型的准确性是数据质量的基础

在数智平台中,文本数据作为各种非结构化数据的"代言",文本分析中的语义理解能力是数智平台最为关注的数据问题,理解的准确度决定了数据体系的可信程度和可用程度。这是数智平台使用文本数据作为数据双轮之一所特有的现象。

数智平台如此大规模和系统化的使用文本数据,如此重视文本数据的语义价值,所以数智平台首先要保证模型的理解和推理能力。大模型(或者其他预训练模型)语义理解的准确度是数智平台数据开发能力的关键和数据质量保障的基础。

在数智平台中,大模型不但是非结构化数据语义化的主要引擎,也是文本数据分析的主要引擎。保障大模型的准确度,主要从以下几方面入手。

（1）高质量的数据是模型质量的关键,尤其是业务相关的数据,对模型贡献极大。所以有意识的搜集和生产高质量的数据,是企业组织重要的工作。有意识的推动大模型的能力从行业垂直模型向企业专属模型和数据解析模型方向演进,增加大模型的专有知识和能力。

（2）强化大模型自身能力。选择合适的模型底座,合理的参数规模;微调、强化训练等方式提升模型能力。模型能力提升的速度很快,企业应该保持关注新的算法模型和技术发展,可以借助外围的辅助能力,为大模型提供有效支持。大模型通过 RAG 以及知识图谱能力的融入方式,也能够有效提升专业领域语义理解能力。我们在第 11 章大模型中进行进一步的介绍。

（3）提高全员使用大模型提示语的水平,强化团队使用大模型的能力。在进行提示语调优的时候,提前对数据进行语义分析会有很大帮助,比如通过分析词频、语义分布等方式,对文本数据进行整理、理解,能够对提示语的优化带来很大帮助。

（4）借助不同大模型的能力。通常的做法是提出同一个问题,让不同大模型（比如 GPT4 和 DeepSeek）进行回答和对比,筛选出不一致的问题,然后通过人工进行判定并给出合理的答案,用正确的答案来修正模型。但是要注意数据的隐私和安全问题,对训练数据进行脱敏处理。

（5）综合评估常规 NLP 方法、其他模型、语言学知识、基于规则的解析方式等,尝试有效的组合来提高语义解读和分析能力。

### 2. 常见数据质量问题来源

本节列出的问题,是数据体系的常见数据质量问题,现在企业的数据质量管理规范基本都能覆盖到,是数智平台全形态数据体系也容易出现的数据质量问题。

#### 1）多种数据来源

不同系统、部门或合作伙伴提供的数据可能存在格式、标准、精度等方面的差异。数据源的多样性导致数据整合和清洗变得复杂,容易出现数据冗余、冲突和不一致等问题。

#### 2）数据开发处理过程

例如在数据处理的 ETL 和 GTL 过程中,可能出现逻辑错误、代码错误或配置错误,导致数据失真或丢失。大模型进行语义分析和推理判断过程中,出现理解或者推理问题。

### 3）系统运行过程

系统故障、网络问题或人为操作失误可能导致数据丢失、损坏或错误。随着时间的推移，系统性能和数据规模的变化对系统调度产生的影响，也可能产生数据质量问题。

### 4）数据标准规范

数据体系中，数据标准规范定义的不清晰、标准对各业务模块和业务环节的兼容能力以及业务发展过程中数据标准规范跟进调整的及时性等原因，也都是导致数据错误或数据质量问题发生的原因，尤其是对于数据统计口径变化的管理这类情况，更容易出现数据质量问题。

由于文本数据大规模进入到数据体系中，按照我们的经验，在数智平台中容易出错并且对数据影响较大的有两个环节，一个是 GTL 的数据规范化过程，另一个是 GTL 的结构化过程。这两个过程整体上属于结构化数据和非结构化数据的中间转化环节，因此出现问题后，对结构化和非结构化两部分数据都会产生影响。

这类问题一般是由于业务的发展，出现了新产品、新场景、新流程或者业务发生了调整变化，数智平台对其解读分析出现了不准确的情况。这问题可以通过企业流程规范的完善来减少或者避免。

### 5）建立流程规范保障数据质量

除了上述技术方面的原因导致的数据问题，运营和管理过程也会引起数据质量问题。企业在数据治理工作中应制定一套完善的流程制度和规范，以确保数据质量的持续提升。这些制度和规范应涵盖数据质量管理的各个方面，包括数据收集与录入、数据存储与管理、数据处理与分析、数据质量监控与审计等，尤其是涉及数据格式转化、数据开发处理和口径定义等相关规范。

为确保数据质量，企业的流程制度和规范要能够落实执行。在企业日常运营过程中，数据的使用和发布流程没有落实到位的问题往往比较常见。即使是国内大型互联网公司，在其数据体系不成熟的早期，也都出现过类似的问题。没有在企业范围内落实好企业数据对指标口径的定义；不同业务部门之间望名生义，直接拿来就用；有的业务部门按照本部门的业务逻辑修改数据后，在业务部门之间传播，造成数据紊乱。这些不是技术上的问题，但也经常造成数据的准确性出现问题，往往还重复发生。

**6）建立数据稽核系统**

在数据体系的日常运行过程中，导致数据质量问题的原因是多种多样的，从技术到业务、从开发到维护、从规范到实施，所有的问题都可能在数据质量上体现。因此建立一个端到端的数据检测和稽核的系统是非常有意义的。

稽核系统可以分成两种类型的稽核内容，一种是任务监测，用于发现技术问题，包括任务失败情况、系统异常运营报警等；另一种是业务稽核，通过设定数据KPI，分析KPI的数据合理性来对数据体系进行检测管理。通过数据之间的数值关系，来分析判断数据任务的隐藏错误。

这对企业组织的数据能力有一定要求，要求组织具备较高的数据敏感性和业务熟悉度。有时候可以为数据质量稽核"创造"一些没有业务含义的指标，用来检测数据任务执行的情况。

# 10.6 数据标准管理

## 1. 数据标准管理的内容

数据标准工作是通过制定和执行一系列规范，确保数据的定义、分类、格式、单位、精度、含义等在数据体系和企业环境中保持一致性、准确性和完整性，促进数据的共享、理解和使用。随着数据体系的逐渐成熟，数据标准工作会逐渐从项目型工作方式向运营型工作方式转变，项目型工作数据输出数据体系硬性的标准与制度，运营型工作主要进行标准规范的修订以及对规范执行的保障工作。

**数据标准工作通常关注以下内容：**

确保数据标准中每个数据项的业务定义、技术属性和管理属性都清晰明确。基础性的技术类规范通常在数据体系进行规划设计的时候就开始制定：

数据定义相关的规范：数据字典、命名规范、对象与术语定义、指标定义等。

数据开发相关的规范：任务调度规范、数据开发规范、统计口径、代码部署等。

数据管理相关的规范：模型修订管理、数据存储管理、数据备份管理、数据版本管理等。

系统管理相关的规范：数据共享标准、数据访问标准、系统维护标准、安全与审计标准等。

除了以上明确的标准规范,柔性的数据工作的流程规范也是数据体系重要的组成,长期来看反而是这些柔性标准决定着企业组织的数据化程度和能力,企业数据体系运行的时间越长,企业对数据标准规范的依赖越大。这些柔性的包括且不限于:

**数据标准的适用性**:数据标准应适用于企业的所有相关业务系统和数据交换场景。

**数据标准的流程与维护**:确立企业关于数据标准的流程与制度,数据标准需要定期更新和维护。流程标准的执行需要有力的组织保障和制度支持来确保。

**数据标准的培训和宣传**:提高全员对数据标准的认识和理解,确保数据标准的广泛接受和应用。

**数据标准的合规性与适应性**:确保数据标准符合相关法律法规和行业标准,以及满足企业的发展变化的相应工作要求。

### 2. 数智平台重点关注的标准与规范

前面介绍了通常的数据标准工作的内容,以下列出了数智平台中与数据标准相关的需要给予重点考虑的内容,企业应该围绕以下内容制定相关的规范与标准。

(1) **大模型训练与微调数据管理标准**:用于企业训练和优化大模型,保证模型的健壮性和准确性。这是解读式数据开发的基础保障。

(2) **大模型的开发规范**:包括大模型的语义化、文本数据的解读式开发、决策推理三个主要应用环节的开发规范,以及与大模型相关技术的开发规范,如 RAG 技术、企业知识库数据管理等。

(3) **模型数据开发规范**:企业级模型训练需要的高质量数据,需要企业对重要的业务数据进行标准化,用于强化大模型的能力。例如,生成标准问答格式数据的规范,用于微调大模型。

(4) **提示语规范标准**:对大模型交互和数据生成的管理要求,包括输出格式、输入要求、外部数据引入和变量管理、各数据处理阶段提示语的存储和修改流程等。

(5) **非结构化数据语义化的标准**:使用大模型解读非结构化数据的语义化要求,包括针对每种原始数据类型,针对每个业务场景以及场景分离的提取内容和要求等。

(6) **对数据流处理过程的规范**:尤其是在 GTL2 数据处理环节中,数据规范化和数据富化两个数据处理过程对数据处理后的数据格式的要求,都应该在数据标准规范中进行约定。

(7) **非结构化数据资产管理**:企业对原始的非结构化数据的存储管理要求,满足对语义化工作、对模型训练、对数据长期有效管理的要求。这些原始数据也是企业进行 AI 场景应用模型训练的主要数据来源,为数据标注工作提供数据。

（8）**文本数据开发流程规范**:文本分析中对于任务管理、大模型调用、输入输出等开发过程的要求。

### 3. 文本数据重点关注的标准与规范

**1）数据定义与分类标准**

明确文本数据的定义、范围及类型,如用户评论、企业内部文档等,确保各方对数据描述的业务对象和术语有统一的理解,遵循企业规范、行业标准或者行业最佳实践。包括但不限于:

（1）**编码标准**:比如统一采用 UTF-8 等编码标准,避免字符乱码问题,确保文本数据的准确性和可读性。

（2）**标准词库**:建立和维护一个标准词库,包含行业术语、专有名词等,确保文本分析过程中词汇的一致性和准确性。

**2）数据预处理标准**

（1）**文本清洗规则**:定义如何去除无关的文本元素,如 HTML 标签、特殊字符等。

（2）**数据转化规则**:规范文本转换过程,比如将所有文本转换为小写,是否去除标点符号,特定符号转化等。

（3）**分词标准**:针对中文等语言,制定分词标准,包括分词算法、词典选择等,以提高文本分析的准确性和效率。

（4）**去噪标准**:规定去除文本中的噪音数据（如广告、无关信息、错别字等）的方法和标准,以提高数据质量。

（5）**文件格式**:规定文本数据的存储格式,如 TXT、CSV、JSON 等,确保数据在不同系统（如 HDFS 和 ES）和平台间的一致性和可移植性。

**3）文本元数据定义**

明确记录数据的来源、收集方法、数据类型、数据范围和数据处理任务相关的业务规则,如:

（1）**元数据字段**:定义用于描述文本数据的元数据字段,例如标题、作者、生成时间、来源等。

（2）**数据格式定义**：文本数据在数智平台各层中组织格式要求和内容要素要求等。

（3）**语义化内容要素定义**：比如场景分离分类过程中对内容提取的要求、面向需求开发的语义要求和提示语要求等。

（4）**文本数据生成逻辑**：在 GTL 的分析运算各环节，数据是如何被解读、理解，并重新归纳生成的。

# 第11章　企业大模型落地方法论

数智平台中解读式的数据运算和分析方式,需要使用大模型的推理分析能力,大模型是数智平台中最重要的运算引擎。由于数据的业务性、专业性以及数据安全性的重要性,企业数智平台通常会使用本地化的行业模型来进行数据运算。因此,企业具备大模型落地能力是非常重要的,我们在本章介绍大模型在企业落地的一些重要议题。

本章我们主要介绍大模型在企业落地的评估、规划等落地决策方面的内容,这些内容对企业本地化大模型早期的规划、判断和决策非常关键。这些经验和数据很少能够在技术书籍资料中获得。

我们已经对多个企业进行了大模型的落地实践和规划辅导,我们和企业一起看到了大模型带来的价值,过程中也发现绝大多数企业当前还没有整体的评估和规划能力。本章,我们主要介绍企业如何对大模型落地进行评估和规划,如何设计大模型落地的部署方案,企业在大模型落地过程中的常见问题与避坑经验,以及企业如何充分有效地发挥大的能力。

## 11.1　大模型的部署方式

当前关于大模型能力的引入有两种模式:调用平台厂商的大模型和本地化部署大模型。

### 1. 调用平台大模型模式

因为平台大模型厂商具备较大的算力和数据体量,模型参数规模较大,因此通用模型的通识能力和泛化能力较强。一般情况下,企业只需要在大模型上做提示语的精调,或者通过RAG强化行业、专业能力就可以满足企业基础需求。通用大模型具有广泛的适用性和良好的性能,随着技术的不断进步,通用大模型通过增加参数、优化数据与算法结构和改进训练策略等方式,进一步提升其精度和泛化能力。一些大厂也开放了模型微调的功能,通过上传数据的方式在大模型的基础上进行微调,以适应特定任务的需求。通用大模型厂商也正在考虑推出面向具体行业的行业大模型,使模型的能力侧重在某些行业领域的方向上。

### 2. 本地化部署方式

调用平台厂商大模型的方式,企业的投入较少,运维管理简单,企业能够快速引入大模型智能能力。但是调用平台厂商的大模型最大的问题在于企业的交互数据需要传出企业。考虑到数据安全和信息安全的问题,企业通常会考虑大模型本地部署的方案。

高准确性要求也是本地部署私有化大模型的重点关注问题。在一些严肃场景,对大模型专业能力要求比较高的场景下,采用在通用大模型的基础上进行优化提升的方式,可能会达不到这些行业应用场景的准确度要求。例如,在医疗行业,需要处理的数据和任务具有高度的专业相关性和复杂性。特定的行业、企业甚至具体场景,需要更加精细化和专业化的模型来应对。这时候需要专门训练垂直行业的行业模型,以适应特定行业的特点和需求。

在2023年下半年到2024年初的半年时间,我们完成了一个医疗健康问诊的垂直行业大模型,基于开源模型从底座开始训练垂直行业模型,模型的诊断结果和专业药师团队的诊断一致率达到了99%。这个数据超出了我们的预期,使我们深刻认识到大模型的应用落地代表着人类进入了一个新的智能阶段。

在这个医药健康咨询大模型的定制化训练之前,我们测试了包括GPT4在内的国内外多款模型,在实际场景中测试的结果,都不能达到应用场景的要求。GPT4测评效果最好,但也只有92%的一致率。经过我们评估后,决定从底座开始训练这款医药健康模型。最终模型的回答准确率达到非常好的效果,与执业药师团队的一致率达到99%。当然,企业为此投入了数百万的资金。

除了安全性的问题,调用平台模型的方式在与企业信息系统的集成以及大模型与特定行业的知识和数据的深度融合、快速迭代方面也存在不足。对企业技术系统快速智能化升级的响应速度,也不如本地团队自主训练更为高效。另外,随着大模型使用的规模化增长,调用方式的性价比优势也会逐渐下降。

本地方式的一个重要评估因素,就是对本地化部署的资金投入ROI的评估,以及企业整体获益程度的评估。开源氛围为企业大模型落地带来了成本较低的技术方案。大模型降低了人工智能的技术门槛,企业应该重新规划和升级原有的智能化转型方案,融合大模型的能力作出新的、具有更高的性价比的规划。随着大模型技术的快速发展，大模型落地的性价比仍然在快速提升中，DeepSeek 的出现，加速了这一进程。

目前这两种技术路线各有优缺点，并且也都在快速发展中，企业如何选择落地方案，需要根据自身情况做出评估。考虑到企业通常会有行业与专业性的要求、大模型与数据体系深度融合的角度等原因，如果条件允许，我们推荐使用本地部署的方式。

### 3. MoE 的混合模式

企业在本地部署大模型的时候，可能会根据需要，采用更为复杂的部署架构甚至多模型协同工作的方式。MoE(Mixture of Experts，混合专家)架构模型就是引起广泛关注的一种架构，它通过集成多个"专家"模型来共同解决一个复杂任务，提高了模型的表达能力和灵活性。它将多个独立的专家模型组合起来，这些专家模型通常按照需求场景，针对数据的不同子集进行了专门化，如图 11-1 所示。

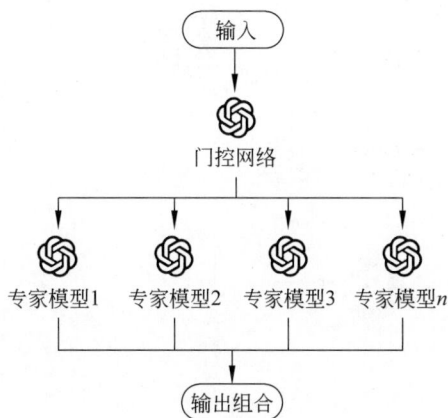

图 11-1　MoE 架构模型

在我们的数智平台中，语义化场景强调解读能力；数据处理场景强调文本分析能力和行业的业务能力；智慧决策场景强调推理能力和专业的领域知识。

(1) **输入处理**：输入数据首先传递给门控网络。

(2) **门控网络**：门控网络根据输入数据的特征计算出每个专家被选择的概率。

(3) **专家处理**：每个专家处理输入数据，并产生输出。在数智平台中，专家模型不一定是大模型，可以是其他算法模型、知识图谱、规则库等，或者是大模型和以上的组合。

（4）**输出组合**：根据门控网络给出的概率，组合器将各个专家的输出加权平均，形成最终的预测结果。

实现 MoE 架构存在一些困难和挑战，包括训练阶段的泛化能力不足、推理阶段的内存需求高、设计与实现上的高复杂度、应用场景的局限性以及技术与资源的限制等。

## 11.2　大模型的私有化方式

企业在量身定制企业级大模型的时候，可以根据对模型能力的要求和综合成本，采用不同的定制方式，或者不同方式的组合，大模型私有化定制方式，如图 11-2 所示。

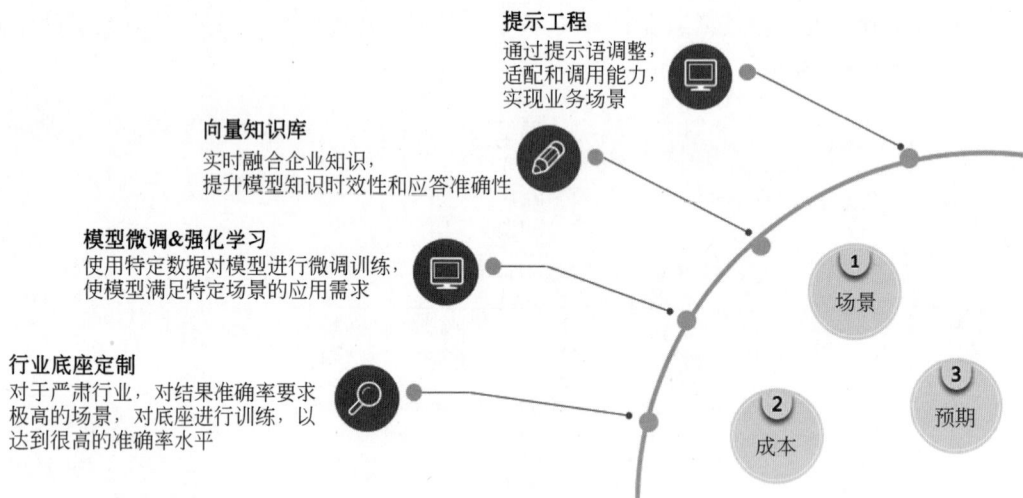

**提示工程**
通过提示语调整，适配和调用能力，实现业务场景

**向量知识库**
实时融合企业知识，提升模型知识时效性和应答准确性

**模型微调&强化学习**
使用特定数据对模型进行微调训练，使模型满足特定场景的应用需求

**行业底座定制**
对于严肃行业，对结果准确率要求极高的场景，对底座进行训练，以达到很高的准确率水平

1 场景
2 成本
3 预期

图 11-2　大模型私有化定制方式

**1）提示语优化**

精心设计输入给大模型的提示语（Prompt），以引导模型产生更符合预期的输出。提示语可以被视为一种控制方式，用来指导模型生成特定类型的文本或执行任务。

**优势**：提示语优化使得用户能够在不改变模型的情况下调整输出，更加灵活。可以针对特定任务进行优化，使模型的表现更加专业；不需要额外的计算资源来进行训练，成本非常低。

**挑战**：提示语的设计有一定难度，可能需要领域知识和经验，提示语的设计需要多次尝试和验证。

另一个挑战是模型生成的结果,有时难以泛化到其他未见过的数据。这一缺点源于提示语设计的局限性、模型训练数据的有限性等因素。

在 AI 模型中,提示语(Prompt)是给模型的指令或者问题,优化这些提示语可以让模型更准确地理解我们的需求,并给出更好的回答。通过明确意图、使用简洁的语言、提供示例、结构化提示、强调关键信息的方式帮助大模型进行更好的问题构思和分析,让大模型更好地理解提出的问题。简单地可以理解为对问题的启发提示和对任务的明确要求。

**2)RAG 方式外挂知识库**

RAG 模型结合了检索机制和生成机制,通过检索相关知识并结合生成任务来提供更准确的回答。

**优势**:能够访问外部知识库,为模型提供额外的信息源,增强模型对特定问题的回答能力。问题迭代周期短。

**挑战**:需要有效管理和检索大量的外部知识,同时保持生成内容的连贯性和准确性。需要企业对知识管理具备一定的能力。

RAG(Retrieval-Augmented Generation)模型在生成回答时,不仅依赖自身的知识,还可以实时地检索外部知识库来提供更准确的信息。比如,一个法律咨询的 AI 模型可能会在回答问题时查找相关的法律条文。也可以简单地理解为以开卷考试的方式来回答问题。

**3)在通用大模型上微调**

使用通用预训练模型,并在此基础上通过特定行业的数据进行微调,以适应对特定行业或领域的需求,例如汽车制造、临床医学等具体领域。

**优势**:可以利用通用模型强大的语言理解能力,并针对特定行业进行优化。

**挑战**:需要平衡模型的通用性和行业特定性,避免过度拟合特定数据集,确保模型既能处理广泛的数据类型和任务,又能针对特定行业的需求提供精确和有效的解决方案。

我们先有一个通用的模型,它已经能够处理各种基础任务,然后我们用特定行业的数据来进一步训练它,让它在这个领域表现得更好。在实践中需要注意专业数据的数据量、数据的质量与合规性等问题,确保模型既具备广泛的应用能力,又能在特定行业场景中表现出色。简单地可以理解为考前强化辅导学习。

**4）训练垂直行业模型底座**

直接使用特定行业的数据，从底座开始训练模型，从而让模型学习到该行业的特定语言和术语。

**优势**：能够使模型更加专注于特定行业的语言模式和数据特征，提高在该行业的任务性能。

**挑战**：需要大量的行业特定数据，训练时需要考虑一定通用性和泛化能力，结合日常的通识数据。实现代价相对较高。

在这个过程中，训练一个模型来特别擅长处理某个行业的数据和问题。比如，如果我们要处理医疗数据，我们可能会用很多医疗记录和病例来训练这个模型。简单地可以理解为专业学习。落地垂直模型的关键是数据问题，包括：数据质量、多样性、数据量、预处理、标注以及隐私与安全等关键问题。

以上提到的几种私有化方式各有特点，可以单独使用，也可以组合起来使用。在实际应用中，企业可能会根据自己的需求和资源，以及费用预算，选择最合适的方法或者方法组合，来提高大模型在特定行业的能力输出。

## 11.3 大模型落地的实践参考

在和企业的交流中，企业方都对大模型表现出了很高的兴趣，但是企业也非常关心大模型落地的可行性和综合成本。目前市场上能够为企业全面实施大模型落地的团队较少，导致企业很难找到有经验的团队给出合理的评估。本节给出了一些我们在实践过程中的经验。因为各个行业领域以及模型的要求不同，**本节给出的经验数据，不能适合所有企业的具体情况**，但是可以给出一些经验和参考，帮助企业负责人形成基本的概念。

大模型在企业落地要进行如下关键项目的评估，见图 11-3。

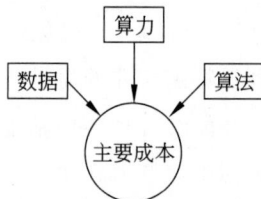

**图 11-3　大模型落地的关键项目**

人工智能时代的数据体系：构建以语义为核心思想的数智平台

## 1. 数据评估

人们通常会说大模型是大数据量的暴力运算形成的。大模型的训练需要大量的数据，但是有一个关键的问题需要明确，这里所说的大量数据，并不是企业大数据中心已有的，存储在数据库表中的数据。在我们训练行业模型的过程中，企业有 10G 的结构化数据，对大模型的作用不大，但是企业如果有 10G 的行业知识、规范，或者专业书籍资料等，那将对模型能力提升有很大的价值。

大模型是由内容数据训练而成，例如大语言模型需要大量的文本数据来训练。最好的训练数据是书籍、资料、文档等可信度高的文本文字数据。

如果企业需要 RAG 方式进行模型增强，则需要企业具备知识库、知识图谱等相关数据，知识尽可能全面地覆盖业务流程。

在我们以 LLaMA（Meta 公司开源的大模型）为基础训练垂直行业大模型的时候，大致有以下数据量需求的经验。

- 如果企业需要在开源通用模型上做微调，则需要企业有大量经过验证的问答对（问题和答案对）数据，数据量以万组为单位，比如 10 万组。
- 如果企业需要在开源模型上训练行业模型，就需要在开源通用的模型上增加行业领域相关数据，数据量以 10GB 为单位，比如 30GB。
- 如果企业需要重新开始训练中文的行业底座模型，就需要大量的通识数据，通常数据量至少从 500GB 起，以 100GB 为单位增加，效果比较明显。

底座模型要考虑通识数据的多样性，同时也要兼顾目标行业的行业特性。还以健康方向的大模型为例，数据内容涉及的不仅仅是健康医药相关内容，还要兼顾日常生活相关的内容，比如旅游、体育、饮食、健身等内容的数据。与目标行业跨度较大的领域的数据，数据搜集要少一些，比如机械制造、航空航天相关的数据。这些数据与大健康领域的关系较远，就比日常生活相关的数据比例要求要少。

以上相关数据的分布和占比，没有非常精确的比例关系，这取决于目标行业的相关性、模型的场景要求、数据的重复情况等因素。但是以上的数据集是大模型的知识来源。

在数据方面，我们要强调的是**数据质量对于模型的效果非常重要**，大模型的学习过程高度依赖于所使用的训练数据。数据的正确性直接影响模型的准确性，还直接关系到模型的安全性、公平性和可信度，保证数据的质量是至关重要的一步。

## 2. 算力评估

具体算力要求,首先与大模型参数的规模直接相关。以目前对大模型的应用和评测效果来看,建议企业使用 13B 参数以上的模型,最好是 30B 参数以上的模型。13B 的模型能够有一些的推理能力,30B 规模参数的大模型能够有一定的推理能力。参数规模越大模型推理能力越强,但是算力消耗也越大。

**注**:需要关注的是大模型的小型化是当前人工智能领域的一个重要趋势,它旨在在保持模型性能的同时减少模型的尺寸和算力需求。

算力的评估,需要综合考虑模型参数规模、数据量、时间要求等因素。一般来说,重新训练一个行业大模型,在数据基本齐备的情况下,结合投入的经济性需要算力可以按照这样的方法粗略估算:百亿参数需要几十张 GPU 卡。通常一个行业模型是几百亿参数,例如 13B 是 130 亿参数,30B 是 300 亿参数。

在当前的技术程度下,我们在实际的项目中训练一个垂直的语言模型,不同的行业模型大概需要 4~8 台服务器,每台服务器 8 张 A800 卡。其他型号的设备,读者可以类比推算算力需求。训练一个视频模型大约需要 2560 TFLOPS FP16 算力(使用 8 张 GPU 卡,每张卡 320 TFLOPS FP16 算力),需要大约 7 天的时间来完成一轮训练。一般需要训练大约 6 到 8 次能够找到一个比较满意的模型。

**注**:FP16 指的是半精度浮点数(Float16),它是一种使用 16 位(2 字节)来表示浮点数的数据格式。TFLOPS(Tera Floating-Point Operations Per Second)是衡量 GPU 计算性能的一个重要指标,表示每秒可执行的浮点运算次数。"320 TFLOPS"意味着该 GPU 每秒可以执行 320 万亿次浮点运算。

如果只做微调训练,可以选择部分参数而不是全参训练,所需算力就可以减少。当然服务器越多训练一轮时间就越短,但是企业要综合评估算力费用和时间周期长带来的费用。时间上,一般微调模型可能会是两个月左右;底座训练时间周期在半年或以上。

## 3. 算法与人员

能够进行大模型微调的人员,经过学习可以进行大模型底座的训练。训练一个垂直行业大模型底座,一个精简的配置可以是:2~3 名模型训练人员,2~3 名数据处理人员,2 名以上的熟悉行业的专业人员。根据数据需求量和数据质量的不同、业务场景的复杂度不同,数据处理人员和业务专家可以按比例增加。

模型训练人员同时能够完成模型的部署、维护和迭代训练工作;数据处理人员负责数据采集、清洗等工作;目标行业的专业人员负责与数据处理人员一起进行数据质量保障工作,同时也合理安排工作计划,对每轮模型训练的结果进行评测。

这里给出的是一个精简的人员结构。人员的数量和组成会由于人员的经验和技术能力,以及对模型的要求有一定的变化。

### 4. 成本估算

一般来说,在企业的数据相对比较完整,数据质量可靠的情况下,按照目前大致的技术市场情况来看,如果企业采用开源模型加 RAG 的方式,不进行模型的微调优化,实施成本大约是十万元;如果企业需要微调大模型,费用是几万~几十万元;如果企业需要训练一个企业级的行业大模型,费用在几十万~几百万元。以上费用估算也会根据时间周期要求、数据情况、人员情况等因素有一定的差异。

算力费用的评估主要有模型训练的算力和模型推理应用的评估两个方面。在模型训练的评估方面,按 2024 年市场价格,一台 A800 的费用在每月 5~6 万元。训练周期视数据情况、算力情况和模型要求而定。

**注**:近年来,芯片制造技术取得了长足的进步,发展迅速。2024 年 6 月份 Etched 推出了自己的第一块 AI 芯片 Sohu,一台集成了 8 块 Sohu 的服务器可以匹敌 160 块 H100 GPU。就是说 Sohu 的运行速度是 H100 的 20 多倍。

国内对于半导体行业的研发投入持续增加,特别是在 AI 芯片领域。不仅促进了技术创新,还加速了产品迭代的速度,降低了生产成本。尤其是为了应对全球供应链的不确定性,中国正在加快国产芯片的研发和生产,以减少对外部技术的依赖,我们有理由相信算力成本能够进一步降低。

因此企业在评估算力费用的时候,需要考虑当时的技术和费用情况,整体上算力成本呈现显著下降的趋势。

在大模型的推理应用方面,由于模型小型化技术的快速发展,蒸馏、量化、剪枝等技术都能够在精度损失不大的情况下,对大模型进行瘦身。谷歌开源的 Gemma 2 的 2B 参数版本,可以在个人计算机上甚至手机上运行,效果却能达到十倍参数的模型能力,性能也达到了GPT3.5 的程度。大模型正逐步走向"智能终端侧",国内外一些厂商纷纷宣布加速推进大模型在移动终端上的部署。

大模型轻量化的趋势也使得企业的算力成本支出的难题能够逐渐解决。

总体上，大模型的算力成本的变化是非常大的，芯片技术和模型技术的突破，会在某一个时间点出现断崖式的下降。这里我们为企业提供一个大致的介绍。作为一项重要的费用支出，本节内容对企业的评估和决策非常必要。

**5. 其他重要评估**

除了以上关于落地的重要评估，企业还应该做其他的分析和评估，包括但不限于：应用场景规划、投入产出分析、技术储备与团队资源分析、风险分析、系统集成能力分析、扩展性与灵活性分析、人才培养与团队建设分析等等。

# 11.4  设计灵活扩展的架构

人工智能技术在快速发展，企业需要通过合理计划和科学的系统规划等，降低未来可能出现的风险。

大模型技术日新月异，例如，Mamba 架构采用了选择性状态空间模型（Selective State Space Models，SSMs）来改进传统的状态空间模型。Mamba 架构提高了序列模型的效率和性能，特别是在处理长序列数据时表现出色。

我们在进行数智平台的架构设计时，通过功能模块和接口的方式进行隔离。我们需要的是一种预训练的智能模型，无论大模型技术如何进步，如出现了超越 Transformer 的更好的算法模型，我们只需要替换升级系统已有的算法模块，即可引入更好的模型能力。

企业做好数据搜集和数据质量管理工作，新的算法出现后，我们用高质量的数据重新训练，就可以获得更好的模型效果。现在技术已经证明，单纯增大模型参数和数据量，不是提升模型能力的唯一方法，提升数据质量至关重要。

企业级技术系统，需要考虑稳定性和适用性。技术能力够用、可扩展就好，企业不是技术实验室，不是必须使用最新技术。例如，在数智平台中，我们优先使用大模型的解读和分析推理能力，但是在特定的场景应该考虑更合适的技术。

某些特定的环境下，使用传统 NLP 技术，有较强的可解释性，可能更合适。某些情况下，基于规则的逻辑运算更合适。

## 11.5 大模型能力管控原则

本节的内容对企业引入和落地大模型的能力非常重要。

对大模型的能力管控,是大模型在企业落地并嵌入业务流程中非常重要的原则。大模型目前存在"幻觉"现象,由于大模型底层基于概率统计的原因,它并不是真正的理解掌握知识,所以当前大模型在根本上是**不知道自己不知道的**。它只是基于训练数据的获得的权重关系给出所谓的"判断"。

一方面,技术上通过 RAG、微调等方式,强化大模型专业领域的业务知识,强化大模型作出正确推理的能力。更重要的是企业在引入大模型能力的时候,给大模型定义角色,**确定工作范围和边界**,就像给人明确职责范围一样。而不让大模型处理范围边界之外的工作,这也是垂直行业大模型的能力落地原则,即让大模型去完成它指定职责的工作。

行业大模型被训练用于解决具体行业、具体场景的问题,它不像通用大模型那样具有广泛的知识面。超职能的工作可以采用跳转人工的方式处理,也可以采用另外的大模型或者智能体来进行处理。解耦拆分大模型的能力,能够让业务流程更平滑可控。

例如,在某健康咨询的大模型工作流程中,通常客户会咨询健康相关的问题,但是有时会有客户咨询订单状态或者物流节点的信息,实际上这是健康顾问和客服两个职能的工作。试图用一个模型解决所有的问题,会让模型的训练和大模型落地变得复杂且容易出错。

当前大模型仍然是具备一定"判断能力"的数据算法,是一个算法技术的模型,不具备通用智能的能力,不具备自主学习和进化的能力。大模型这个"人"不具备工作职责的边界意识,对于超越自己职责和能力范围的工作,他也会"热心"地去做。不加管控限制,会有很大出错的概率,大模型的能力输出要在流程控制的范围内进行。

## 11.6 规划大模型落地场景

大模型的能力已经得到人们的普遍认可,大模型将成为企业重要的生产能力和竞争力。2023 年是大模型元年,2024 年是大模型应用落地元年。大模型能解决什么问题,也就是大模型的落地场景是企业目前已经开始思考的问题。企业对这个问题的思考实际上反映了企业在思考如何进行智能化升级转型的问题。目前市场上已有了一些智能应用的落地场景，例如智能客服、PPT 助手等。

我们总结了一个关于企业大模型落地的框架，辅助企业根据自己的行业和业务特性，以及当前的阶段来进行整体的思考，大模型能够为企业提供哪些价值。根据分析框架，指导企业可以从整体的视角，来分析大模型对企业如何赋能。企业可以按照这个框架来分析和梳理，也能够对大模型的能力输出，有一个完整的认识。

大模型作为当前最前沿的人工智能技术，大模型的落地场景的分析框架，也可以延展为企业智能化转型升级如何落地的分析框架。

大模型在企业落地的 5 个场景方向，如图 11-4 所示。

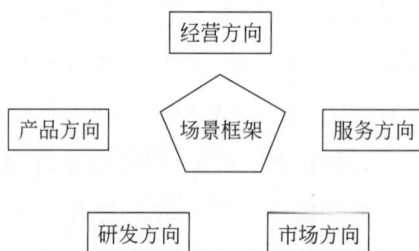

图 11-4　大模型落地场景框架

## 1. 产品方向

- 新产品、新市场、新产业。企业如何借助智能技术，研发新产品，提升产品竞争力，开拓新市场。例如：基于大模型的健康问诊、法律顾问等等。

- 交互类升级，利用大模型与人的自然交互能力和知识储备，开发新的产品或升级现有产品，提升产竞争力。例如：智能音箱、智能穿戴等。

- 效果类升级，企业利用大模型的能力，提供设计服务、效果服务等能力。例如：智能输出装修的效果图、智能换装体验、智能化妆效果呈现等。

## 2. 研发方向

- 在智能制造方向，大模型通过其强大的数据处理能力和学习能力，为智能制造提供了全新的技术支撑。这些模型能够处理海量的工业数据，生成复杂的代码，构建全面的知识图谱，从而赋能智能制造的各个环节。

- 在内容生产方向，AIGC 正在快速发展，大模型可以自动化生成代码、文案课件、教材、出版物，Sora 能够通过模拟物理世界的方式生成视频。大模型会对内容生产领域带来革命性的颠覆。
- 研发赋能是大模型的另一个重要应用，它可以通过数据分析支持新药、新品的研发过程。例如：AlphaFold 3 能够准确预测蛋白质、DNA、RNA 以及配体等所有生命分子的结构及其相互作用方式。
- 安全监控方面，可以利用多模态大模型同时处理视频图像和声音数据，更全面地识别潜在的安全隐患，而且大模型在自然语言处理和知识生成方面的优势，为员工安全教育与培训提供了新的途径。

### 3. 市场方向

- 大模型对数据体系的升级与重构，能够使企业数据驱动业务运营的能力上升一个台阶，是企业数字化转型和智能化升级的主要推力。
- 大模型在市场营销领域的应用非常广泛，它可以分析市场数据，帮助企业更好地理解消费者需求，制定有效的营销策略。
- 在私域营销中，大模型可以通过个性化推荐和自动化营销活动，提高客户忠诚度和转化率。自动外呼和私域 SOP(Standard Operating Procedure，标准操作程序)主动营销也是大模型的应用场景，它可以提高营销活动的精准度和效率。
- 大模型可以用于自动化生成内容(AIGC)，在营销自动化方面发挥作用，如自动生成营销文案或广告。
- 在自动标签和广告优化方面，大模型可以通过分析用户行为和反馈，优化广告投放策略。

### 4. 服务方向

- 在产品市场方向，大模型可以用于开发智能客服系统，通过自然语言处理技术提供高效客服。
- 通过对大模型进行针对性的行业知识的训练，大模型具备的能力还可以为客户提供专业咨询服务。
- 在个性化服务方面，大模型能够根据用户的行为和偏好，提供个性化的服务，提升客户体验。

第 11 章　企业大模型落地方法论

### 5. 经管方向

- 数据运营与决策支持是大模型重要的能力输出方式,它可以处理和分析大量业务数据,帮助企业做出更加精准的业务决策。

- 内部办公应用方面,如在撰写和复核合同方面,大模型可以自动化合同内容的生成和审核工作,提高效率并减少错误。制作PPT,起草公文、邮件,整理会议纪要等日常办公协助也是大模型非常擅长的。

- 知识管理是大模型的落地场景之一,通过构建企业知识库,大模型可以帮助企业更好地管理和利用知识资产。

大模型在企业落地的5个方向中,通过其强大的数据处理和分析能力,能够帮助企业提高效率、降低成本、增强决策质量、优化产品和服务,最终实现业务增长和价值创造。企业在思考大模型能做什么的时候,结合企业的发展规划和业务痛点,按照这个大的思考框架进行细化梳理。

本节我们提供了一个分析大模型如何为企业智能化升级赋能的分析框架。大模型在企业中落地的具体场景和功能,根据企业所属行业以及企业的实际情况的不同,其重要性和紧迫性也不同。

# 第四篇

# 数智平台与企业数智化

企业利用数据和智能技术进行数智化营销和数智化运营，提升业务能力并实现数智化转型，是智能时代企业构建数据体系的根本目的。

在数智化营销部分，详细论述了营销理论与数据之间的紧密联系，并介绍了在智能时代和新商业环境下，营销理论如何与数智化技术相互融合、赋能企业发展。我们提出了新商业场景下的营销数据模型——SPCC 模型，旨在为企业数智化运营提供框架指导，助力企业商业活动更好地适应当前"营运一体"的商业环境新要求。在数智化运营部分，我们介绍了数智平台如何在新商业场景下，以数据产品或数据功能的形式赋能企业，提升企业的运营效率和竞争力。在数智化转型部分我们阐述了数智平台在企业的业务数智化中的关键作用。

# 第12章 数智平台与数智化营销

数智平台的商业化应用,是其核心价值的体现,是数据智能产生商业效益的过程。

## 12.1 营销理论的发展与基本商业结构

### 1. 营销理论的发展

"现代营销学之父"菲利普·科特勒在数十年的著述和研究中,将商业中最核心、最本质的变化,通过市场营销的时代特征,进行了分析和总结。依据不同时代、不同的市场特点,菲利普·科特勒先生从市场营销的角度,将商业发展的代际划分为五段,商业发展的不同时代特征,如图 12-1 所示。

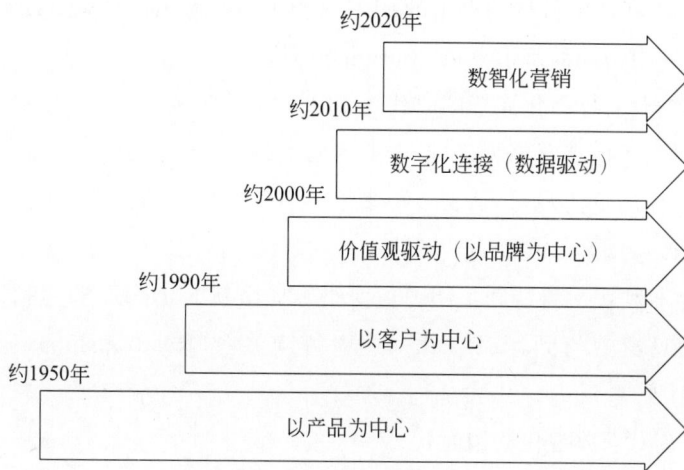

**图 12-1 商业发展的不同时代特征**

（1）营销 1.0 时代：以产品为中心的时代。

这一时期的营销以产品为中心。企业关注的是如何生产高质量的产品，并假设消费者会自然地被这些产品吸引。营销活动主要集中**在产品特性和制造工艺的宣传上**。

经典模型：由杰罗姆·麦卡锡提出的 4P 营销理论，它主要包括四个核心要素：产品（Product）、价格（Price）、渠道（Place）和促销（Promotion），对后来的营销理论产生了深远影响。

（2）营销 2.0 时代：以消费者为中心的时代。

随着生产力水平的提升，产品的极大丰富，市场竞争加剧，营销从产品推广转而开始关注"更好地了解消费者的需求和偏好"，营销策略开始围绕消费者展开。

经典模型：由罗伯特·劳特伯恩提出的 4C 营销理论，是对 4P 理论的补充和发展。它包括客户（Customer）、成本（Cost）、便利（Convenience）和沟通（Communication）四个基本要素。

（3）营销 3.0 时代：价值观驱动的营销。

互联网的出现和数字技术的发展极大地改变了营销实践。"消费者"被还原成"整体的人"、"丰富的人"，而不再是以前简单的目标人群；把消费者从企业"捕捉的猎物"还原成"丰富的人"。

经典模型：由菲利普·科特勒提出的 3i 品牌模型，包括：品牌标志（Brand identity）、品牌道德（Brand integrity）和品牌形象（Brand image）构成。

（4）营销 4.0 时代：数字化连接的时代。

以大数据、社群、价值观营销为基础，企业将营销的中心转移到如何与消费者积极互动，尊重消费者作为主体的价值观，让消费者更多地参与营销价值的创造，洞察与满足数字化连接点所代表的需求，帮助客户实现自我价值。

典型模型：由菲利普·科特勒集团曹虎博士等提出新的 4R 模型，包括：客户画像与识别（Recognize）、信息覆盖与到达（Reach）、建立持续关系（Relationship）、实现交易和回报（Return）。

（5）营销 5.0 时代：数智化营销时代。

在科特勒《营销革命 5.0：以人为本的技术》提出的营销 5.0 结合了营销 3.0 的人文精神和营销 4.0 的技术赋能，提出"类人技术"赋能企业增长的时代。当前大模型的出现和发展，标志着我们开始进入到强智能时代,技术在营销中的作用更加突现。其中典型的理论有吴声先生提出的"场景营销"等。

## 2. 商业的基本结构

尽管我们已经进入数智时代,新的商业场景形态不断涌现,但是按照微观经济学商业的"价值理论",这些商业模型依然遵守由企业产品侧(供给侧)、市场渠道(市场侧)、客户侧(需求侧)构成的基本商业结构,商业的基本结构图,如图 12-2 所示。

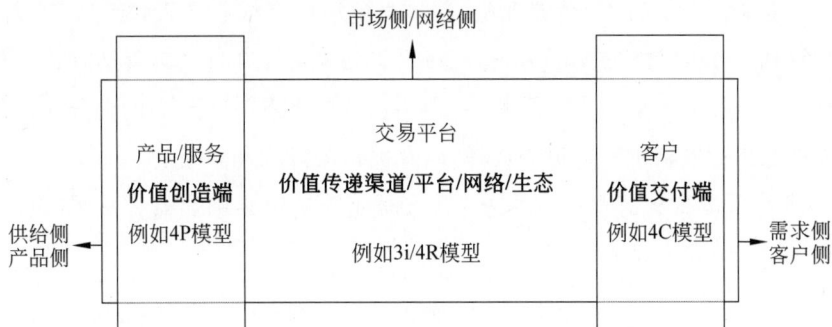

**图 12-2  商业的基本结构图**

从基本的商业结构中,我们可以看到当前新商业场景环境下,市场营销的重点,从技术(要素)驱动的产品创新,走向了客户需求驱动的客户价值管理,从实体的交易渠道升级到了网络化的线上商业模式,从数字化走向了数据智能。

- **产品侧**:包括产品和服务,是企业最终提供给客户的交付物,其质量、创新性、性价比等直接影响客户满意度和市场竞争力。在各营销理论模型中,最终提炼出了"产品"要素。

- **客户侧**:客户是企业生存与发展的基石,一切商业运营和市场活动的最终目的都是为了满足客户需求、提升客户满意度和忠诚度。在各营销理论模型中,最终提炼出了"客户"要素。

- **市场侧**:市场侧是连接客户侧和产品侧的关键环节,包括渠道建设、营销推广、售后服务等多个方面。在各营销理论模型中,最终提炼出了"连接"要素。

本章的分析介绍都是基于上述基本商业结构展开,不过在不同的营销理论发展阶段,重点体现在不同的商业要素上。

## 12.2 数据视角下的经典营销模型

本章我们讨论经典营销理论与数据之间的关系。这些经典营销模型彼此不是颠覆或者替代的,不会过时或者淘汰,而是围绕商业基本结构逐渐丰富营销内涵、升级商业活动能力。

### 1. 数据视角下的 4P 营销模型

杰罗姆·麦卡锡提出的 4P 营销理论,它主要包括四个核心要素:产品(Product)、价格(Price)、渠道(Place)和促销(Promotion),是以"产品为中心"的经典营销理论。模型强调,影响营销的核心要素主要集中于产品侧(生产侧),营销重点关注产品的差异化和性价比,市场竞争策略集中在销售场所或渠道的选择,以及促销的方式和策略。

4P 营销理论模型自从被提出以来,一直是商业领域中基础模型。4P 营销模型四个方面分别包括的相关数据参见表 12-1。

**表 12-1　4P 营销模型对应数据**

| 关键要素 | 产品 Product | 价格 Price | 渠道 Place | 促销 Promotion |
|---|---|---|---|---|
| 数据 | 竞品特性数据<br>研发数据<br>产品特性数据<br>客户使用数据<br>产品成本数据<br>供应链数据 | 销售订单数据<br>交易支付数据<br>财税数据<br>价格管理数据 | 渠道覆盖范围<br>渠道销售数据<br>渠道退货率<br>渠道周转数据 | 促销活动数据<br>会员数据<br>客户服务数据<br>产品套餐数据 |
| | 宏观数据(PEST)、市场趋势、竞争分析等共同数据 | | | |

**4P 模型以企业端为出发视角,覆盖到了基本商业结构的产品端和市场端两个部分,企业产品侧有产品和价格,市场侧有渠道和促销。**

4P 营销理论阶段,典型的业务分析模型是 RFM 模型:最近一次购买时间(Recency)、购买频率(Frequency)和购买金额(Monetary)。另外,我们所熟知的"啤酒和尿布的故事",也通过对产品订单数据的分析,发现了不同产品与某一类客户的关联性,从而为产品的市场营销提供有价值的决策依据。4P 阶段的分析数据,主要是交易数据。

基于 4P 模型所主要关注的四个方面,将各个方面的数据进行关联,可以获得较为丰富的数据支持。例如:

- 设计捆绑销售或交叉销售策略。
- 灵活调整价格策略,如价格领导、价格跟随等。
- 设计新的产品套装,辅助促销活动等等。
- 实现渠道整合,提供一致的品牌信息和用户体验。
- 利用渠道间的关系,设计多渠道营销策略,如跨渠道促销和联合营销活动。
- 识别最有效的渠道组合,优化渠道使用。

### 2. 数据视角下的 4C 营销模型

罗伯特·劳特伯恩提出的 4C 营销理论,它主要包括:客户(Customer)、成本(Cost)、便利(Convenience)和沟通(Communication)四个基本要素。**这一理论强调以顾客为中心,关注顾客的需求和满意度,从而帮助企业与顾客建立更紧密的联系。**

在生产力提升,物质更加丰富,产品同质化严重的市场竞争中,供需关系向客户侧倾斜,所以竞争的策略从"以产品为中心"向"以客户需求为中心"转移,营销关注点从 4P 模型的产品侧(生产侧)转为 4C 模型的客户侧(消费侧)。

对比 4P 营销模型,4C 营销模型去掉了 P(产品),增加了 C(客户),而且其他三个要素都是围绕客户。4C 营销模型的四个关键要素相应的数据归类参见表 12-2。

**表 12-2 4C 营销模型要素对应数据**

| 关键要素 | 客户 Customer | 便利 Convenience | 成本 Cost | 沟通 Communication |
|---|---|---|---|---|
| 数据 | 客户基本信息<br>客户行为数据<br>客户关系数据<br>地理位置数据<br>客户价值数据 | 客户来源数据<br>渠道活跃数据<br>渠道转化数据<br>配送物流数据 | 销售订单数据<br>交易支付数据<br>价格管理数据 | 触达与反馈数据<br>客户满意度数据<br>营销活动数据 |
| | 宏观数据(PEST)、市场趋势、竞争分析等共同数据 | | | |

4C 模型主要覆盖了商业基本模型的客户侧。从 4C 阶段开始,营销模式受到了互联网发展的极大促进。得益于互联网业务模式对客户行为数据的采集能力,以及互联网阶段大

数据技术的迅速发展，企业获得了更为强大的数据支撑的能力，例如：

- 客户画像与分群。
- 用户访问路径分析。
- 用户转化分析。
- 用户活跃度分析。
- 用户行为特征分析。
- 用户兴趣偏好分析。
- 用户粘性分析。
- 用户流失和召回分析。

专题、组合分析与应用：

- 搜索引擎优化。
- 市场投放计划。
- 营销活动分析。
- 千人千面、个性化推荐。

这些以客户为主要分析对象的分析功能，基本上构成了泛互联网模式的数据分析体系，客户的活动数据是其中最重要的分析数据，互联网的数据思维开始形成。

### 3. 数据视角下的 4R 营销模型

进入移动互联网时代后，移动终端成为知识、产品和服务的入口，以连接效率为中心的商业场景不断涌现，商业变得更加繁荣。

按照曾鸣先生《智能商业》中提出的"互联网：连接、互动、结网"的观点，商业进入连接 2.0 时代，互动进入社交网络服务时代，网络协同效应创造了生态级的商业平台，如图 12-3 所示。

所以"面向连接"成为了移动互联网对商业形态最大的变革力量，针对网络效应在市场营销方面的应用，有很多理论著述，其中菲利普·科特勒集团提出的 4R 营销理论比较有代表性，四个关键要素分别是：数字化画像与识别（Recognize）、数字化覆盖与到达（Reach）、建立持续关系的基础（Relationship）和实现交易与回报（Return）。

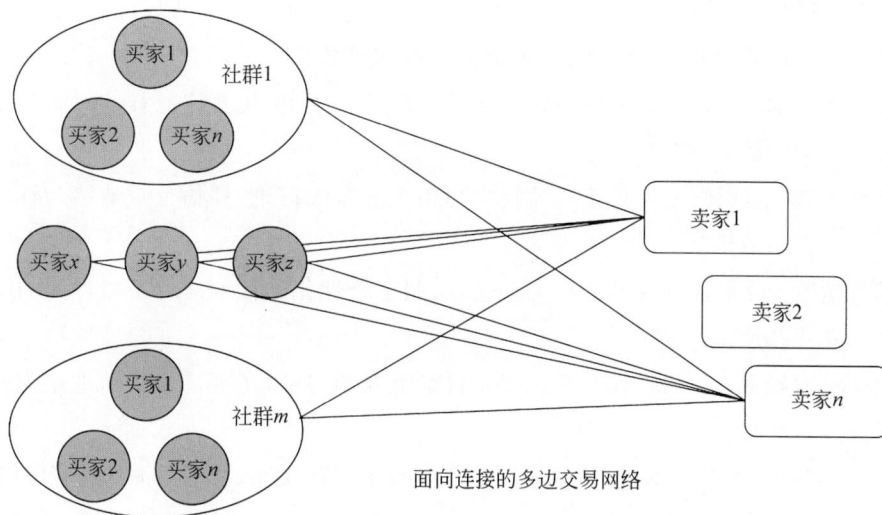

面向连接的多边交易网络

图 12-3　网络化连接的逻辑示意图

4R 模型所涉及的数据分类参见表 12-3。

表 12-3　4R 营销模型要素对应数据

| 关 键 要 素 | 识别 Recognize | 触达 Reach | 回报 Return | 关系 Relationship |
|---|---|---|---|---|
| 数据 | 客户画像<br>客户旅程地图<br>个性化服务数据 | 触达方式数据<br>触达内容数据<br>触点响应数据<br>线下营销数据 | 订单数据<br>支付数据<br>客户估值 | 客户留存率<br>购买转化率<br>品牌复购率<br>客户互动数据<br>社群数据 |
| | 宏观数据(PEST)、市场趋势、竞争分析等共同数据 | | | |

**4R 模型主要覆盖了客户侧和市场侧,4R 模型不再满足于个性化的客户交付和客户满意度,进一步强调客户对企业端连接关系的稳定性、连接效率等连接关系的关注。**

数据分析对业务开展的支撑,除了包括如上提到的 4P"产品驱动型"、4C"以客户为中心"对业务的支撑外,重点关注连接效率提供的决策依据。主要包括:

- **连接渠道性能分析**:评估不同触达渠道的效率和效果,包括访问量、用户参与度和转化率,以确定最有效的沟通渠道。

第 12 章　数智平台与数智化营销

- **客户反馈分析**：对实时数据进行分析，快速捕捉市场变化和客户反馈，进行情感、主题分析等内容分析，以了解客户的满意度和改进意见。
- **客户旅程优化**：通过分析客户在不同触达点的行为，优化客户旅程的每个环节，提高客户体验和满意度。
- **舆情监测**：运用数据分析工具监控品牌相关的在线讨论，评估公众情绪，及时发现并应对潜在的危机。
- **社群运营**：分析社群成员的行为和偏好，制定个性化的社群运营策略，增强社群的凝聚力和活跃度。
- **广告精准投放**：利用数据分析来识别目标受众的特征，实现广告的精准定位和投放，提高广告效果。

通过这些分析，企业能够提高连接效率，加强与客户的关系，提升客户满意度和忠诚度，最终实现业务增长和市场竞争力的提升。另外，在客户触达和连接、转化等活动中，开始涉及内容数据和场景互动数据，也就是对非结构化数据的依赖和使用。

# 12.3 "人货场"数据模型：CPC

随着线上业务模式的发展，商业场景进入到新零售阶段后，经典的 4P/4C/4R 模型进一步发展组合成为新的"人货场"模型，它将基础商业结构中的三个基本构成用人、货、场三个要素代表。这个模型最初用于零售业，但随着互联网和电子商务的发展，其应用范围已扩展到几乎所有的商业领域。

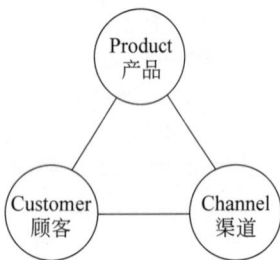

图 12-4　CPC 模型结构图

支持"人货场"营销模型的数据模型是 CPC（Customer-Product-Channel）模型，Channel 的概念比传统零售的概念有所拓展，包括了线上和线下的营销场所，CPC 模型结构图如图 12-4 所示。

CPC 模型通过数据，既研究三个基本要素的作用，也研究两个要素之间的协同作用。

**1. 关键要素的数据解读**

（1）关于产品 Product 的数据分析，参考 12.2 节 4P 模型。

产品要素之间的关联分析,可以用于产品的营销活动策划、关联销售、套餐组合等场景。

（2）关于客户 Customer 的数据分析,参考 12.2 节 4C 模型。

客户要素之间的关联分析,可以用于客户画像、市场投放、客户分群、市场细分、营销裂变等场景。

（3）关于渠道 Channel 的数据分析,参考 4P/4R 相关渠道部分。

各渠道之间的关联关系分析,是营销效果提升的重要内容,也是整合营销的主要研究内容。可以帮助企业选择或开发新的渠道,从而拓宽市场覆盖;了解渠道的互补性,各渠道之间形成协同效应。

### 2. 关键要素之间的数据解读

CPC 模型在"客户-产品""产品-渠道""渠道-客户"三方面要素之间的关系,在早期 4P、4C 模型中是未深入涉及的,从 CPC 模型开始体现新零售场景下要素之间的互动关系。

（1）产品（Product）与渠道（Channel）的相关关系。

分析产品与渠道之间关系,用数据反映什么样的产品通过什么样的营销场景或渠道更有效率。具体分析应用场景有:

- 选择合适的渠道使产品快速进入市场,同时通过渠道优化降低营销成本,提高利润率。
- 按照产品分析渠道表现,优化渠道组合,淘汰低效渠道。
- 有效渠道提升产品曝光率和知名度,与优质渠道合作增强品牌形象和消费者信任。
- 协同整合营销策略,确保品牌信息在所有渠道中保持一致性。
- 评估不同渠道的成本效益,优化营销预算分配。

（2）产品（Product）与客户（Customer）的相关关系。

CPC 模型中产品与客户的关系,通过分析不同的客户和客户的属性与特征,实现更细分和更精准的营销活动,典型的应用有推荐引擎、千人千面等。尤其是进入移动互联网时代后,移动端屏幕能呈现的信息量有限,尽可能用客户可能购买的商品来包围客户的视线,能够有效地提高销售转化率。

作者在某电商企业实际的应用中,使用推荐算法和不使用推荐算法通过人工来上架陈列页面商品,对比销售额数据,前者比后者提升 8% 左右。

（3）客户（Customer）与渠道（Channel）的相关关系。

营销渠道与客户之间的关系，一方面是获客的渠道，客户从哪里来的问题；另一方面是客户的转化效率和交易贡献问题。

- 分析渠道与客户的数据，确定哪些渠道能最有效地覆盖目标市场。
- 分析渠道获客的质量，包括转化率、客单、消费频率等客户评价指标。
- 了解客户如何通过不同渠道与品牌互动，指导市场活动的投放。
- 根据渠道特性和客户偏好，为产品找到合适的市场定位。
- 了解客户在渠道中的体验，改进渠道的服务和营销能力，提高客户满意度和忠诚度。
- 用于整合技术平台，以支持跨渠道的客户管理和数据管理。

**3. CPC 模型的应用**

人货场模型帮助平台深入理解用户、商品和销售渠道之间的相互作用，促进团队沟通协作和决策。CPC 数据模型的三角形结构，除了三个要素以及彼此之间的关系，不同商业环境下三个要素之间的内在作用力的大小也不同，企业可以通过数据掌握、跟踪商业互动的效率与效果。

CPC 数据模型总体反映了什么商品、通过什么渠道场景、销售给什么样的客户。在营销的数据分析应用中，可以取一个或多个数据要素作为分析维度，来分析数据度量值的对比及趋势，例如：

A 类商品在 A 类销售渠道下，面向 A 类客户群体的销售额；

A 类商品，在 A 类渠道和 B 类渠道的销售额对比；

营销理论从 4P 到 4C，再到 4R 和人货场模型的发展过程，也体现出基本商业结构的中间市场侧，逐渐成了营销理论发展的主要方向。营销理论发展到 3.0 阶段后，围绕"场"要素快速发展，各种新的营销模型进入到快速发展阶段，新商业场景下的营销模式不断涌现。

# 12.4 数据视角下的新商业场景

**1. 新商业场景**

新商业场景是指在现代商业活动中，基于消费者需求、技术革新和市场竞争等因素，构建的一系列具有特定功能、情感共鸣和价值传递的交互空间。这些场景不仅限于传统的物理空间，更涵盖了线上虚拟空间以及线上线下融合的全渠道场景。

传统人货场的"场"逐渐拓展和丰富,"场"中的各种要素作用凸显,衍生出场景营销、内容营销、心智营销、社群营销等各种营销模型。

这些新营销模式的营销效果表现非常明显,同一个企业在同样的营销模式下,每次营销活动对场景驾驭程度的差异,也会导致销售出现大起大落的情况。企业需要在数据的赋能下,进一步把握和驾驭这些营销场景的特征。

随着人工智能技术和大数据技术的发展,从 2020 年前后新商业场景营销进入到数智化营销阶段。不同的营销理论和有关的营销方法,相对应于商业基本结构中的位置,如图 12-5 数智化营销体系结构图中标注的相对位置。有的营销理论或方法侧重于某一端,有的理论与方法则作用于整个商业结构。

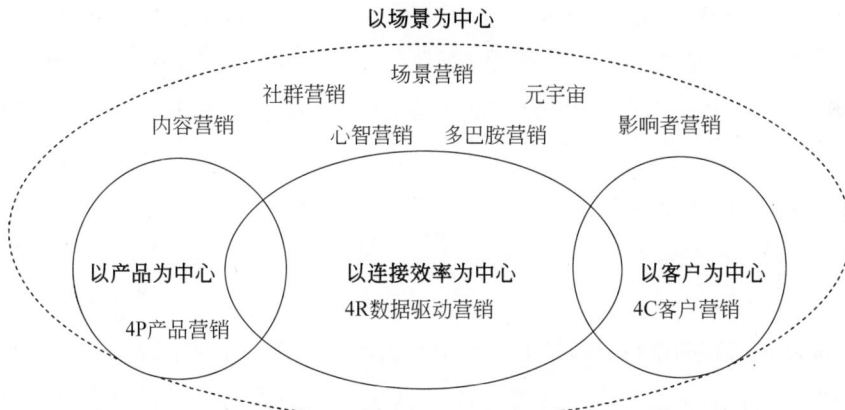

图 12-5　数智化营销体系结构

## 2. 场景营销

场景营销的起源可以追溯到 20 世纪 90 年代,当时"服务场景"作为市场营销学中服务环境研究的一个术语,形成了"服务场景模型"。进入 21 世纪,随着移动互联网和智能手机的普及,场景营销得到了快速发展。场景营销理论可以说是新场景营销的起源。当前场景营销借助大数据和人工智能技术的革命性发展,正在进行更为深刻的演进。

吴声是中国著名的商业思想家和场景方法论的提出者,他对于场景营销的推动和发展有着重要贡献。

吴声先生在《场景革命:重构人与商业的连接》中就已经提出,在数字时代场景营销的核心是理解并创造能够与用户产生深度互动和连接的场景。通过这些场景，企业可以更好地满足用户需求，建立品牌忠诚度，并推动商业创新。他的观点强调了在现代商业环境中，如何通过场景的构建和利用来实现营销目标的重要性。

吴声先生《新物种爆炸——认知升级时代的新商业思维》中提到："场景情景下用户情绪的涌现，是情感片段在时间和空间中的糅合流动，通过客观现实与多维连接带来新的用户体验。"

商业场景在构建后，吸引客户浸入并完成首次交易，如果不想客户离开场景后流失，可以用另外一个场景来继续承接客户，满足客户的下阶段需求，让用户始终在规划好的不同场景间流动，这一系列场景就形成了"场景流"。场景流描述了消费者在不同时间、不同地点，通过不同方式与品牌或产品进行互动的整个过程。

场景（场景流）中，结构化的数据难以进行场景、情绪、氛围、连续体验的环境和内容等等的描述，非结构化数据的作用愈加明显。基于场景（场景流）核心机制，数据以及数据驱动体现在：

（1）**更精准的场景识别**：通过对大量数据的挖掘和分析，可以识别出消费者可能感兴趣的场景，如购物、旅游、娱乐等。这些场景信息可以帮助企业更精准地投放广告，提高广告的有效性。

（2）**更加立体的客户画像**：场景流中帮助收集消费者的基本信息、场景活动、消费行为、兴趣爱好、意见观点，甚至价值观等主客观数据，通过分析这些数据，可以构建更加详细的用户画像。

（3）**更充分的场景描述**：在场景流数据的需求中，描述场景、互动、情绪、气氛的非结构化数据成为重点。场景营销需要充分挖掘场景流数据（第 2.3 节中介绍）的价值，借助智能技术充分解读非结构化数据，将原有数据中的隐性逻辑关系呈现出来，实现数智驱动的场景营销。

（4）**实现跨渠道整合**：大数据可以帮助企业实现跨渠道的数据整合，将线上线下的数据进行融合，为企业提供全面的消费者信息，构建更完整的商业场景，提高营销效果。

传统的电商购物、电话营销、线下直销都可以理解为场景营销的场景实例，都可以用场景营销理论加以指导。电商购物的路径和交互设计、电话营销的话术和情景引导设计、线下直销的场景布局、氛围营造等等，数智平台中基于语义转化的非结构化数据，在这些场景、互动和业务开展方面能够提供强有力的赋能。

### 3. 内容营销

内容营销通过创建和分发有价值、有趣和相关的内容，作为商业模式的源动力。内容营销中营销方案的策划已经从吸引消费者关注，升级到感动或说服消费者，对营销的内容有了更高层级的要求。

优质的内容能够激发用户的价值认同，引导他们进一步了解产品或服务，并最终促成购买行为。通过内容营销，可以更有效地将潜在客户转化为实际用户，并保持更加长期的信任关系。

优质的内容还是最好的传播载体，将品牌故事、品牌价值观、品牌形象，植入消费场景，增强这些场景的真实感和吸引力，以便流量的逐步裂变和蔓延。

在内容营销场景，主要的数据有内容相关数据和内容互动与反馈数据两部分。

**内容数据**：内容营销的核心在于创造和传播有价值的内容，以吸引和保留目标客户。这里的关键在于"有价值"，意味着内容需要满足目标客户的需求和兴趣，提供他们所需要的信息、知识或娱乐。对内容的描述、对比、分析等方面的数据，能够帮助企业提升内容的质量。

**内容互动数据**：内容营销还强调与客户的互动和沟通，通过内容建立起与客户的联系和信任。内容营销 5A 模型（了解 Aware、吸引 Appeal、问询 Ask、行动 Act、拥护 Advocate）体现了对客户的内容反馈和互动方面的数据需求。

数据以及数据驱动在内容营销的价值体现在：

**1）内容定位和目标客户的匹配**

制定更加精准的内容策略，提高内容的吸引力和转化率，需要准确的内容定位，即希望通过内容传递什么样的品牌形象和价值观，帮助客户快速建立信任关系。

**2）创造高质量的内容**

创造高质量的内容是内容营销的关键。高质量的内容不仅需要满足目标客户的需求和兴趣，还需要具有独特的创意和吸引力。

**3）优化内容发布和推广**

要选择合适的发布渠道，让内容和场景适配；制定合理的发布策略，让内容的长尾传播效用最好的叠加。

**4）跟踪分析并持续优化**

了解内容的效果，跟踪用户的互动行为，优化内容的质量和吸引力；持续关注行业动态和竞争对手情况，及时调整内容方向和策略。

## 4. 社群营销

社群营销是社会化营销的一种，是利用社交媒体平台和社交网络来推广产品、服务或品牌，以及与消费者建立关系的营销方式。社群的形成是亚文化发展（即大众文化向各个细分领域发展）形成的社会群体，是人们建立联系、寻找归属感的方式。所以社群的产生，是在经济繁荣后文化大发展中，亚文化开枝散叶的必然。

社群营销有以下三个关注的重点。

（1）**社群的形成和发展**：社群的架构、会员的聚集和裂变等规模。

（2）**社群的文化共识和偏好**：社群本身的内涵，是否有深度、有感染力。

（3）**社群内的互动**：社群的活跃度，直接关系到商业订单的转化率。

社群之所以有裂变式传播，正是因为有共同的价值观或共同偏好，可以彼此互相感染或触动，从而形成了裂变传播，形成社群的内部价值共识和共同行动。

在社会化营销方案中，围绕社群有别于其他新商业场景的三个特点，我们在进行数据分析时，应关注以下四类数据：

（1）**社群成员数据**：包括社群人员的基本信息、内容偏好、与交易相关等数据。

（2）**社群活动数据**：包括成员对活动的参与、活动反响、活动转化、日常互动等数据。

（3）**社群内容数据**：包括不同类型内容以及关注度、传播率、互动率和转化率的情况。

（4）**社群运营数据**：包括社群整体的活跃度、满意度、退出率、氛围和评价等数据。

基于以上数据，在数智平台内充分整合，我们可以制订以下市场营销策略或社群运营计划以及 SOP：

（1）**社群引流策略**：利用入群率数据识别最有效的引流渠道，增加对这些渠道的投资，同时减少或优化效果不佳的渠道。

（2）**社群内容策略**：分析社群热点内容数据，识别用户偏好，定制和优化内容营销计划，以提高用户参与度和社群活跃度。

（3）**社群的活跃策略**：基于互动数据制定以价值共识为基础的互动策略，沉默会员的触达与激活等社群运营策略等，提升社群的凝聚力，促进社群的长期稳定发展。

（4）**客户价值提升策略**：通过分析客户价值和客单价，了解社群内的消费水平，调整产品定价和促销策略，以提高客户价值。评估社群销售效率和投入产出比，调整销售策略和促销活动，以提高转化率和 ROI。

### 5. 心智营销

心智营销（Mental Marketing）的概念主要源自于"以客户为中心"的营销理论，其中还采用部分定位理论（Positioning Theory）的观点，强调对用户心智的影响，是围绕消费者心理学的营销方法，以消费者社会化生活中的习惯性行为或者共同表现为基础，来进行营销策划的理论。

心智营销与场景营销的相同之处是都关注消费者本身，而不同之处在于心智营销强调的是品牌影响、渗透和植入，场景流营销强调场景下与人的互动，两者在影响客户消费行为方面发力点不同。心智营销和内容营销虽然都从心理学入手，但心智营销重在影响消费者的认知，而内容营销重在内容的传播。

心智营销重要的数据很多是非结构化的，数据形态可以分类为：

（1）**情绪数据**：基于视频、音频、图像或文字等数据（主要是非结构化数据），分析消费者的正面情绪和负面情绪，如开心、热情、喜欢，或憎恶、害怕、批评等情绪。通过数据中的情感倾向，洞察消费者的情绪变化。

（2）**认知数据**：个体在商业场景内的语言、行为或感受，分析用户观点的倾向性，包括可能存在的认知偏差（如锚定效应、羊群效应等）。

（3）**品牌感知数据**：个体对品牌的好感度、信任度、忠诚度等描述性数据。

**通过数据的关联分析，可以制定的营销策略包括：**

（1）**情绪共鸣策略**：利用情绪数据，通过创造与目标受众产生共鸣的内容和体验，激发特定的情绪反应，如喜悦、爱、同情等，从而促进消费转化、加强品牌认知，或提升顾客忠诚度。

（2）**锚点营销策略**：通过观察消费者心理活动，测算锚定点（锚点理论也是 STP 定位理论的心理学分支），利用认知偏差来设计营销活动，引导消费者做出对品牌有利的决策，或最优价格策略。

（3）**个性化推荐**：结合情绪和认知数据，企业可以对消费者进行细分，提供个性化的产品推荐和定制化的服务体验，满足不同消费者的独特需求和偏好。

（4）**内容创作指导**：运用 AI 技术，企业可以根据消费者的情绪状态和偏好，自动生成个性化的广告素材，如文案、视频和音乐，提供沉浸式营销体验。

### 6. 多巴胺营销

多巴胺营销（Dopamine Marketing）的概念源自于神经营销学（Neuromarketing），专注于激活消费者大脑中的奖赏系统，特别是多巴胺这种神经递质，它与愉悦感、欲望和成瘾行为紧密相关。它适用于很多行业，从餐饮到服装，从美妆到家居，都能通过色彩、设计、促销活动等手段刺激消费者的多巴胺分泌。有人提出 2024 年是多巴胺营销的元年。

多巴胺营销认为，通过创造正面的情感体验和激励机制，可以激发消费者的购买欲望，增强品牌忠诚度。属于罗伯特·B·西奥迪尼《影响力》中所论述的"激发行动"的类别，刺激消费者不自主的采取行动。

多巴胺营销运营需要依赖描述消费者情感、情绪、心态、心理等以软数据为主的数据内容，因此需要依赖数智平台对非结构化数据提供的支持能力，能够支持对消费者行为和心理反应进行深入的测量，基于多巴胺分泌的数据评估营销策略的有效性。

多巴胺营销中重视 Hook 上瘾模型（触发 Trigger、行动 Action、奖励 Reward、投入 Investment）中的要素；因此描述客户的相关反应和动作的数据是心智营销中重要的数据内容。同时还包括以下心理特征数据。

（1）**情绪反映数据**：与心智营销的数据有共性，但多巴胺营销关注生理性的情绪反应，而不是主观意见反馈，所以数据采集的点一致，但数据分析的方向不同。

（2）**奖励和成功数据**：在消费者在某种场景或应用中获得成功的奖励后，对奖励的反馈数据，例如游戏通关后的奖励，对总游戏时长的影响。

（3）**可穿戴设备或手机上的传感器数据**：研究消费者在特定应用中的心率、体温等数据，与其他数据联合分析消费者的情绪特征。

基于多巴胺的营销方案策划，最常见的就像游戏中的奖励，能极大地刺激进一步消费，或成瘾。关于生物属性或生理属性受到影响，从而发生或改变的消费行为，这个观点在一些著述中做了细分，如多巴胺包括快乐分子、欲望分子、奖赏分子、预期分子、自我强化分子等。

未来在强人工智能时代，针对人类生物性或生理性反应的营销手段可能会层出不穷，所谓"情绪营销"的情况将更为普及，多巴胺营销是一个值得研究的营销分类，相关描述数据的分析和挖掘是一个重要的数据研究方向。

### 7. 影响者营销

影响者营销是利用具有知名度和影响力的人物(如社交媒体上的博主、媒体人士等)来推广品牌、产品或服务。重点是通过这些影响者的口碑传播和粉丝效应,提升品牌曝光度,增加销售量,同时提高消费者对品牌的信任度和认同感。影响者营销认为消费者可能不相信广告,但他们会相信来自他们信任的人的建议和推荐。

影响者营销是一个总括性的概念,包括了 KOL 和超级 IP 在内的所有利用个体影响力进行品牌推广的策略。包括传统的明星广告代言、行业专家推荐;早期的微博和论坛内的意见领袖 KOL;当下的网红和大 V 带货,这些都是典型的影响者营销形式。

罗伯特·B·西奥迪尼《影响力》是这个方向的经典之作,书中将这一营销方式归为"减少不确定感"的类别。吴声先生的《超级 IP:互联网新物种方法论》也是这个领域的重磅著作,提出了魅力人个体、信任代理等非常有价值的理论观点。

在影响者营销的过程中,影响者的影响力作用是关键,因此分析影响者的相关数据对于优化营销策略、提升营销效果至关重要。以下是应该分析的影响者的主要数据。

(1) **粉丝属性和行为数据**:粉丝数量、粉丝质量、粉丝忠诚度等反应分析的规模和影响者影响力的数据。

(2) **发布和交互的内容数据**:分析影响者发布的内容类型(如视频、图片、文字等)以及内容主题,以了解影响者的专长和受众喜好,分析内容的浏览量、观看量、点击率等,以评估内容的影响力和传播效果。

(3) **影响者表现数据**:包括影响者在互动和过程中的情绪、行为、控场能力、语调语速等信息和数据,分析互动内容的深度、质量和积极性,评估影响者与粉丝之间的互动质量的数据。

### 8. 元宇宙商业

元宇宙是一个更加极致的场景,元宇宙商业营销理论重点突出场景和体验(价值输出)这两个要素。元宇宙是基于现实世界的虚拟世界,可为用户提供丰富的沉浸式体验,终极形态是一个与现实世界平行的虚拟世界,能独立存在。

随着人类社会进入到强智能时代,元宇宙技术带来的场景有很大概率超越现实场景,甚至是成为统治地位的新商业场景。所以由增强现实(AR)、虚拟现实(VR)和 3D 虚拟空间构建的数字世界,将会为企业提供了前所未有的商业机遇。

元宇宙营销具有沉浸式体验、丰富的内容和紧密的社交三个特性,其中内容在元宇宙中含义更为广泛,还包括在虚拟环境中可以使用的功能、服务(比如游戏、虚拟旅游、虚拟展览)等。这三个特性共同作用,为用户提供了一个多维度、互动性强且内容丰富多彩的虚拟环境。因此为了增强营销和运营能力,品牌可以围绕这三个特性进行数据分析和运营赋能。

**1)体验(Experience)**

(1)**用户行为数据**:追踪用户在元宇宙中的行为路径,包括移动、交互互动和停留时间。

(2)**反馈和评价**:收集用户对体验的直接反馈,了解他们的满意度和改进建议。

(3)**技术性能**:在虚拟数字环境中,沉浸式体验是重要的能力输出,分析技术性能指标,如加载时间、图形渲染质量和系统稳定性,以优化用户体验。

**2)社交(Social)**

(1)**用户互动数据**:分析用户之间的互动频率和类型,如消息发送、共同参与的活动。

(2)**社交关系**:元宇宙虚拟场景中形成了社交关系网络。分析成员的社交关系,对企业的商业价值实现具有重要作用。

(3)**影响力分析**:识别虚拟环境中意见领袖(KOLs)和他们对群体的影响力。

**3)丰富的内容(Content)**

(1)**内容和兴趣偏好**:分析群体或个体对不同类型内容的偏好,如视频、功能或服务的使用和互动体验。

(2)**内容流行度**:追踪哪些内容获得最多的观看、分享和评论,哪些功能或服务获得更多的使用。

(3)**产品和内容的使用**:在元宇宙中,人们对服务、产品或能力的使用数据,可以帮助企业开拓新的市场,增加客户互动性和体验感。

## 12.5　新商业场景营销模型:　SPCC

### 1. SPCC 模型的定义

正如"人货场"模型是对经典营销模型的组合一样,考虑到"场景"的重要性和特殊性,我们引入"场景"要素,提出了新商业场景营销模型:**SPCC 模型**。SPCC 模型包含上节中提到的各种新场景营销模型,也涵盖其他基于特定场景构建的营销模型。

SPCC 的命名体现了新商业场景的四个要素,因此它既代表营销模型(如人货场),也代表数据模型(如 **CPC**),我们对 SPCC 模型的四个要素进行拓展,重新定义如下。

(1) 产品(**Product**)——仍以字母 **P** 代表。

包括产品和服务等商业目标。在新商业场景中不仅仅以商品和服务售卖为全部商业目的,在营运一体的大运营思想下,企业希望目标个体能够获取和接受的品牌认知、商品、服务等都是企业的商业目标。

(2) 客户(**Customer**)——仍以字母 **C** 代表。

将与"人"相关的都归入"客户"要素。这里的"客户"的概念在新商业场景中已经发生了拓展,还包括泛流量个体、私域个体、粉丝等。

(3) 连接(**Connection**)——仍以字母 **C** 代表。

将与连接沟通方式、渠道、交易过程有关的元素都归入"连接"要素,包含企业与目标个体的所有的触点。

(4) 场景(**Scenario**)——以字母 **S** 代表。

将与促成因素和外部环境有关的都归入"场景",包括所有场景的构成元素,比如直播带货中的主播、影响者营销中的 KOL,场景中设定的服务、物料与话术等。场景通常构建在连接上,但不是所有的连接方式都用于构建场景。

场景由场景流构成,在本书第 2 章,我们介绍了场景流数据。场景流是场景营销中系列环节的组成,场景流数据是描述场景营销过程的数据。我们已经知道,描述业务运营过程的数据,是企业运营分析最有价值的数据。例如在电商场景中,描述客户访问、浏览和点击行为过程的数据,是电商行业进行运营分析和客户分析的主要数据。

以上四个要素构成了 SPCC 模型,"场景"要素的加入使得 CPC 模型的平面三角模型,发展成为立体模型,如图 12-6 所示。

**2. SPCC 模型的营销思想**

SPCC 营销模型的基本思想是构建特定的场景,通过强特性的输出,强化对目标个体的影响,从而实现营销目标。因此如何构建满足营销要求的特定场景、设计和开发强特征的内容或服务等输出以及如何强化输出对目标个体的影响,这三个方面是营销活动设计和开展需要关注的重点,如图 12-7 所示。

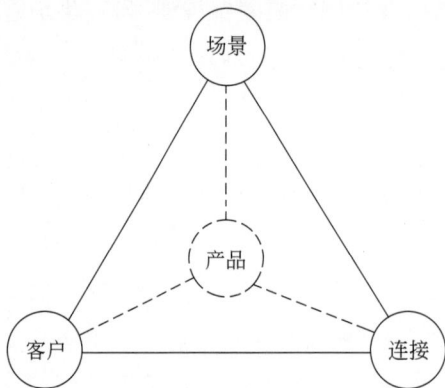

图 12-6　SPCC 模型结构图

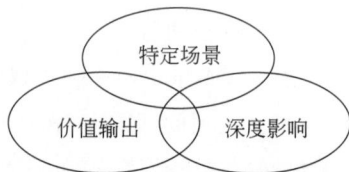

图 12-7　SPCC 模型应用的三个核心组成部分

　　我们用这三方面,来分析前面提到的新商业场景营销理论。场景营销突出了连续性场景(特定场景)、沉浸式体验以及实时互动(价值输出)三个方面;内容营销突出了有价值内容(价值输出)的作用和影响;社群营销突出了共同价值认识和互动能力(价值输出)的影响;心智营销突出了品牌价值传递能力(深度影响)的方面;影响者营销突出了意见领袖个人影响力(深度影响)的方面;多巴胺营销突出了对个体心理、情绪(深度影响)的方面;元宇宙商业营销突出了技术变革带来深刻的数字化、虚拟化体验(特定场景)的方面。

　　显然对以上运营要点的描述,不是以结构化数据为主的数据体系能够完成的,需要全业务域、全形态的数据体系的支持。企业的全业务域数据,以及数智体系驱动的业务流程自动化,将是未来新商业场景决胜的核心竞争力。

### 3. 数智平台对 SPCC 模型的赋能

　　从数据角度来看 SPCC 模型,新增要素带来了新逻辑关系,包括:

- 场景和产品要素之间的关系。
- 场景和客户要素之间的关系。
- 场景和连接要素之间的关系。

SPCC 模型中,场景要素与其他三个要素之间关系的分析,同样是数据价值挖掘的主要途径。展开三个要素的构成元素,可以细化分析其中包含的业务相关性。例如:

- 场景要素中的内容类型对客户要素中粉丝的转化能力。
- 场景要素中的不同主播对产品要素中不同类型产品的销售能力。

- 直播场景要素中不同的互动文案设计对场景要素中氛围和活跃度的影响。

我们不再详细展开 SPCC 四个要素的所有构成元素，但以上方法给出了数据跟踪与运营业务分析的思路。在数据体系中把 SPCC 各要素中的构成元素，组合形成分析维度，跟踪和对比分析各种维度组合下，对业务的影响与效果。我们可以采用预设分析维度组合的方式，也可以把分析任务交给机器学习，帮助我们来挖掘其中的业务规律。

数智平台为 SPCC 营销主要提供有数、算数和用数三方面的赋能。

（1）**有数**：数智平台通过对非结构化数据的解读，为营销活动提供更全面、更丰富、更详细的营销运营过程数据，如内容数据、场景流数据等。

（2）**算数**：数智平台能够提供包含对非结构化数据在内的数据分析能力，例如，情绪反馈、内容评价与解读、构建分析模型进行预测分析等。

（3）**用数**：使用大模型等智能算法的推理和决策能力，通过构建 SOP 等方式形成闭环，将数智能力应用到营销活动中，提升营销活动的效率和效果。

数智平台中描述场景（场景流）、描述内容、描述评论互动等方面的非结构化数据，是 SPCC 新商业场景营销模型中，非常重要、有价值的数据。

# 第 13 章　数智平台与数智化运营

第 12 章我们介绍了新商业场景营销模型 SPCC 模型,按照菲利普·科特勒的营销理论的时间段划分,新场景营销大约从营销革命 4.0 开始。在营销革命 5.0 时代,以人为本的技术成为重要的驱动力,人们进入到数智营销时代。

当前大模型的逐渐成熟,也标志着人工智能进入到强智能阶段。强智能技术推动着新商业场景的营销进入到新时期。人工智能技术与大数据的融合,能够为企业提供更完整的数据体系,为企业的营销和运营提供更全面、更强有力的支撑。

随着市场竞争的加剧和营销理论的发展,企业开始思考如何整合各种营销手段和资源以实现最佳的营销效果,营运一体的大运营理念广泛普及起来。特别是大数据、人工智能等技术的应用,营销运营一体化已成为企业提高市场响应速度、优化资源配置、增强客户体验的重要手段。

本章我们介绍数智平台如何通过数据能力,为营运一体的新商业场景运营提供基础支撑和互动赋能。

## 13.1　奠定新商业场景数据运营的基础

营运一体的大运营的思想已经从互联网流量思维发展到场景思维,"场景即流量"也成为普遍共识。新商业场景运营根本上属于流量运营,但是更强调通过在场景下的互动,增强流量运营的能力和效果。本节我们介绍数智平台提供的数据、数据分析能力或者数据产品,来为新商业场景运营落地提供基础支撑。

### 1. 新商业场景的基本框架

新商业场景的基本框架如图 13-1 所示。**客户数据、内容引擎、流程引擎**是新商业场景运营的三驾马车，互动数据是业务运营的主要体现。

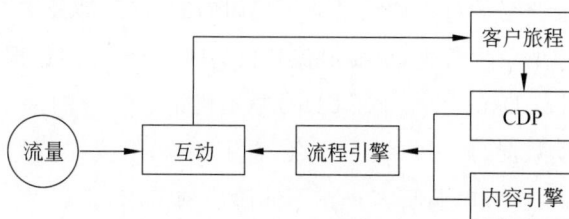

图 13-1　新商业场景基本框架

客户在互动过程中产生的数据，通过数智平台对客户数据进行丰富和补充。交互产生的数据包括交易数据（客户的下单行为）、点击数据（客户对图片、视频、文章内容的点击浏览访问）和交互数据（客户与员工的交流互动），能够建立覆盖更全面的运营描述及客户画像数据。

内容引擎用于生成、优化和管理企业的内容素材。内容素材是企业中用来与客户互动的素材，包括营销材料、产品介绍资料等各种富媒体资料。良好的内容能够建立品牌信任、增强用户粘性、并促进用户转化。

流程引擎按照企业活动计划，通过 CDP（Customer Data Platform，客户数据平台）筛选目标客户，调用交互内容素材，驱动活动管理完成与客户的交互。基于流程引擎设计企业活动计划，包括活动起止时间、执行部门、营销物料等。活动可以是新客转化、客户关怀、流失预警与客户挽留等。运营的目的可以涉及产品售卖也可以只是对目标个体产生预期影响。

下面我们介绍数智平台对客户数据、内容引擎、流程引擎三个重要组成的支撑。

## 2. 全域全流程客户画像

1）全业务域数据整合：构建客户数据平台

在以场景为主要方式的新商业环境下，客户的行为轨迹跨越了电商平台、私域平台、直播短视频等多个渠道。为了全面而深入地理解客户，企业必须首先打通这些全域数据，实现跨平台数据的留存与整合。这包括但不限于用户客户的访问记录、互动行为、交易数据等，无论是结构化数据还是非结构化数据，都被统一纳入到数智平台中。通过构建这样的客户数据平台，企业能够形成对客户行为的全方位、多角度洞察，为后续的画像构建提供坚实基础。

2）全流程数据追踪：描绘客户旅程

客户从关注到形成交易的过程往往是一个长周期的过程，涉及多个环节和场景。因此，企业不仅需要关注客户的单次行为，更要追踪其长周期、全流程的数据变化。这要求企业在客户数据平台（Customer Data Platform，CDP）中不仅记录客户的基本画像属性，还要整合来自各渠道的详细互动数据，如用户说了什么、看了什么，形成完整的客户旅程图。通过对客户旅程的深入分析，企业可以洞察客户在不同阶段的需求、偏好及痛点，从而制订更加精准、个性化的营销策略，客户旅程信息的展示示例如图 13-2 所示。

图 13-2　客户旅程示例

3）数智平台赋能：提升数据处理与应用能力

建立全域全流程用户画像，需要借助数智平台高效处理海量的、复杂的数据，借助数智平台的机器学习、文本数据分析等技术深入挖掘数据价值，实现客户行为的智能预测与个性化推荐。

通过数智平台集成各渠道、各内容的互动详情，企业可以实时追踪客户状态、了解互动行为特征，从而在合适的时机、以合适的方式与客户建立并维护良好关系。新商业场景运营基于客户的数据,能够主动的发起与客户的交互和营销转化,不再被动地等待客户的到来。

### 3. 内容引擎与内容管理

内容营销是一种重要的营销方式,也是新场景运营中重要的价值输出和交互载体,通过创造和分享有价值和连贯的内容来吸引和留住目标受众,建立信任和品牌忠诚度。内容数据包括话术、图片、视频、文件等价值信息输出,内容中嵌入活动页、小程序等方式实现引流获客或者流量转化。

内容引擎帮助我们管理内容,分析内容的效果,收集内容产生的影响和反馈,优化内容,从而形成业务闭环。在 AIGC 时代,内容的制作成本下降和质量提升,会进一步提升内容在新场景运营中的作用。

内容管理的基本框架如图 13-3 所示。内容管理的核心要素包括:内容生成、采集内容反馈数据、优化内容。下面将展开进行说明。

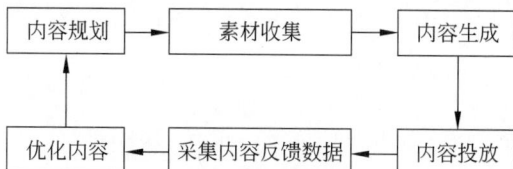

**图 13-3　内容管理基本框架**

1) 内容自动生成

根据公司已有产品介绍材料等内容,借助大模型能够提升内容生产的效率,生成多模态营销素材,包括图片、视频、活动页、话术等。

在生成内容时,提供内容范本、生成依据资料、使用场景的描述、内容的表达形式等素材核心要素,通过人工智能文生文、文生图、文生视频技术,生成多样化、贴近我们的场景的内容。

通过内容管理平台将生成的内容进行统一管理和应用,如图 13-4 所示。

2) 内容标签的价值与生成

借助数智平台,自动给内容打上分类标签,让内容数据可以通过一系列标签来描述,让内容更容易被使用,内容的效果更容易被评估。内容的标签,形成了企业的数据资产,留存

**图 13-4　内容管理示例**

在企业数据资产管理体系中。

内容标签的生成有两种方式,用内容标签来描述内容的特征,在内容较少或者标签比较简单时,可以人为设定内容标签。随着内容量的增加,可以使用大模型来进行或者辅助内容生产。例如,我们可以把一段广告视频传输给大模型,并在提示语中要求提取视频中描述的产品、场景、风格、人群定位、核心卖点等要素。这个过程可以通过数智平台的数据语义化和数据规范化来实现。

3)内容评价分析与优化

用户对内容的评价,代表了内容触达用户后的效果,用于衡量内容的价值,对后续内容生产进行指导。评价数据既包含了用户的主动评价行为,如留言、转发、点赞等动作;也包含了用户在不经意之间留下的"线索",例如浏览内容的相关性、行为动作发生的时间等。

挖掘这些评价数据,可以识别用户意图、喜好特征。不仅如此,通过对内容评价数据的分析,我们可以了解到内容的受欢迎程度。如图 13-5 内容分析示例所示。同时,通过对内容数据的插码标记、时序对比等技术手段,我们可以找出用户感兴趣的内容锚点,为我们制作新的内容提供依据,为运营改进提供数据支持。

**图 13-5　内容分析示例**

### 4. 赋能业务流程引擎

SOP(Standard Operating Procedure,标准操作程序)是一系列明确的、可重复的、用于规范流量运营流程中各个环节如何执行的标准步骤和规定。这些步骤和规定详细说明了完成特定任务或目标所需的具体行动、资源、时间线、质量标准等。SOP 能够显著提升运营效率。

数智平台为流程引擎提供客户数据、推送内容数据等,能够使运营流程引擎实现精准、高效的 SOP 任务设定与管理。流程引擎可以通过智能流程画布来进行可视化的设计。

智能流程画布,是提前定义好基本组件,如前置条件、触发条件、执行内容、反馈结果,通过对组件的托拉拽,快捷的设计好 SOP,SOP 同时可以实现多个任务的挂接,前一个流程的反馈结果,可以是下一个流程的触发条件。四个基本组件可以根据业务需求,通过数智平台提供数据支持,进行提前封装。

**前置条件**:整个流程的先决条件,例如只对白名单上的客户进行营销活动,那么前置条件就是白名单客户。前置条件可以是客户的特征标签,也可以是企业的销售目标、库存情况。

**触发条件**:触发营销动作的条件,用于内容推送的触发依据。比如,用户注册账户达到

第 13 章　数智平台与数智化运营

193

7天,用户浏览某个视频达到 30 秒以上,用户被打上了 VIP 会员标签等。

**内容素材**:推送给用户的内容,如话术、图片、视频、活动页、小程序等。

**反馈结果**:完成推送、用户浏览了小程序、用户转发了活动、用户 3 天未打开活动页,这些都可以作为反馈结果,反馈结果用来评估上一个内容推送的用户反应,反馈结果同时也是下一个动作的触发条件。

智能流程画布通过快速的配置,可以帮助企业形成大量的 SOP。依据智能数智平台中的数据支持,使每个客户在不同状态下,接收到的内容触达都不尽相同,做到真正的个性化服务。

通过智能流程画布来设计流程引擎的基本步骤如下:

(1)创建任务如图 13-6 所示。

**图 13-6　创建任务**

(2)选择执行对象如图 13-7 所示。

(3)设定执行策略如图 13-8 所示。

## 5. 运营过程的数据分析

数智平台除了对新商业场景中客户数据、内容引擎、流程引擎三个重要运营组成部分的支持,更能够提供全流程的运营分析。分析运营过程中产生的数据,发现问题与机会,是提升运营能力的重要手段。在强调互动与效果的新商业场景运营,决定了非结构化数据在运

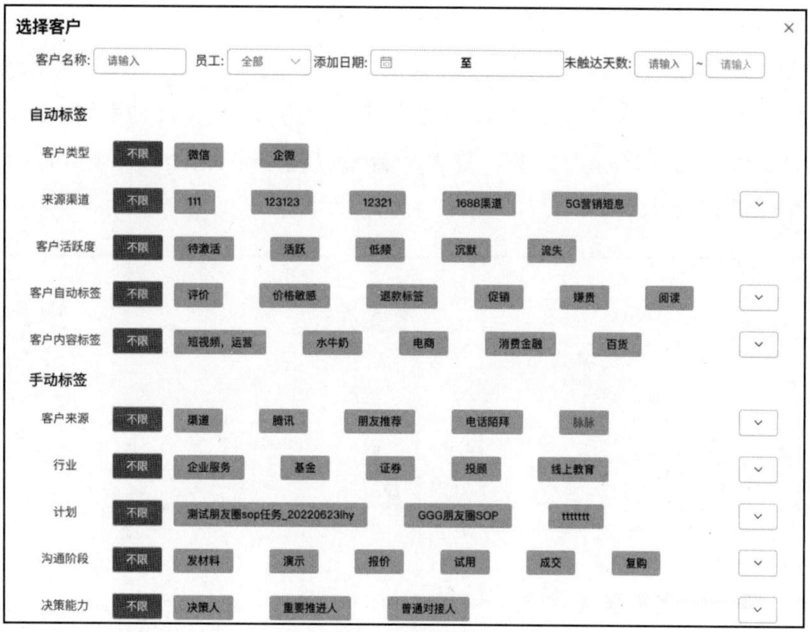

图 13-7　选择执行对象

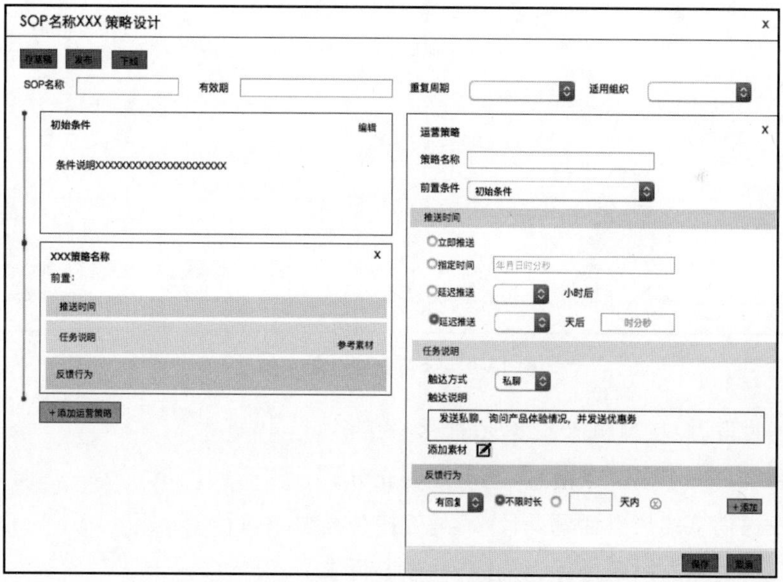

图 13-8　设定执行策略

第 13 章　数智平台与数智化运营

营中的重要作用,比如文字沟通、视频观看、语音消息互动等等。

**1) 运营交互全景**

新商业场景运营,每天都有大量交流沟通和互动行为,产生大量的私聊/群聊触达数据,企业也能够获得大量的客户行为数据。数智平台可以构建全面的交互概览,一目了然的了解到运营的整体情况,如图 13-9 所示。

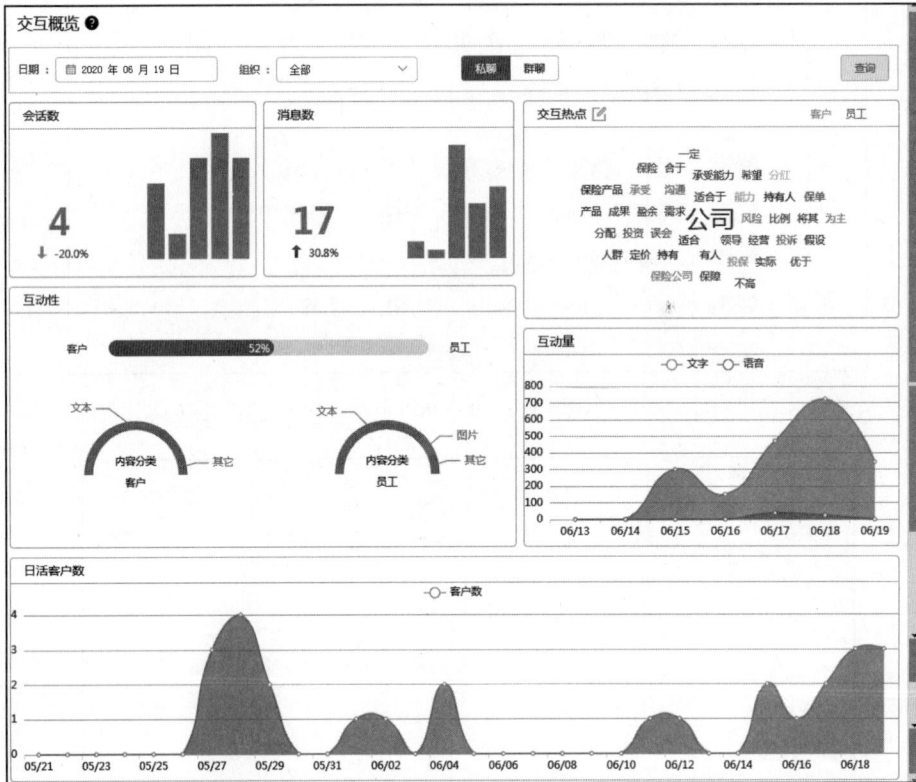

图 13-9　运营交互全景示例

- 员工通过群聊/私聊触达了多少群、多少用户。
- 员工和客户发了多少条消息,互动是否充分。
- 员工发送消息的热点话题是什么,是否按公司要求执行。
- 用户反馈的热点问题是什么,有哪些核心诉求。
- 员工和客户的发言比例是怎么样的,是用户比较积极还是员工比较积极。

- 员工发送资料的富媒体类型是什么样的,触达类型是否足够丰富。
- 每日活跃用户数变化趋势。

**2)业务异常分析**

在运营交互中,正常的情况下,业务的词语通常在一定的提及频度和排序范围内,当某时期,业务词频突然出现异常的增长或者下降,意味着企业的某些运营活动的展开,或者是业务异常情况的发生。因此对交互过程中重点业务术语的词频的监控,是捕捉业务异常非常有效的方式。

例如,某网络运营产品销售的企业,每天互动中都会出现流量这个词,但是如果今天咨询宽带的量突然激增,宽带业务又没有什么新活动,伴随着掉线、断网等词频的异常,运营负责人可以及时发现业务的异常,而不用等到层层的反馈信息到达。通过业务异常分析,还可以发现新的机会或信息。例如,今日某个竞品被提及突然增多,可以进一步挖掘验证是不是该竞品出了新的活动。

业务异常分析示例如图 13-10 所示。

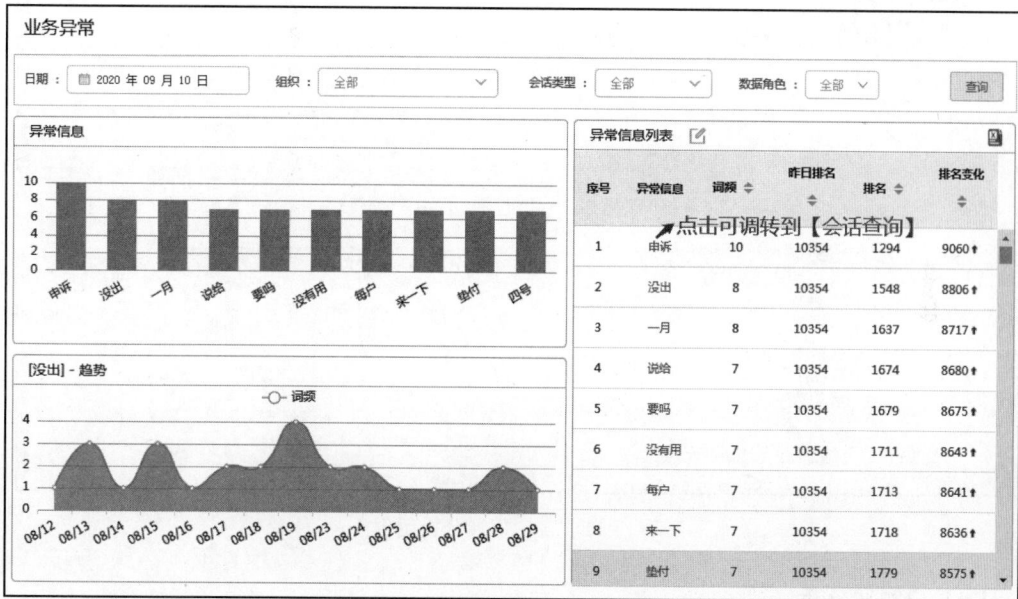

**图 13-10　业务异常分析示例**

第 13 章　数智平台与数智化运营

### 3）客户拓展分析

通过客户拓展分析，我们可以追踪和管理员工添加客户情况。例如，员工每日成功添加了多少客户，添加后主动触达了多少客户，触达后有多少客户有回应，有多少新客户和员工进行了多轮有效互动。

通过客户拓展分析，我们不仅可以掌握员工拓展客户的效果、工作能力、工作态度，同时也能了解我们设计的新客接待话术效果和策划方案的效果。初次添加的客户，如果能和员工有很好的互动，那么后期转化的概率也会更高。

客户拓展分析示例如图 13-11 所示。

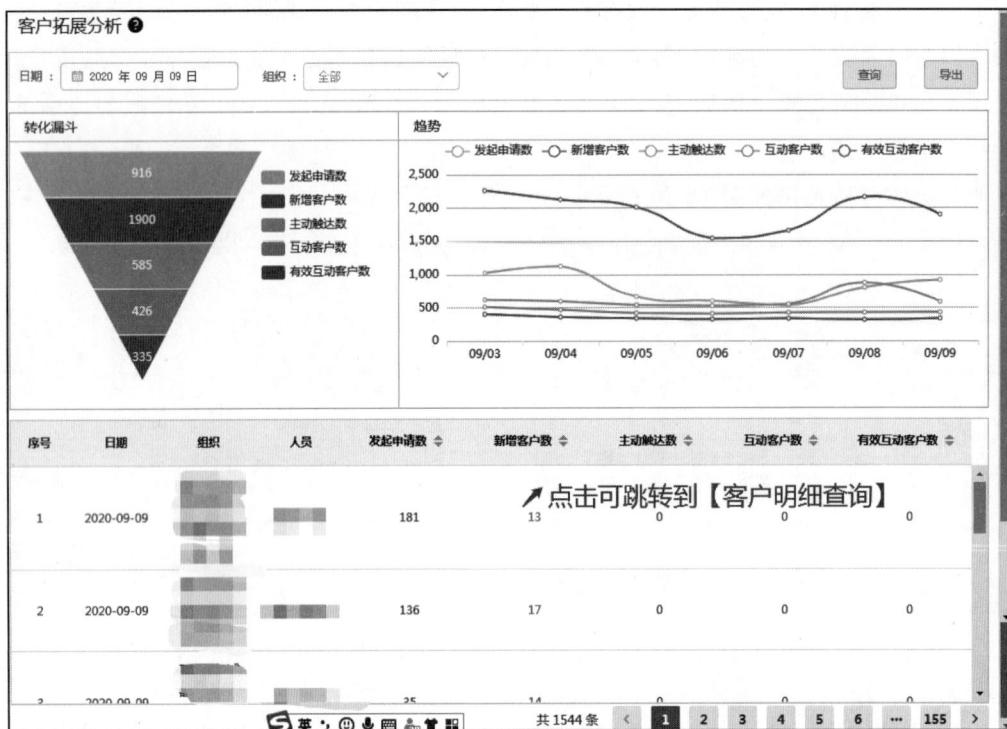

图 13-11　客户拓展分析示例

### 4）客户触达分析

通过数据跟踪企业对所有流量的触达情况，宏观指导流量的触达和互动。避免流量的沉默和流失。例如，对进入到企业私域的客户，通过客户触达分析，按未触达天数统计客户数,可以帮助我们了解客户有多少天没有被触达。在私域中进行流量的互动和触达管理,是维护企业的客户资产、实施主动营销策略,以及优化整合营销的重要手段。

客户触达分析示例如图 13-12 所示。

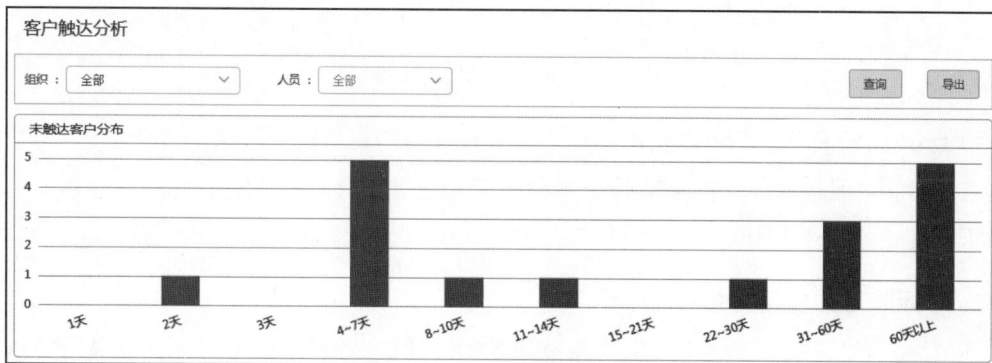

图 13-12　客户触达分析示例

## 13.2　提升内容运营互动能力

内容营销通过创造和分享有价值、相关性强且持续一致的内容来吸引、获取和保留目标受众,并最终驱动营利性顾客行为。内容营销适用于所有的媒介渠道和平台,包括微博、微信、自媒体分享等,甚至包括企业的 LOGO、画册、T 恤、纸杯、手提袋等。短视频营销是当下非常广泛的一种内容营销方式,视觉冲击力强、时间短效果好、社交分享等方面优势明显。本节我们通过数智平台对短视频运营支撑的介绍,让读者对数智驱动的内容运营有更深入的了解。

### 1. 基础数据构成

通过图 13-13 短视频运营基本框架图可以看出,短视频运营中粉丝、内容和互动过程是短视频运营的分析重点。借助数智平台全形态数据的数据能力和挖掘非结构化数据、软数据价值的能力,能够对视频运营和视频营销赋以强有力的推动。

**视频数据**:是企业生产的各种短视频内容,包括短视频需要承载企业输出的内容元素和短视频自身的视频构成元素,这些元素与数智平台中的数据实体相对应。

**粉丝数据**:粉丝数据是短视频运营中重要的数据,对粉丝进行分析是对潜在市场和目

第 13 章　数智平台与数智化运营

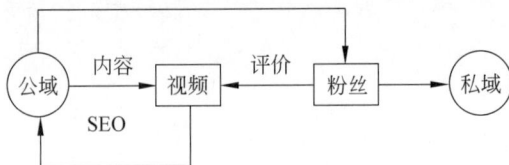

图 13-13　短视频运营基本框架

标客户做分析,粉丝分析的重点在于研究粉丝对短视频的喜好认同与互动传播。

**互动数据**:通过视频产生互动是短视频运营的通常诉求,互动数据主要包含粉丝的行为数据和评论数据。

### 2. 对标账号的内容分析

他山之石,可以攻玉。企业在制作视频内容的时候,有意识地去学习相关领域行业的视频内容,借鉴有价值的内容,是一个很好的方法。通常企业需要筛选出一些对标或者重点关注的账号,对其视频的内容和产生的互动传播能力进行分析,这是短视频运营能力提升的有效输入。

- 视频内容的情节设计、策划编排与制作特点。
- 视频文案、构成元素与内容类型等内容要素分析。
- 视频内容的播放数据和相关互动数据,播放、点赞等行为。
- 视频内容的评论区反映。包括评论的赞成比例、热议点、热议词频(或者二元词频)。
- 视频对粉丝增长的贡献,对于对标账号发布的视频和账号信息做紧密的跟踪分析,能够很好地了解到内容及其对账号成长的贡献。

### 3. 企业视频数据分析

数智平台利用大模型解读短视频能力、分析文本数据的能力,打开非结构化数据的黑盒,对自己发布的短视频及效果做深入分析,能够有效提高短视频运营和短视频营销的效果。

(1)**场景元素数据**:包含短视频的拍摄环境、场所布置、背景音乐,以及场景设计的主题、上下游场景流衔接等。不同的场景氛围与企业的业务与产品、粉丝的带入感和体验感有重要关系,是短视频营销的独特能力。

(2)**主播特征数据**:对于口播类视频,主播的肢体语言、控场与节奏、表达与互动、情绪与语速等,对于视频的感染力有贡献。樊登坐播体现出的专业性,张琦走动表现出的张力,董宇辉肘支撑动作显示出的思想力,藏老师插兜式站立姿态传递出的亲和力,都能够增强视频表现力。主播对粉丝的引力,和粉丝对主播的认可,是建立与粉丝良好关系的重要因素。

（3）**视频文案**：以文本数据形式体现的视频文案,是以上内容元素的载体。文案本身的风格、字词句引用、篇幅长短等特征,是短视频的重要部分,也是短视频的灵魂。文案是最有价值的短视频分析数据之一。

（4）**视频播放分析**：结合短视频平台或第三方提供的播放数据,可以进行更多的运营分析。

- 构建内容与播放关系基线,评估题材、视频形式与播放数据的关系。
- 对比分析文案内容在客户评论中的反映,提升文案和视频质量。
- 通过完播数据,评价视频构成元素的效果。例如：5秒完播率与前5秒视频元素的关系。
- 对比分析不同视频内容类型与粉丝画像之间的关系。
- 同类型视频数据差异对比,文案类似、场景元素不同情况下的播放效果。

---

**示例：视频《孙子兵法》分析及建议**

**分析提示语**

你是一个视频分析师,可以通过分析视频的场景、主播、文案等,提出改善建议。请分析一下这个视频（见右侧二维码）

分析角度：视频场景的点评及改善建议,主播行为的点评及改善建议,视频内容点评及改善建议。

**视频分析结果**

1. 场景点评

- **优点**：视频场景简洁,书架背景与书籍推荐主题契合,能给观众带来一定的文化氛围,且书架上摆满书籍,从视觉上展示了主播在该领域的知识储备量,增加了可信度。
- **缺点**：场景过于单一,缺乏变化和动态感,容易使观众产生视觉疲劳。背景装饰略显单调,除了书籍外没有其他与《孙子兵法》相关的特色元素来强化主题。
- **改善建议**：可以在书架上增加一些与《孙子兵法》相关的小摆件,如古代兵器模型、兵书样式的装饰品等,增强场景的丰富度和主题感;在介绍不同版本时,切换不同角度或特写镜头展示书籍细节,如封面、内页排版等,使观众更直观地了解书籍外观;可适当添加一些动态元素,如缓缓飘动的书签、若隐若现的兵法谋略图案光影等,增加视觉吸引力。

---

第13章　数智平台与数智化运营

2. 主播行为点评

- **优点**：主播表达清晰流畅，语速适中，讲解有条不紊，对书籍内容熟悉，展现出专业素养，能让观众较好地理解所介绍的信息。

- **缺点**：主播肢体语言较少，基本全程站在原地手持书籍讲解，动作幅度小，缺乏与观众的互动感。面部表情不够丰富，没有根据书籍内容或特点做出相应的表情变化，难以调动观众情绪。

- **改善建议**：增加手势动作，如在强调重点版本或特点时，用手指向相关书籍或做出辅助说明的手势；适当在书架前走动，改变位置和姿势，使画面更具动态感；根据不同版本的特点和价值，丰富面部表情，如介绍特别推荐的版本时展现出兴奋、自豪的神情，提及有趣的历史故事或解读时流露出相应的情感；加强与观众的眼神交流，仿佛在与观众面对面交流，提高观众的参与感。

3. 视频内容点评

- **优点**：

内容丰富全面，对 10 个版本的《孙子兵法》进行了详细分类推荐，涵盖多种解读类型，满足不同读者的需求，无论是初学者、军事爱好者还是深入研究军事哲学的读者都能从中获取有用信息。

对每个版本的介绍详细，包括作者、出版机构、内容侧重点等，还结合历史战例、名人推荐等进行说明，使观众能充分了解各版本的价值和特色，具有很高的参考价值。

推荐理由具有针对性，如考虑到读者对古代汉语发音的疑虑推荐诵读本，对于收藏爱好者推荐珍藏版，体现了对受众的细致关怀。

- **缺点**：整体内容呈现方式较为平铺直叙，缺乏故事性和趣味性，对于普通观众或对《孙子兵法》了解较少的人来说，吸引力可能不足。虽然提到了西方军事理论与《孙子兵法》的对比，但讲解不够深入，只是一笔带过，使这部分内容不够充实。未提及书籍价格信息，对于一些注重性价比的读者来说，在选择时缺乏重要参考依据。

- **改善建议**：在介绍过程中穿插一些与《孙子兵法》相关的历史故事、名人轶事或现代应用案例，以故事引出对不同版本的介绍，增加趣味性和吸引力；对西方军事理论与《孙子兵法》的对比部分进行拓展，选取典型案例深入分析，展示两者的异同和相互借鉴之处；在视频结尾或评论区补充各版本的价格信息，或者提供价格区间参考，方便读者根据预算做出选择；增加互动环节，如提问观众对哪个版本最感兴趣，鼓励观众分享自己的看法或阅读经验，提高观众的参与度和粘性。

### 4. 粉丝画像标签

粉丝特征数据主要来自于粉丝的主页，不同的平台包括的内容可能有一些差异：粉丝的头像、名字信息、年龄、地域（年龄不一定是粉丝真实年龄，地域通常是用户本次登录时所使用的 IP 地址所对应的地理位置）；粉丝的自我介绍信息；粉丝的获赞、关注等影响力信息；

粉丝发布的作品信息。

数智平台的全域全形态数据处理能力,能够提供更全面的粉丝数据。比如对头像和名称进行语义化处理后,对粉丝进行进一步画像。例如:"子涵妈妈"这个名称,能够解读出性别和年龄段的信息。

**除了以上粉丝的静态数据,在数智平台还可以计算获得粉丝的评论、交互行为等动态数据标签。**

- 粉丝活跃度标签,粉丝在企业短视频的活动频率。
- 粉丝互动偏好标签,例如时段、行为方式、内容类型等偏好。
- 粉丝发布内容类型标签,指通过分析粉丝账号发布的作品,分析粉丝的画像。
- 粉丝的商业价值评估,例如购物类型、交易贡献等。此时粉丝已经转化为交易客户。

粉丝数据画像库的数据量较大,尤其涉及粉丝活跃度等动态标签计算时,标签的计算需要读取和分析的数据量更大,对此构建粉丝特征数据库的时候可以采用以下两种技术处理方式。

(1)合理规划统计周期,制定合适的数据刷新频率,合理分配系统计算资源的使用。

(2)以抽样的方式进行,比如分析粉丝发布的内容,可以采用前5个视频、置顶视频、前20个视频随机5个视频等方式。

虽然粉丝数据的数据体量大,但是由于粉丝是客户的潜在群体,涉及新客增长和业务营收,因此对粉丝的数据化能力对企业有重要的价值。通过粉丝画像分析,能够逐渐把握视频质量和传播力的关键,提升企业的获客能力。

### 5. 互动数据分析

#### 1)评论区分析

评论区是重要的交互窗口,评论区互动数据是评估视频内容与质量、品牌影响力的重要依据。企业的业务部门应该给予这部分数据充分的关注。企业的视频内容规划、产品宣发策划、市场调研等重要的市场行为,能够在这里得到有益的输入。

- 对评论区的内容进行聚类或分类分析,能够了解短视频的基本反应情况。能够了解哪些内容更受欢迎,从而优化后续内容的创作方向和策略。
- 不同粉丝群体(年龄段、性别等)对视频内容的正负面评价。
- 对评论者进行分组,分析过路流量与粉丝对视频内容评价的差异。

- 分析视频的新增粉丝与老粉丝对视频内容评价的差别。

需要注意的是,对评论区数据进行分析时,需要对数据进行进一步处理,例如:

- 表情符号是重要的数据类型,需要在评论区进行文字转义,以便更好地分析评论内容。
- 评论区的各种图片和表情包,不是用文字显式的表达,需要进行解读和语义化处理。

**2）互动性分析**

高互动量通常意味着视频能够获得更多的平台推荐和流量,分析这些数据有助于提高视频的可见度。

- 互动行为的整体分析,了解一段时期内短视频的互动效果。
- 分析不同类型的内容与互动行为的关系。
- 分析视频元素特征与互动行为的关系,例如场景、文案、主播等视频元素。
- 内容的互动数据与行业同类视频或竞争对手进行对比。
- 计算互动数据与实际转化(如点击链接、购买产品)之间的关系。
- 按照过路流量、新老粉丝来分别分析互动行为的关系(例如赞评比),洞察流量规律。

## 6. 客户心声与市场洞察

客户运营过程中有很多可以和客户交流互动的触点。和客户深入沟通,分析客户反馈,能够及时了解业务运营过程中出现的问题,尤其是线下业务流程,无法在线上进行数据捕获的业务环节。

很多情况下,当我们发现业务的时候,问题可能已经出现很久。而客户服务过程中客户反馈的信息,能够在服务过程中体现出来,具有很强的实效性,可以帮助我们在早期就发现问题并采取行动。借助数智平台来发现业务问题,洞察客户心声。

(1)充分的收集客户和企业的交互数据,包括客户对商品和服务的评价信息,客户在社群、客户与顾问/客服交流的信息。这些信息存在形式多样,以文字、语音、视频、图片这些非结构化数据为主。

(2)使用数智平台,对这些数据进行统一整理分析,将图片和视频内容归一化成为文本数据,纳入数智平台数据体系,通过数智平台的整理分析和分类分级,帮助企业实现数据驱动的业务运营。

(3)建立客户心声分析体系。对客户反映的情报信息或业务问题分发给对应的业务责任部门,能够快速提升企业的运营效率。例如:用户提到什么产品比较多,反馈了这个产品的哪些问题;用户投诉哪个部门最多,是物流、采购、财物、技术还是客服。通过这些分析,可以让企业调用有限的资源,优先处理客户最关心最紧急的问题。

客户心声这一数据产品,不仅仅适用于内容运营,所有企业的服务窗口都可以使用这一产品,保持企业与市场、客户的有效沟通。

## 13.3　赋能直播与实时互动

实时互动是新商业场景强化体验的重要运营方式,实时互动能够让用户在特定的场景中与品牌进行实时的交流和反馈,这种互动性可以增强用户的参与感和体验感;可以**增强品牌话题性和可见度**,企业可以利用热点事件或趋势,迅速提升自己在社交媒体上的曝光率和讨论度。

直播互动已经成为很多企业的重要销售途径。直播内容实时发生,观众可以即时观看和参与互动,这种即时互动的特性使得直播营销具有很好的流量获取和销售转化的能力。本节我们以直播为例,介绍数智平台为新商业场景的营运模式提供赋能与助力。

直播过程中观众可以通过评论、点赞、打赏等方式与主播互动,这种双向沟通可以增强观众的参与感和归属感。通过直播,主播可以与观众建立情感连接,这种直接的连接能力是一种高效的营销和运营方式。

直播数据由场观人数、转粉率、下单量等结构化数据和直播视频、评论互动为主的非结构化数据两部分组成。借助数智平台,我们可以将结构化数据和非结构化数据结合起来分析,帮助直播效果提升。

### 1. 数智驱动的直播复盘

直播中粉丝能够随时、直接的发表观点,通过对直播过程数据进行分析,我们可以找到影响直播结果的重要场景和环节,为直播方案提供优化依据。

直播的策划与复盘是一个重要的环节,它可以帮助主播和团队了解上一次直播的表现,发现问题并进行改进,从而提升下一次直播的转化效果。每场直播过后,直播复盘产品会生成总结报告,来帮助我们高效复盘、洞察问题。报告主要包括:

**数据回顾**:收集直播期间的数据,包括观看人次、观看时长、互动次数、点赞数、评论数、礼物收入、转化率等。

**内容分析**：回顾直播内容,分析哪些环节吸引了观众,哪些环节可能导致观众流失。

**观众反馈**：收集观众的反馈,包括直播中的评论或社交媒体上的讨论。

**互动效果评估**：分析互动环节的效果,如问答、抽奖、投票等,评估这些互动是否有效提升了观众的参与度。

**产品展示优化**：分析产品展示的方式是否吸引人,是否需要改进展示方法或产品介绍的顺序。

**销售策略优化**：根据转化率和观众反馈,调整销售策略,比如优惠力度、促销方式等。

复盘报告都是围绕着"什么内容和形式产生了什么结果"来生成的。我们通过数智平台可以将直播视频进行埋点、切片、解析,把内容分解成一个个细小动作,并语义化为可分析的文本,比如某一句话术、某一个互动环节。

直播平台提供了基础的直播统计数据,能够反映直播的整体情况,能够使企业对直播过程有大致的判断和了解,但是无法跟进到直播过程之中,进行深度的剖析和挖掘。**在数智平台的赋能下,数据分析能够进入到直播过程中,对文案、对互动过程、对气氛等重要元素能够进行详细且有效的解读。**不再只依赖人来对直播过程进行复盘分析。

直播数据驱动场景中,数据的时序性是关键。如我们在前面技术章节中介绍,文案进程、互动过程、交易动作、主播行为都以时间轴作为主线串接起来。通过分析各维度数据在各个时间点的不同表现,洞察和分析整个过程。找到影响结果的内容,提出直播的改善策略。

通过跟踪泛流量和粉丝在直播间的踪迹,分析泛流量和粉丝的画像数据,了解不同画像的流量群体对直播间的反应,来验证直播营运对业务目标的达成情况。

我们还可以分析竞争对手的直播视频,了解他们的成功之处和不足之处,比如文案话术分析、环境与场景布置分析等,从中吸取经验。这部分工作可以借鉴企业视频分析的分析方案。

### 2. 智能提词与提示

直播中实时捕获观众舆情数据,可以帮助主播及时调整内容和策略,以便更好地实现营运目标。在直播过程中,主播是否能很好地控场、是否能很好地和观众互动,直接影响直播的效果。

直播过程中,通常由直播助理收集和统计观众反馈数据和信息,提供给主播,主播做出针对性回答。直播中粉丝发言经常快速刷屏,对直播助理收集信息、总结信息的能力有很高要求。高场观的直播中即使配备多名直播助理,也无法有效地协同并高效率完成这一任务,也会增加企业运营成本。

通过数智平台驱动的智能提词功能,可以通过如下几点,解决直播过程中实时管理的问题。

(1) 提供要点和关键词提词,减轻记忆负担,使主播更加从容和自信。

(2) 智能提示能力可以对直播文案和过程进行跟踪,帮助主播执行预定的流程,关键节点进行提醒。

(3) 智能提词产品可以实时收集用户评论等反馈信息,筛选紧急问题、统计高频问题,给出提示并给出建议话术,协助主播根据观众需求和突发情况对直播进程进行调整。

(4) 智能提词可以追踪主播的直播过程,对主播的语速、情绪变化、场控和氛围营造进行实时提醒。

(5) 增强直播互动性,确保流畅的观看体验,并让观众保持参与度。这些功能有助于提高用户留存率和观看时长,获取平台更多的流量推送。

### 3. 智能数字人直播

数智平台结合数字人直播为企业提供了一个高效、低成本、个性化且具有高度互动性的新型营运方式。数字人成为了数智人,有眼睛可以看到用户的反馈,有大脑可以给出合理反馈和互动。

#### 1) 主播管理方面

企业可以根据自己的品牌形象和需求定制数字人的外观、声音和动作,减少了对主播个人特质和管理的依赖,降低了管理成本和复杂性。数字人直播不需要雇佣真人主播可以显著降低成本,做到 $7 \times 24$ 小时不间断直播。

#### 2) 直播管理方面

企业可以完全控制数字人直播的内容,确保信息的准确性和合规性,数字人直播可以避免真人主播可能产生的违规行为,减少直播过程中的不可控风险。数字人不会出现疲劳、生病或情绪波动等问题,能够保持直播的稳定性和一致性。

**3）互动体验方面**

实时监控直播间的弹幕和评论,捕捉观众的问题和反馈,自动给出应对话术,提高直播的时效性和互动性。只会生硬播报话术的数字人,已经在这个 AI 高速发展的时代被淘汰。懂产品、懂业务、能应变的数字人更有真实感。

**4）直播策划方面**

数智平台中管理着企业的产品、业务流程、粉丝画像等大量的数据与知识,通过数智平台对粉丝群体的画像分析等大量的数据与知识储备,结合企业的营运目标,数智平台可以提供包括产品介绍、互动话术、流程建议等直播策略和内容建议。

# 13.4　提高新场景的销售转化率

在新商业场景中,强互动的运营方式,除了体现在通过特定场景体验和特定交互方式来实现引流,也体现在营销转化的环节。由于一对一销售(如面销、电销、网销)转化具有很强的沟通互动能力,是非常有效的客户转化方式,也是新商业运营在转化坏节普遍采用的销售转化方式。

通过与客户进行即时的一对一沟通,销售人员可以快速响应客户的问题和需求,还可以接触到远距离的客户,不受地理位置的限制。

销售转化沟通的过程数据,无疑是销售过程管理中最重要的信息依据。打开沟通过程的黑盒,我们会发现,体现沟通过程的会话数据对场景中的销售话术、客户关注以及产品介绍等过程进行了非常详细的记录。数智平台通过对会话数据进行文本化处理,将话术内容、会话量、发言占比等会话特征与销售转化、客户画像、产品特征等数据进行关联,能够获得更多的营销规律。

由于会话数据是非结构化数据,之前往往被长期储存却没有有效利用。数智平台开始发挥这些暗数据的巨大作用,提升销售的转化。

**1. 成单特征分析**

通过成单特征分析,让管理者和一线管理人员能够对所售卖的产品,如何更好地实现转化有整体的认识。成单特征的提取,对于标准话术设计和管理指标的设定也有重要的参考价值。成单特征分析主要分析高转化率的沟通过程特征和成单客户的客户特征。

成单特征分析的第一步,需要实现会话数据和成交订单的关联,从而提取出与订单转化成功相对应的会话内容。很多时候一个成功的订单会关联到多个会话,这些会话需要按照时间顺序进行排序和整合,进行完整的分析。

**1) 会话特征分析**

对于指定的产品,沟通时长、销售人员和客户的发言比例、销售人员的语速、沟通时间段等,通常都是成单会话分析中的会话特征。会话特征还包括对产品的功能、优势等表达内容和表述方式的特征。

**2) 成单客户特征**

成单客户特征分析通常包括两类客户数据。

第一类是客户画像数据。包括客户的年龄、性别等基础客户数据,这部分数据通常在企业的客户资料库中,由企业的其他数据源产生,描述客户的基础信息。

第二类数据是沟通场景中捕获的客户特征。在沟通过程中,比较容易的采集到企业其他系统无法获取的信息。比如家庭成员等静态数据,或者客户意向度、客户关注点等动态数据。

采集客户动态数据时,需要进行话术的设计,在话术中进行"埋点",通过预设询问的方式收集客户必要信息,以便结合客户画像属性,分析转化成功的用户有哪些共同画像特征。同时也能够补充丰富完整的客户资料。

图 13-14 是一个成单特征分析的示例,供大家参考。

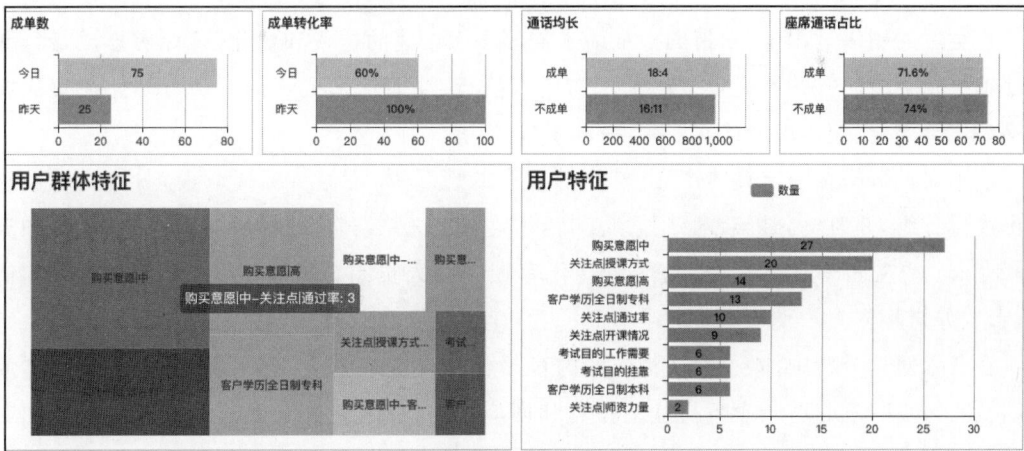

**图 13-14　成单特征分析**

## 2. 优秀话术提炼

通常销售转化团队存在非常明显的二八定律,不到20%的销售精英产生80%的业绩。80%的普通销售人员中,有相当比例的员工不能够满足业绩要求。这种情况使得销售转化团队的人员流动非常大,管理难度很高。

在我们接触的企业中发现,销售团队的招聘和培训,耗费企业大量的精力和成本。销售人员的非标属性、招聘组建团队的困难,是销售团队组织管理的一大难题。数据驱动、话术赋能是从根本上解决这个运营泥潭问题的方法。

通过对达成交易的沟通过程进行分析,企业可以了解掌握产品、表述和客户之间的沟通规律,进而能够更好地进行销售过程的设计。企业可以快速地复制会话互动中的经验和技巧。

结合话术模板,评估销售话术的有效性。包括开场白、产品介绍、对话交互要点等。**通过对沟通过程分析,捕获客户的关注、兴趣、顾虑、质疑等关键内容要点,分析不同沟通节点客户的反馈信息,分析哪些环节的哪些话术对成单起了正向作用。**

通过以上分析,能够帮助企业快速形成有效话术,将话术提供给销售人员,能够让销售人员快速掌握销售技巧。在提升企业销售能力的同时,也能够降低销售人员的业绩压力,降低人员流失数量,从而降低企业的管理成本。

## 3. 话术对比分析

在实际的销售过程中,销售的标准话术需要多次快速的迭代和优化,才能够形成最佳话术。销售精英有时候并不完全按照话术的要求执行,反而带来更好的业绩。如何在实战中洞察话术金句,快速形成最佳实践,是一项重要能力。

话术对比分析在限定具体产品、价格等因素的情况下,不做目标提取设定,直接对销售人员进行分组,并对比分析话术差异,观测转化效果。把总结隐含规律的任务交给系统和算法来完成。常见的对比方法是,由成单转化率较高的人员组成的优胜组,对比普通组的话术,形成分析报告。

在话术对比分析中,除了发现沟通的内容要点,也能够捕获针对不同产品和客户群体的沟通技巧,包括提问技巧、倾听与互动技巧和回应策略,总结如何有效地引导客户兴趣和交易达成。

数智平台中使用大模型进行文本数据分析,利用大模型的推理能力帮助我们实现差异和效果对比。

如图 13-15 话术差异对比示例所示,话术对比分析也经可以用来对比"优胜组"和标准话术组的效果,用来精进标准话术。通过不断的优化话术-分配话术-验证话术,将我们的话术体系打造的更具实战价值。

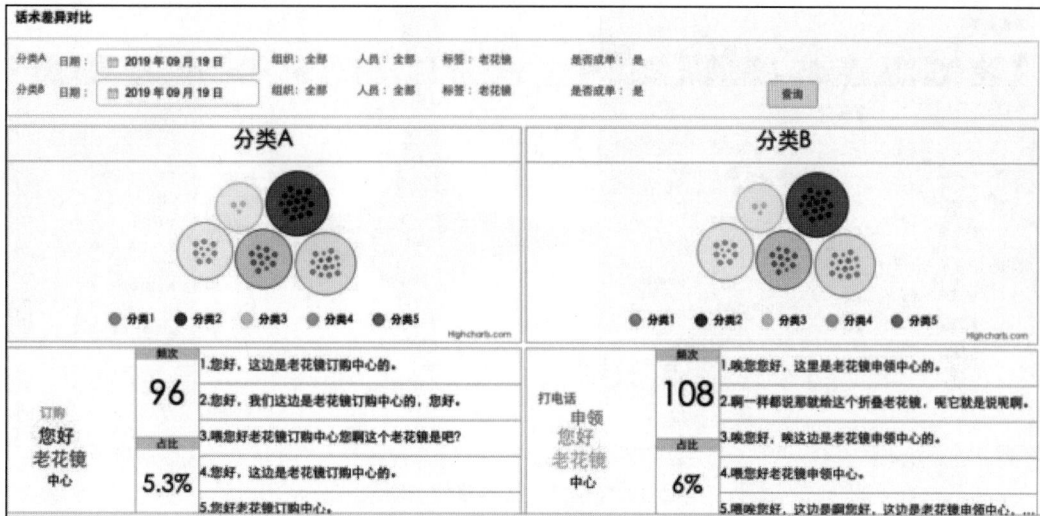

图 13-15　话术差异对比示例

也可以用来对比标准话术和员工话术,检查监督团队对话术的执行情况。强制性要求普通人员或者经验欠缺人员执行标准动作,快速拉齐转化能力。

### 4. 实时话术辅助

在企业中,我们发现企业经常有数百种以上的售卖产品和大量相关资料,或者动销、热销产品经常变换,需要经常性的更新话术。这些情况对于销售转化团队来说很难全部掌握,对于一个新员工来说更是难上加难。通过 AI 辅助技术,在销售和用户的沟通过程中,实时给出建议话术和相关产品信息、卖点或优点,能够让销售人员都能更从容的应对客户提出的问题。

在实际管理过程中,班组长由于自身的业绩压力等原因,很难给到新员工充分的辅导,新员工的成长周期长,在工作早期适应难度大,压力也大。而且班组长通常是销售经验丰富的员工,大量时间用于基础辅导工作,非常影响班组长个人业绩。

实时话术提示能够在销售的会话过程中，根据对话的情况及时给出话术提示，相当于为每一位员工配备一名有经验的辅导员，能够辅助销售人员提升销售业绩，降低一线班组长的管理压力。

实时话术辅助示例如图 13-16 所示。

图 13-16　实时话术辅助示例

### 5.案例：意向分析，提升销售转化

某家酒业公司，产品是自有品牌系列白酒，公司经营特色是酒和文化的结合，主要通过语音直销的方式来完成销售。

2000 个语音直销人员，每个语音直销人员每天有几十通的语音直销电话。销售通话过程的录音，对企业来说是非常重要的数据。企业已经列出了一些对企业来说非常重要的通话分析需求，其中最重要的一个需求，就是判断这些通话中客户的购买意向度。

通过数据分析筛选出来有意向的客户，这些客户被转化的概率更高。针对这些客户的关注和顾虑，进行专门的产品提供、场景与话术设计、套餐和价格制定，安排更有经验销售人员的跟进，能够有效提升意向客户的销售转化和客单价。

为此，项目早期为了数据的生产进行了不少工作。包括通话录音的声学特征分析（语速、时长、音调强度变化）、NLP 的语义识别等。为了通话双方角色区分的准确性，专门进行了声纹的模型训练，甚至设计了硬件来从通话线路上分离角色。经过不懈努力，识别准确率达到了 90%。然而最终由于成本的原因和维护复杂度的原因，该项目没能全面使用。

在 GPT 进入国内后，团队立刻使用 GPT3.5 进行了效果测试。在还没有做针对性模型训练工作的情况下，使用 GPT 的文本分析也达到了不错的准确程度。对客户意向度的判断的准确率，就已经达到了客户要求。

GPT 的这次应用，也给技术团队带来很大的震撼，技术团队直接使用 GPT 而没有进行额外的模型训练开发，就已经达到了客户的要求。后续对豆包和 DeepSeek 的评测，发现效果更好。智能时代，技术人员的数据开发思维也要升级。大模型已经具备了可以落地应用的推理能力，数据体系以及整个软件开发产业都会面临巨大变化。

# 第 14 章　数智平台与企业数智化

当前,智能化的时代已经到来,现在企业已经开始了解大模型、思考大模型以及其带动的人工智能技术如何在企业落地。在有的企业信息化还没有完成的时候,另外一些企业已经完成关键业务的数字化运营,并感受到了人工智能技术对行业和产业带来的巨大冲击。

大模型为代表的智能技术是新质生产力,这是一次工业革命。工业革命的颠覆性是无须讨论的,留给行业和企业的只是时间问题,降维打击的严酷程度远远高于竞争的激烈程度。

互联网凭借其连接能力和极高的效率,对各行各业产生了巨大冲击。简单地说,互联网的连接能力是缩短空间距离,还是在"把事情做得更有效率"层面,而人工智能的能力和特点是"替代人来做事"。例如,网约车对出租车司机造成了冲击,但是无人驾驶的目标是不再需要司机。

## 14.1　智能时代的数智变革

时代前行的脚步在加速,当前人工智能技术的发展日新月异,几乎每天都能看到新的进展。人工智能技术快速发展的同时,数字世界正在逐步走进并成为人类生活的一部分。两个平行世界(即真实世界和数字世界)相互融合、深度互动,数字世界中万事万物都将以数据,尤其以非结构化数据呈现在我们面前。

在非结构化数据的驱动下,智能技术和大数据生态将搭建起两个世界的桥梁,我们应该重新理解大数据的价值。我们正在经历从数据的思维方式到数据的技术体系发生的颠覆性改变。

### 1. 运营模式之变

在当今数字与虚拟世界日新月异的时代,企业的商业营销与运营模式正经历着深刻的变革,在数字与虚拟世界中有效地进行商业营销与运营活动,与消费者建立更深层次的联系。

企业正利用先进技术构建包含社交、生活、经济等多维度的数字世界平台,实现现实世界与虚拟世界的深度融合。在虚拟世界中,品牌构建一套完整的经济运作体系,加强与消费者的联系,注重销售体验,并赋予消费者更多控制权,让他们深度参与品牌建设,实现个性化体验。

为了适应数字时代的需求,企业需采用内容营销、场景营销、社交媒体营销、KOL 营销等多种营销和运营模式。面对媒体环境的结构性变化,品牌可以高效利用媒体来积累用户资产,提升品牌知名度与美誉度,并利用信息技术实现全链路"品效合一"的优化。

随着元宇宙概念的兴起,企业开始利用虚拟人直播进行营销,通过创建具有人类外观与行为的虚拟形象,向观众传递内容,宣传品牌价值。这一创新模式不仅为企业提供了数字化转型的新路径,也为用户带来了前所未有的体验。

一些品牌已经开始在元宇宙中进行营销探索,如奈雪的茶通过构建虚拟数字人、数字藏品、虚拟空间等元素,创新会员体验,增强品牌的未来感与年轻群体的连接。此外,品牌还通过在虚拟空间展示虚拟服饰等方式,为 Z 世代带来新颖的时尚体验,满足他们对个性化与新鲜感的追求,同时响应环保潮流。

以数据为基础驱动力,提早发现客户需求、互动式交流、更流畅愉悦的体验、对客户更深刻的影响、主动式的营销成为智能营销的主要特征。

### 2. 数据思维之变

百度创始人李彦宏在 2017 年 5 月 23 日的"2017 百度联盟峰会"上首次提出 AI 思维的概念。李彦宏认为,人工智能时代将从根本上解决人与万物交流的问题,AI 对社会的改变在本质上与互联网不是一个量级的——人工智能将把原来的不可能变成可能。他进一步指出,智能时代要适应未来,每一个人和每一个企业都需要拥有 AI 新思维。AI 新思维包括万物互联,新型人与物的关系,对市场、用户、产品、企业战略等进行重构的思考方式。

在乔希·沙利文 *Mathematical Corporation* 一书中,提出了更为激进的观点:以前的数据分析是落后的方式,基于抽样统计的数据和挖掘分析的方法是以前的数据思维。直接基于原始数据的客观规律训练模型的,AI 解读的机器智能思维,是现代企业要快速掌握的思维方式。

随着大模型的推理能力的增强,AI思维作用越加显著,正在成为主要的数据驱动思维。AI思维与传统数据思维最大的区别在于,以前的数据思维要求人们根据事实数据进行判读,即先看明白数据再做决策;而AI思维可以让人们通过智能的方法,开始解读那些以前人们无法理解的数据,探索原来人们不清楚的规律,并能够进行预测。

### 3. 数据分析之变

按照《大数据时代》中所描述非结构化数据占据95％的比例,我们现在的数据体系中,相对成熟的数据仓库和BI数据分析体系,主要面向的是结构化数据,只有非常小的体量占比。

相比以非结构化数据为主的数据分析方式,我们之前以BI为代表的数据分析方式,更像是数字分析而不是数据分析。例如我们看到的报表,是在各种表格表头约定下的数字;可视化图表也是以更直观方式表现的数字;我们在OLAP(在线分析处理)的多维模型中定义的,还是各种维度组合之下的数字(度量)。我们关注的是数字的上涨还是下降,数值的变大还是变小,而在全形态大数据价值分析的智能时代,关联关系的重要性超过了因果关系的重要。

**大数据的根本目的在于发现和利用数据中的关系,这些关系超越了传统的数值形态的语义包含,涵盖了更广泛的数据类型和维度。** 通过深入分析这些数据,我们可以更好地理解现象,预测未来趋势,并做出更明智的决策。

### 4. 技术方式之变

与AI思维相对应,面对巨量的非结构数据,数据计算、处理方式也发生了根本性的改变。数据分析是通过用原始数据训练出智能模型(例如大模型),使用智能模型具备的模仿、推理能力,模仿我们人类的内容理解方式,来帮助我们分析数据的含义。而不是我们以前那样直接给出约定,来简单、强行地解析数据结构(例如ETL的抽取和转换)。在数智平台中的GTL数据处理过程,就是与ETL数据处理方式的明显对比。

大模型的成功是大量数据的训练结果,而不是算法的技术突破,是数据内在隐含关系的发现。对于数据来说,这种隐含关系可以反映在数据内在的几何结构上,这种几何结构对应一个更加复杂的空间,复杂到已经远远超出我们日常生活的几何空间,是高维的向量空间。

当前大模型的发展,尤其是GPT的能力被人们看到后,人工智能的发展被指出了方向。大模型作为人工智能发展的标志性成果,人们普遍认为以大模型为代表的人工智能正式进入了强人工智能阶段。

目前大模型还不是真正的智能，是人们通过大量数据训练出来的数据模型。虽然从量变到质变的这个技术路线，是否能够产生具有自主意识的真正智能犹未可知，但是大模型现在表现出来的能力已经能够解决很多问题，尤其是在非结构化数据的解读理解和分析推理上，能够大幅降低技术门槛，并取得惊人效果。

## 14.2　从数字化转型到数智化转型

企业数字化转型的目标是利用数字技术改造和升级企业的业务模式和运营流程，以提高效率、降低成本、增强创新能力和市场竞争力。在企业数字化转型的任务正在进行的同时，时代没有停歇，智能化转型的时期已经到来。**未来已来，就在身后**，当人们意识到数智时代即将到来的时候，它已经站在我们身边了。数智化结合了数字化和智能化的特性和要求，正在成为转型的方向，数字化转型演进到了数智化阶段。

### 1. 数据是数字化和智能化的基础

以下是一些机构组织对企业数字化转型的定义。

**1）国务院发展研究中心**

数字化转型是利用新一代信息技术，构建数据的采集、传输、存储、处理和反馈的闭环，打通不同层级与不同行业间的数据壁垒，提高行业整体的运行效率，构建全新的数字经济体系。

**2）阿里巴巴**

阿里巴巴提倡"一切业务数据化，一切数据业务化"，认为数字化是一个从业务到数据、再让数据回到业务的过程。企业数字化转型的关键在于 IT 架构统一、业务中台互联网化、数据在线智能化。

**3）亚马逊**

数字化转型的本质是信息技术和能力驱动商业的变革。企业数字化转型的三个关键是：第一，建立起数字化的企业战略、模式和文化；第二，企业掌握驾驭数字化新技术的能力；第三，将数据视为企业的战略资产。

**4）IDC（International Data Corporation，国际数据公司）**

数字化转型是利用数字化技术（例如云计算、大数据、人工智能、物联网、区块链等）和能力来驱动组织商业模式创新和商业生态系统重构的途径和方法。

以上各种对数字化转型的定义，都指向了企业的数据能力。因此我们讨论数智平台和数据体系的建设，实际上就是在讨论企业数字化转型最直接和最关键的问题。**数字化依赖数据能力，智能化也依赖数据能力**。

各类新技术、新商业模式本质上都是在采集更多的数据，使传输数据速度更快、存储数据更高效、数据的业务涵盖更丰富更全面、挖掘的数据价值更有意义。从数据的角度看，无论企业是什么行业领域和产业方向，所有企业都是数据公司。无论企业是有意还是无意，也无论企业的规模大小，不同的只是数据能力处于不同的阶段。随着企业的发展，企业对数据依赖的程度越高，逐渐走向以数据为基础的数字化实现路径。

智能时代，企业无法跳过数字化而进行智能化，也无法不考虑智能化而推动数字化。无论是数字化还是数智化，数据都是支撑基础。

人工智能的工业革命已经开始，数智化正在升级数字化的理念。数字化的理念已经被包含在数智化中，并且有了更高的要求。**企业需要构建全面的数智化能力框架，以数据为核心，智能化技术为工具，推动企业的持续创新和长期发展。**

### 2. 数智平台为转型提供数据支持

数据对企业的赋能，仍然是数智化转型的主要任务，企业的主要业务数据如图 14-1 所示。

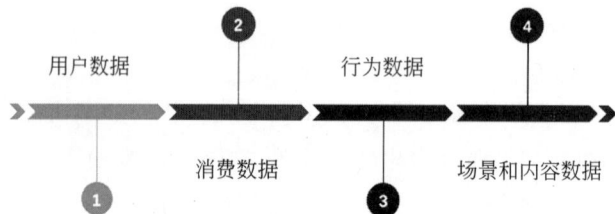

图 14-1 企业的主要业务数据

以下是企业数据中，对业务提升最关键的数据主体：

- **用户数据**：如性别、地域、推测职业等。用户标签包括用户的基础属性。
- **消费数据**：如消费习惯、购买意向、是否对促销敏感等。消费标签用于统计和分析用户的消费习惯。

- **行为数据**：如访问时间段、频次、时长、访问路径等。行为标签用于分析用户的行为。
- **场景和内容**：描述记录企业与用户之间的服务、营销等过程中的场景细节、互动过程、传递内容等详细信息。更全面的捕获交互细节信息，更全面的赋能企业的业务活动。

我们可以发现，传统行业主要分析前两种数据，用户数据和消费数据；互联网模式主要研究前三种数据，主要是增加了行为数据，通过捕获更多的用户行为和特征，对用户进行进一步的画像和描述；智能时代开始，企业需要研究全部的四种数据。在第四种数据，场景数据中，客户可能还没有形成购买意愿，只是在询问和交流，企业就能够开始数据获取和数据分析的活动，使企业在交易过程中就可以介入；而用户的消费数据中，客户已经完成购买，是交易事后数据。

数智平台是智能时代数据体系的基础，能够支持企业需要的这四大类业务数据，有能力解读和分析非结构化数据，建立企业全域、全形态的数据体系。

### 3. 数智平台是转型的关键节点

数智平台是智能时代企业的数据平台。**本书论述的构建数智化数据平台，实际上是在实践层面、在关键路径上论述企业数智化转型的问题。**企业构建数智平台，以数智平台来推进企业数据的能力，实质上是在直接推进企业数智化转型的具体工作。

数据在企业中对业务和技术体系具有强连接的属性，尤其是到了互联网时代以后，这种连接关系更加紧密。技术和业务升级是数智化转型的两个主要方向，数智平台是数智化转型路径上的关键节点。

我们在前面论述了数据能力是企业数字化转型的基础。在智能时代，结合人工智能技术，升级企业的数据驾驭能力和数据体系，是推动企业转型的最直接有效的方式。数智平台同时推动企业的数据能力和技术应用的场景化落地。在数智平台中引入的智能技术，能够为企业组织的场景化运营赋能。

数智平台能够为企业提供更全面的数据覆盖，更深度的数据价值挖掘能力。帮助企业收集、整合、分析大量内外部数据，为管理层提供科学、精准的决策支持；可以优化生产流程、提高供应链管理效率、降低运营成本。

在当前时代的商业环境下，企业的商业模式、市场经营、业务运营等企业活动，正在朝着全场景、全流程、深互动的新商业场景的运营方向发展。企业的数据能力，尤其是对非结构化数据的治理和应用能力,成为了时代对企业的基本要求。构建数智平台,应用数据赋能,提升企业竞争力,比无规划、无计划和被动式的落地各种 AI 技术,更加稳妥有效果。

数智平台提升企业的数据能力,是企业自身整体能力的提升,而不是工具方法的战术性提升。技术一直会处于快速发展的状态,但企业对数据能力的要求相对稳定,提升数据能力就是在提升企业的运营力和竞争力,数据能力的投入能够让企业沿着正确的方向前进而不冒进。

## 14.3 数智化转型营运先行

随着智能化时代的到来,企业连接用户的能力和方式升级了,定义和交付的产品、服务变了,组织协同的方式也变了。选择与核心业务紧密相关或当前的痛点作为转型的起点,对企业的数智化转型更有效率。例如,如果供应链效率低下,可以从供应链数字化入手;如果客户体验不佳,可以从客户服务的数据洞察开始。事实证明企业为了转型而转型,没有根据企业自身情况确定战略、目标和节奏而全面铺开,转型成功的概率非常低。

**企业不应该以全面重构、重组、重建的方式来进行数智化转型,这是危险的想法。数智化转型是一个过程名词,而不是一个结果名词。**我们知道智能化是发展趋势,企业不能完全把控市场的变化。整个组织的思想理念、思维方式,流程改造和能力提升,以及组织人员的优化、人才储备都不是简单的项目型动作能够完成的。

发展是企业的首要任务。**营收业务数智化先行,是富有效率的转型方案。**营收业务部门主要针对的是以盈利为目的而进行各类工作的部门,是营销和运营一体化的大运营概念的相关部门。通俗地说,就是为企业赚钱的部门,一般来说包括市场部门、销售部门、运营部门。

数智化转型工作从营收部门开始,先从赚钱的业务开始的好处,主要体现在以下几个方面,如图 14-2 所示。

(1) 快速见效,增强信心。

营收部门是企业盈利的核心,其业绩直接关系到企业的生存和发展。从营收部门开始数字化和智能化转型,能够迅速看到转型带来的实际效益,如销售额的增长、客户满意度的提升等。这种快速见效的转型成果将大大增强企业管理层和员工的信心,为后续在其他部

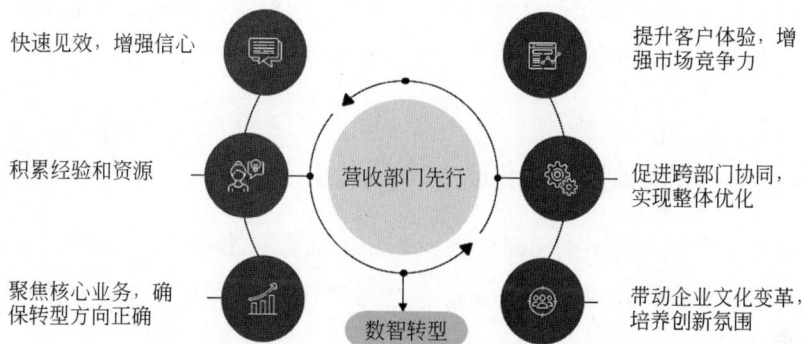

图 14-2　数智化转型营运先行的好处

门的转型工作打下坚实基础。

（2）积累经验和资源。

营收部门的数字化和智能化转型过程中，企业会积累大量的经验和资源，包括技术、人才、数据等。这些经验和资源可以为其他部门的转型提供有力支持，降低转型的风险和成本。同时，营收部门的成功案例也将为其他部门树立榜样，推动整个企业的转型进程。

（3）聚焦核心业务，确保转型方向正确。

营收部门通常涉及企业的核心业务和关键流程，从营收部门开始转型能够确保企业聚焦在最重要的业务上，避免在转型过程中偏离方向。通过对营收部门的数字化和智能化改造，企业可以更加清晰地了解自身业务的瓶颈和痛点，从而制定更加精准的转型策略。

（4）提升客户体验，增强市场竞争力。

通过强化数据能力，引入先进的技术和工具，企业可以更加精准地把握客户需求，提供更加个性化的产品和服务。这种以客户为中心的服务模式将大大增强企业的市场竞争力，吸引更多的客户并保持客户忠诚度。

（5）促进跨部门协同，实现整体优化。

营收部门的数字化和智能化转型将促进企业内部各部门之间的协同合作。通过打破数据壁垒，实现信息共享和流程优化，企业可以更加高效地整合资源、降低成本并提升整体运营效率。这种跨部门协同的转型模式将有助于实现企业的整体优化和持续发展。

（6）带动企业文化变革，培养创新氛围。

从营收部门开始数字化和智能化转型将推动企业文化的变革。在转型过程中，企业需要培养一种敢于创新、勇于尝试的文化氛围,鼓励员工积极参与并提出改进建议。这种文化氛围将有助于激发员工的创新潜力,推动企业不断创新和进步。

## 14.4 案例: 如何高效率推动数智项目

我们通过一个案例来说明如何高效地验证和落地数智化项目,从而增强企业数智化转型的信心与速度。本案例介绍了如何用 18 天先行验证一个计划 18 个月完成的技术与业务流程重构项目。

这是一家知名的互联网公司,公司业务发展迅速。难得的是公司的高层对数据驱动的业务运营非常关注,企业的决策者主动寻找数据运营方面的专家,派人接触甚至直接见面交流。案例发生在国内互联网业务开始从传统的广告促销流量,到精细化运营的大转变时期。

也正因为高度重视,企业综合各方建议,发起了一个长达 18 个月的大型项目,对核心业务的运营体系和交易系统进行大规模升级重构。团队由国内实施团队和国内、国外的算法团队组成。近百人的团队,项目范围涉及主线业务的系统优化和全公司的协同。投入高、时间长、头绪多、项目推动的复杂度高。

在我们和企业一起评估完整个项目后,对整个项目计划进行了调整。改变了原来项目启动之初就开始进行大规模数据开发、模型训练并且同时开始升级核心业务系统的方案。

主要进行以下调整:

(1)把业务覆盖进行细化、分拆和优先级排序,先从最影响销售转化的 APP 首页开始,并且第一阶段只对首页进行。这一阶段周期为 18 天,目标有两个:第一个目标是验证可行性,评估预期收益,同时对现有系统智能模型的对接能力进行评估;第二个目标是进行数据分析与效果评估,发现问题并制定优化或重构方案,为下一阶段的工作提供数据参考。

(2)把原来的大型智能算法模型,调整为多步实现。关键的第一步,只分析、提取影响销售的三个因素,逐步优化这三个因素以及这三个因素和流量的匹配关系。

(3)在第一阶段,只使用整体流量的 10% 进行 AB 测试和对比运营。保证算法的效果能够有稳定的基线对比,降低项目对整体运营产生影响。

(4)采用迭代的方式,对整体业务流程进行分段,并分别对主要的流量路径进行智能算法的优化和评估。

（5）团队进行分组，每个小组和对应的业务运营人员结伴，保证每个环节效果数据的真实可靠。

经过调整，这个智能升级项目从开始的"憋大招"，到分步骤取得阶段性成果。18天项目上线后数据显示，采用个性化推荐比原来人工排期商品销售，转化率提升2.3%。在项目全部完成后数据显示，转化率提升在7%以上。

事后复盘，我们取得了以下成果：

- 直接从营收转化入手，让决策者快速看到效果，并能够对项目最终的获益进行评估。
- 企业决策者能够快速看到效果，增强了信心，为实施团队增加了项目推动力。
- 打消顾虑，增强了管理层的信心和企业各部门参与的积极性，项目协调更容易。
- 团队的实施能力逐步提升，问题逐渐显露，避开了原有计划中隐藏的风险。
- 团队的组织和分工更加清晰，问题的定位和解决效率更高。
- 项目能够在每一阶段收获经验，每一阶段都能为下一阶段奠定基础，提供有价值的输入，整个项目在控制范围内推进。
- 人员迭代使用，平滑了整个项目的投入节奏，项目综合成本降低。

项目的成功统一了企业对数据运营力和智能模型的信任度。实现方案上，在宏观规划的基础上建立合理的计划，直接面对企业的重点关切；能够在关键业务点快速见效，赢得企业组织的信任并增加决策者的信心，是项目成功的关键，为后期项目整体落地打下良好的基础。

企业的数智化转型，不要幻想一蹴而就，因为世界上不存在保证成功的转型操作指南、企业甚至要忘掉转型的执念，改为拥抱数智技术，提升运营力，增强竞争力的务实理念。

# 参 考 文 献

[1] 奥维克托·迈尔·舍恩伯格,肯尼思·库克耶. 大数据时代[M]. 盛杨燕,周涛,译. 北京:浙江人民出版社,2013.

[2] 比尔·恩门,玛丽·莱文斯,兰吉特·斯里瓦斯塔瓦. 构建数据湖仓[M]. 上海市静安区国际数据管理协会,译. 北京:清华大学出版社,2023.

[3] 比尔·恩门,戴夫·拉皮恩,瓦莱丽·巴特尔特. 数据湖仓[M]. 上海市静安区国际数据管理协会,译. 北京:人民邮电出版社,2024.

[4] W. H. 因蒙,丹尼尔·林斯泰特,玛丽·莱文斯著. 数据架构[M]. 黄智濒,陶袁,译. 2版. 北京:机械工业出版社,2021.

[5] 阿南德·德什潘德,马尼什·库马. 人工智能技术与大数据[M]. 赵运枫,黄伟哲,译. 北京:人民邮电出版社,2020.

[6] Bill Inmon. 数据湖架构[M]. 吴文磊,译. 北京:人民邮电出版社,2017.

[7] 路德维希·维特根斯坦. 逻辑哲学论[M]. 黄敏,译. 北京:中国华侨出版社,2021.

[8] 约瑟夫·希发基思. 理解改变世界:从信息到知识与智能[M]. 唐杰,阮南捷,译. 北京:中信出版集团,2023.

[9] A. J. 艾耶尔. 语言、真理与逻辑[M]. 尹大贻,译. 上海:上海译文出版社,2015.

[10] 王维. 语言·意义·世界:语言哲学简史[M]. 北京:中信出版社,2024.

[11] 菲利普·科特勒,凯文·莱恩·凯勒,亚历山大·切尔内夫. 营销管理[M]. 陆雄文,等译. 16版. 北京:中信出版集团,2022.

[12] 菲利普·科特勒,陈就学,伊万·塞蒂亚万. 营销革命5.0:以人为本的技术[M]. 曹虎,等译. 北京:机械工业出版社,2022.

[13] 曾鸣. 智能商业[M]. 北京:中信出版社,2018.

[14] 吴声. 场景革命:重构人与商业的连接[M]. 北京:中信出版社,2015.

[15] 吴声. 场景纪元:从数字到场景的新商业进化[M]. 北京:中信出版社,2020.

# 后 记

### 1. 本书思想和方案的形成

从 Teradata 公司开始了我的数据从业经历，有幸和很多优秀的同事一起工作。Teradata 完整的体系框架、全面系统的数据思想、成熟的方法论让我获益匪浅。其间带领过一些大型的数据仓库和数据系统项目的建设，虽然所有的项目都顺利交付，但是总是感觉数据可以发挥更大的价值。

随着互联网的发展以及大数据概念的逐渐普及，我意识到数据在互联网模式中，能够为企业的运营提供更多的价值。加入京东，负责京东后台数据部后，开始了在互联网行业的数据系统建设和数据价值应用方向的工作。后来的职业经历中，无论是负责研发、负责运营还是作为联合创始人创办大健康领域的 O2O 公司，我都会直接负责数据团队。

互联网行业的从业经历，亲历亲受了数据在企业中的作用和贡献，也更深刻体会到运营的过程数据对运营的价值。越是全面细致的描述运营过程和客户的数据，可以挖掘出的价值越高。

由于乐视集团的生态模式——多样的数据形态和业务模式，我于 2016 年入职乐视担任乐视集团数据副总裁，半年后在乐视集团成立了数据资产部，开始着手全面梳理集团数据资产，全面管理七个商业生态、二十多个子公司的数据资产并实现数据打通。但是由于乐视集团众所周知的原因，我离开了乐视集团，并成立公司，旨在帮助企业构建能够全面管理和治理全形态数据的数据体系。

2017 年至 2023 年之前，在大模型成熟之前的这段时间内，对各种形态的数据的解读需要分别训练不同的模型。语音识别、图像识别、自然语言处理各种形态的数据的理解和解读，技术多样性以及工程化的复杂度，都是全面整合企业数据、构建全形态数据体系的严重障碍。尤其是高质量数据的标注导致的成本等因素，严重限制了全形态数据体系的快速推进。这个阶段，由于语音识别的成熟度相对较高，我们的数据体系和产品也主要以语音数据和结构化数据为主构建。

2023 年开始，大模型开始广泛普及，对文本以及其他非结构化数据的理解能力快速提升，开源大模型使企业能够直接用来进行非结构化数据的解读分析。多模态大模型的快速发展，使得人们对各种非结构化数据的解读也越来越准确。我们在辅导企业落地行业大模型和亲自训练行业大模型的经验也充分证明了这一点。全面构建"真正大数据"的数据体系的时代到来了。

**本书中构建以大模型为数据引擎，语义化转译、并归一化各种非结构数据形成文本数据资产的理论和方案，是在以上介绍的过程中形成并发展起来的。我们把一些经验和方案分享出来，欢迎读者与我们联系，一起交流探讨，共同推动智能时代数据体系的发展。**

### 2. 用发展的眼光看数智平台

阅读至此，一些读者或许会提出疑问：当前大模型的技术似乎尚未完全达到数智平台的要求，当前对于视频、图片等非结构化数据的解读能力仍然不完美。而且，广泛采用 AI 技术似乎需要庞大的 GPU 计算资源，这样的方案和这样的成本是否合理？

多模态大模型在语音和图像识别等内容理解方面已经展现出能力，目前它们在与现有技术并存，逐渐替代或改进传统方法，而不是完全取代。大模型的发展日新月异，能力更强的多模态大模型正在持续推陈出新，目前技术路线已经被验证。

在数智平台中，我们优先推荐大模型的原因，首先是大模型已经取得的效果和发展的速度，其次是大模型开源的氛围，从成本考虑也为落地提供了现实基础。而且大模型正在以迅猛的势头朝着轻量化发展，通过蒸馏、剪枝、量化等技术，还有移植大模型到 CPU 的技术方案，这些都是有效的解决方案。华为的算力芯片也已经成功进入市场。我们有充分的理由相信，算力成本在未来会大幅下降。DeepSeek 的成功更让大模型在企业落地得以加速。

另外，也有读者会提出，大模型纳入数智平台后，技术上提高了对数据体系的人员能力要求，这在目前数据体系的人员知识结构上是空缺，对团队组织和企业知识结构可能是个不小的挑战。

事实上，大模型的出现不是提高了人工智能的技术门槛，而是降低了智能技术的进入门槛。大模型是在海量数据上进行预训练的，这意味着它们已经学习了大量的通用知识和模式。大模型在很大程度上降低了人们对数学和算法能力的要求，使得更多的人能够参与到智能技术的工作中。一般来说,技术团队中的普通技术人员、甚至产品经理,经过一定的学习了解,只需要知道如何使用大模型,就能快速地将模型应用到自己的任务中。

用户或开发者在使用这些大模型时,不再需要从头开始训练模型,而只需在预训练模型的基础上进行微调(Fine-Tuning)或扩展(Extension)。很多情况下只需要做好提示词就可以,RAG也成为对大模型外部知识使用的非常有效的技术。

开源模型能力的快速提升是企业能够落地数智能力的一个重要利好。目前开源的基础大模型已经具备了相当的推理能力,更强大的大模型也正在逐步开源释放出来。在企业数智平台中,一些基础的数据分析判断能力,在开源大模型中已经能够得到很好的支持,而不用再去进行专门的模型训练。比如基本的情感分析、意向度判断、语义规范、分类、信息提取等,原来训练成本比较高的NLP算法,现在已经能够在开源的大模型中得到很好的支持。

### 3. 本书理论如何在企业落地

本书介绍的技术思想和方案,对已有的数据体系来说是全新的,但是应用起来也不困难。最基础的思想,就是将企业中的非结构化数据包含的语义内容,转译成为文本数据后,也成为企业的数据资产,和企业原有的结构化数据融合在一起,形成全业务域的数据资产体系。就像我们把外文资料翻译之后,和我们中文的资料一起,提供分析研究一样。

由于数据形态的阻隔,这些原始非结构化数据,以前无法直接纳入到数据体系,所以需要在语义保持不变的前提下转化成文本数据,但是原始的非结构化数据并不是就不再需要。原始的非结构化数据的存储与管理,视企业的需要进行规划。这些原始非结构化数据可以用来训练大模型,提高大模型的解读和推理能力;可以用来训练其他的智能模型,比如训练设备运营异常的安全监控模型,用于监测业务生产线上的异常状况;也可以用来提供数据查询功能的底层数据验证,比如,数据分析中提示的问题,可以一直下钻追溯到原始数据来验证。

在数据体系中引入智能技术是必然趋势,但是大数据技术和人工智能技术的结合,并不是大数据为人工智能模型提供训练数据和工程化的技术体系,人工智能为大数据提供数据处理能力这么简单的互相协作和支持。而是在语义空间的深度融合,通过语义使得数据能够全面的描述世界,提供价值;通过语义,人工智能能够逐渐接近人类智能,达到甚至超过人类的智能化水平。因此在数智平台中,对数智融合有进一步的内涵解读,具体体现在对企业非结构化数据的解读和应用上。

后记

本书介绍的思想和方法论，企业根据实际情况进行采纳。一个基本的思想是：企业的业务运营开展到哪里，那么对应的运营数据就应该跟进到哪里，因为描述业务运营的数据是企业业务运营最有价值的数据。

视企业现有的营销和运营方式，以及现有的数据体系架构，来决定数据体系智能化升级的方案。如果企业还处在传统线下的业务模式，那么 BI 还是主要的数据体系；如果企业处于传统的互联网模式，那么以点击流为主的数据应用，比如个性化推荐，是企业当前主要的数据体系；如果企业已经进入到或者计划到新商业场景的运营模式，那么企业就需要考虑如何采集、整合各种场景的数据，形成全业务域的数据覆盖，数智平台就是企业应该考虑的数据体系。

企业以语义为核心思想，构建智能时代的数据体系，并不需要推翻原有的数据体系，企业已有的数据系统、BI 系统，仍然是数智平台重要的组成。企业可以采用一边开发非结构化数据的价值，一边打通与结构化数据体系的连接的方式，逐步的完成对现有数据体系的拓展升级。通过做增量，逐渐叠加和提升的过程实现。例如，可以分阶段的对不同商业场景的非结构化数据进行语义化、规范化、和数据组织治理的系统化，逐步扩展数据的范围和数据体系的完整性。

由于企业的运营模式和发展阶段不同，非结构化数据与结构化数据在企业数据体系中的体量和价值也不尽相同。现在企业在日常数据使用中，涉及非结构化数据的需求无论是占 30％、50％还是 70％，我们都需要认识到，企业的大运营进入到新商业场景的环境阶段，企业对场景数据和内容数据的需求已经到来。